西北大学“双一流”建设项目资助

Sponsored by First-class Universities and Academic
Programs of Northwest University

陕西省高校大学生心理系列教材

大学心理教育

DAXUE XINLI JIAOYU

主　编　董国强　郑林科

编　者　张文芳　李　佳　张文静　张　婧

西北大学出版社

·西安·

图书在版编目(CIP)数据

大学心理教育 / 董国强，郑林科主编. —西安：西北大学出版社，2020.12
ISBN 978-7-5604-4651-6

Ⅰ. ①大… Ⅱ. ①董… Ⅲ. ①大学生—心理健康—健康教育—教材 Ⅳ. ①G444

中国版本图书馆 CIP 数据核字(2020)第 249518 号

大学心理教育

主编　董国强　郑林科

出版发行　西北大学出版社
（西北大学校内　邮编：710069　电话：029-88302621　88303593）
http://nwupress.nwu.edu.cn　E-mail: xdpress@nwu.edu.cn

经　　销　全国新华书店
印　　刷　西安华新彩印有限责任公司
开　　本　787 毫米×1092 毫米　1/16
印　　张　15.5

版　　次　2020 年 12 月第 1 版
印　　次　2020 年 12 月第 1 次印刷
字　　数　278 千字

书　　号　ISBN 978-7-5604-4651-6
定　　价　40.00 元

序　言

大学阶段是人生的重要转折时期。在这个阶段，大学生在自我认知、职业规划、亲密关系，以及人生观、价值观等方面既葆有探究热情，又充满迷茫困惑，他们具有思想活跃、情感丰富、探究性强、应变力差、稳定性弱等多重特点。同时，在经济社会快速发展的时代，大学生作为未来的中坚力量，感受到了更多的压力和责任，心理健康需求更加凸显。研究大学生的心理健康和心理教育，既关乎大学生的个人成长，也关乎社会的进步与发展。

我国大学生心理健康教育可以追溯到20世纪80年代，至今已有40年。当时，一些高校成立了心理咨询中心、心理咨询委员会，开通了心理咨询热线等，国家教委在1990年颁布的《学校卫生工作条例》中也指出“应加强心理卫生工作”。至此，高校对于大学生心理健康的关注和投入愈来愈多，逐渐从心理咨询转为心理健康教育，也逐渐从学习借鉴西方经验转为探索我国大学生心理健康教育的本土化研究和实践，形成了具有中国特色的大学生心理健康教育体系。

在我国高校，心理健康教育的目的是提高大学生的心理素质，促进其身心健康和谐发展，它是高校人才培养体系的重要组成部分，也是高校思想政治工作的重要内容。同时，大学心理健康教育不仅仅注重理论研究，时代发展性和实践应用性也是这门学科最重要的特点，易懂、好学、实用是受众对于大学生心理健康教育类读物和教材的普遍需求。《大学心理教育》这本教材，正是基于以上两个方面的需求编撰而成，以培养全面发展的人才、促进大学生身心协调发展作为目标，注重实践性和可操作性，接地气、讲实用。本教材紧贴当今大学生的现实性心理需求，如自我认知、学业压力、人际关系、亲密关系、职业生涯规划等，从理论原理、现实困扰、应对措施等方面逐层细剥、娓娓道来，带着读者去认识和觉察心理需求，调适和解决心理困惑。

本教材的编者都是在陕西高校从事心理健康教育工作多年的教师，他们都具有丰富的教学经验。作为西北大学出版社推出的大学心理系列丛书的首部教材，它汇聚了近年来陕西高校心理健康教育工作者的许多宝贵经验。本教材既可以用于大学生心理健康教育课程讲授，也可以作为大学生心理健康科普读物以及高校心理健康教育工作的参考资料。希望《大学心理教育》这本教材的出版和使用，能为高校人才培训体系中的大学生心理健康教育和心理素质提升起到积极的作用，能为实现立德树人的培养目标做出更大的贡献。

2020 年 12 月 3 日

目 录

前编 生涯幸福心理教育

中编　学涯健康心理教育

后编 职涯发展心理教育

前　编

生涯幸福心理教育

第一章　心理与健康——自我幸福教育

【暗示效应】

——好话能使三九暖，恶语会使三伏寒——

原义:暗示是指人或环境以非常自然的方式向个体发出信息,个体无意中接收了这种信息,从而做出相应的反应的一种心理现象。暗示效应往往是在无对抗的条件下,用含蓄、抽象诱导的间接方式对人们的心理和行为产生影响,从而诱导人们按照一定的方式去行动或接受一定的意见,使其思想、行为与暗示者期望的目标相符合。

机理:巴甫洛夫认为,暗示是人类最简化、最典型的条件反射。随着研究的深入,人们发现暗示就像一把双刃剑,它可以救治一个人,也可以毁掉一个人,关键在于接受心理暗示的个体如何运用并把握暗示的意义。

应用:社会中的每一个人,其实经常使用暗示,或暗示别人,或接受别人的暗示,或进行自我暗示。积极的心态或态度,如热情、激励、赞许或对他人有力的支持等,会使他人不仅得到积极暗示,而且得到温暖,得到战胜困难的力量。反之,消极的心态或态度,如冷淡、泄气、退缩、萎靡不振等,则会使人受到消极暗示的影响,使人承受的不仅仅是暗示带来的压力与痛苦,而且还会波及人的身体健康。常用的暗示方法有语言暗示,也可以使用手势、眼色、击桌、停顿、提高音量或放低音量等来起到暗示作用。例如,有经验的教师常常针对学生的某一缺点或错误,会选择适当的电影电视作品或文学作品与学生边看边讨论,或给学生讲一些有针对性的故事,从侧面暗示学生克服缺点,改正错误,这种方式一般都能产生较好的效果。

第一节 心理活动:掌管生命智慧

一、心理活动的产生机制

1. 心理机能:基于人脑器官

(1)心理与人脑的关系。心理是人脑的机能,人脑是心理的器官。没有脑的心理,或者说没有脑的思维是不存在的。正常发育的大脑为心理的发展提供了物质基础。人的大脑是最为复杂的物质,是物质发展的最高产物。人脑受到损伤,就不能进行正常的心理活动;脑的某一部分受到损害,与之相应的某种心理活动就会受到阻碍。例如,大脑的额叶损坏会引起智力的降低和性格的变化,使一个本来温良安静、有理智的人变成粗野急躁、不能自制的人。

(2)心理与人类的关系。人的心理是自然界心理发展的最高阶段,是从高级动物类人猿的心理发展而来的。人的大脑是动物脑进化而来的,是最复杂的生理器官,是动物神经系统发展的最高产物。心理现象产生和发展的过程,也说明了心理是神经系统特别是大脑活动的结果。因此,神经系统,特别是大脑,是从事心理活动的器官。荀子讲“心之官则思”,近代西医神经科解剖学把“心”解释为思考的器官——大脑。

2. 心理内容:源于现实反映

(1)心理现象源于客观对象。心理现象是客观事物作用于人的感觉器官,是通过大脑活动产生的。因此,客观现实是心理的源泉和内容。客观现实既包括自然界,也包括人类社会和人类自己。20 世纪 20 年代,印度发现了两个狼孩,他们有着健全人的大脑,但由于脱离了人类社会,在狼群里长大,所以只具备了狼的心理而不具备人的心理。可见,脱离了人类社会,即使有了人的大脑,也不能自发产生人的心理。

(2)心理活动受现实刺激。心理是大脑对客观现实的反映,不是镜子式的反映,而是主观能动的反映。通过心理活动,不仅能认识到事物的外部现象,还能认识到事物的本质和事物之间的内在联系,并用这种认识来指导人类实践活动,改造客观世界。心理是大脑活动的结果,是一种主观映像,而不是产品。它可以是事物的形象，也可以是概念或者体验，但不是物质。这种映像本身虽然是看不见摸不着的，但心理支配人的行为活动，又通过行为活动表现出来。因此，可以通过观察和分析人的行为活动间接地研究人的心理。

3. 正常心理：主观符合客观

综上可知，心理产生的实质在于：主观上，有人脑的生理器官，大脑超级复杂的神经机能是心理活动产生的丰厚沃土，所以说心理内在活动是大脑神经的高级机能；客观上，有外部的现实刺激，才使大脑得以接收信息、进行思维分析的种子和阳光雨露，所以说心理外在对象是人脑对客观现实的反映。心理既受客观现实的制约，又受人主观因素的影响，是自然和社会相结合的产物，其特点在于反映的主观性和能动性。

二、心理科学的理论体系

1. 心理科学：研究意识行为

（1）心理学研究对象。心理学是研究人的心理现象及其发生、发展规律的科学。心理学是兼有自然科学性质和社会科学性质的中间科学。心理现象是心理学的研究对象。心理学研究心理现象，就是要揭示心理现象产生、发展的客观规律，用以指导人们的实践活动。安全心理学以普通心理学为理论基础，普通心理学是研究人的心理和行为现象及其规律的科学。心理科学由众多心理学分支组成，大致有两大类：基础研究领域和技术应用领域。

（2）心理学研究分类。一是基础心理学类：主要研究心理和行为发生发展的基本规律，包括普通心理学、实验心理学、生理心理学、发展心理学、人格心理学、社会心理学、认知心理学、积极心理学、心理测量学等；二是应用心理学类：只要有人的活动，就会有心理学的应用，如教育心理学、管理心理学、医学心理学、运动心理学、健康心理学、应激心理学等。

2. 个体心理：研究个性人格

（1）个体心理的概念。个体心理是指个别主体即具体的个人的心理。个体心理一般分为心理过程和个性心理两大类。个体的心理过程，即人的心理活动发生、发展的过程，包括认识过程、情感过程、意志过程，简称“知情意”。个体的个性心理，即个体的人格特质和心理差异等心理现象，包括个性倾向性、个性特征。个性心理与每个人的先天遗传因素、后天生活条件、所受文化教育、从事社会实践等有关。

（2）个体心理的功能。个体的心理过程即知情意，是对客观事物的反映，人们对客观事物的真实反映是认知过程,人们对客观事物的主观体验是情感过程,人们对自我行为的调节控制是意志过程。个体的个性心理即人格特质,对客观事物的反映和对自我行为的调节有其自身的特点,如每个人的兴趣、能力、气质、性格等各不相同,因而他们的生活、学习、追求等也各不相同,这也为心理教育和心理管理提供了心理学依据。

3. 群体心理:研究族群特质

群体心理的研究。群体心理是心理学的一个重要的分支学科,是社会心理学的主要研究对象。群体心理分为小群体心理和大众心理。社会中的人,彼此之间必然要发生一定的关系,进行社会交往,从而产生交往心理。交往心理既存在于个人与他人之间,也存在于群体之间。群体心理包括三类,即交往心理、小群体心理、大众心理。大学生心理就是一种群体心理研究。

第二节　心理健康:使人生命完美

一、WHO(世界卫生组织)全面健康理念

1. 四大健康:WHO 健康新理念

(1)传统健康理念。“健康”英文是 wellness,“健康状况”英文是 health。在过去生物医学模式的影响下,健康被看作“躯体上没有疾病或虚弱”。这是传统健康概念。《辞海》中“健康”被定义为“人体各器官系统发育良好、功能正常、体质健壮、精力充沛并具有良好劳动效能的状态。通常用人体测量、体格检查和各种生理指标来衡量”。这比“健康就是没有疾病或虚弱”完善了一些,增加了“劳动效能”这样一些社会属性。《简明不列颠百科全书》1987 年中文版中“健康”被定义为“使个体能长时期地适应环境的身体、情绪、精神及社交方面的能力”。

(2)现代健康理念。1948 年 WHO 成立时在其宪章中提到了健康的新概念:“健康乃是一种在身体上、心理上和社会上的完满状态,而不仅仅是没有疾病和虚弱的状态。”1989 年 WHO 又提出了 21 世纪健康的新概念:“一个人只有

在身体健康、心理健康、社会适应良好和道德健康等四个方面都健全,才算是完全健康的人。”由此可知,健康不仅仅是指躯体健康,还是心理思维、社会适应、道德品质的相互依存、相互促进、有机结合的统一体。至此,国际性健康标准已发展到一个4D立体健康维度。

2. 十项标准:WHO健康自评表

(1)国际健康标准:①精力充沛,从容不迫地工作和生活,不感到疲劳和紧张;②积极乐观,勇于承担责任,心胸开阔;③精神饱满,情绪稳定,善于休息,睡眠良好;④自我控制能力强,善于排除干扰;⑤应变能力强,能适应外界环境的各种变化;⑥体重得当,身材匀称,站立时头肩臂位置协调;⑦牙齿清洁,无空洞,无痛感,无出血现象;⑧头发有光泽,无头屑;⑨反应敏锐,眼睛明亮,眼睑不发炎;⑩肌肉和皮肤富有弹性,步伐轻松自如。其中,①~⑤是心理健康指标和社会健康指标,⑥~⑩是生理健康指标。因此,健康是生理健康与心理健康的统一,二者是相互联系、密不可分的。当人的生理产生疾病时,其心理也必然受到影响,会产生情绪低落、烦躁不安、容易发怒,从而导致心理不适;同样,长期心情抑郁、精神负担重、焦虑的人也易产生身体不适。心理健康与生理健康是相互依赖、相互促进的。

(2)健康自我认知:请你根据近3个月以来自己的实际情况,给下述10条健康标准打分,每个题目的评分是完全不符合至完全符合(0~10)。测验如下:

【认识你自己】专栏:我的健康知多少?

指导语:以下有十大指标,请根据你最近3个月以来的实际情况做相应的分值选择。

计分标准:完全不符合0——中间状态5——完全符合10。

①精力充沛,从容不迫地工作和生活,不感到疲劳和紧张。
0~1~2~3~4~5~6~7~8~9~10

②积极乐观,勇于承担责任,心胸开阔。　0~1~2~3~4~5~6~7~8~9~10

③精神饱满,情绪稳定,善于休息,睡眠良好。
0~1~2~3~4~5~6~7~8~9~10

④自我控制能力强,善于排除干扰。　0~1~2~3~4~5~6~7~8~9~10

⑤应变能力强,能适应外界环境的各种变化。
0~1~2~3~4~5~6~7~8~9~10

⑥体重得当,身材匀称,站立时头肩臂位置协调。
0~1~2~3~4~5~6~7~8~9~10

⑦牙齿清洁,无空洞,无痛感,无出血现象。

0 ~ 1 ~ 2 ~ 3 ~ 4 ~ 5 ~ 6 ~ 7 ~ 8 ~ 9 ~ 10

⑧头发有光泽,无头屑。 0 ~ 1 ~ 2 ~ 3 ~ 4 ~ 5 ~ 6 ~ 7 ~ 8 ~ 9 ~ 10

⑨反应敏锐,眼睛明亮,眼睑不发炎。 0 ~ 1 ~ 2 ~ 3 ~ 4 ~ 5 ~ 6 ~ 7 ~ 8 ~ 9 ~ 10

⑩肌肉和皮肤富有弹性,步伐轻松自如。0 ~ 1 ~ 2 ~ 3 ~ 4 ~ 5 ~ 6 ~ 7 ~ 8 ~ 9 ~ 10

(3)健康自我评估:将上述所选的10项得分相加,看看你的总分是多少。自测评估主观分类如表1-1所示。

表1-1 世界卫生组织十大健康标准自测结果参考分值

总分	健康等级	评估结果	健康建议
80 ~ 100 分	一度健康:强健	特别健康者	强健:最佳运动
60 ~ 80 分	二度健康:健康	普通健康者	健康:适度运动
40 ~ 60 分	三度健康:虚弱	需要注意者	紊乱:限制运动
20 ~ 40 分	四度健康:紊乱	需要保护者	失调:禁止运动
20 ~ 0 分	五度健康:疾病	需要治疗者	疾病:卧床治疗

二、多视角心理健康界定

1. 心理健康定义:个体适应环境的最佳功能

心理健康到底有哪些内涵和要素?1948年第三届国际心理卫生大会对心理健康定义为"所谓心理健康,是指在身体、智能以及情感上与他人的心理健康不相矛盾的范围内,将个人心境发展成最佳的状态"。1948年WHO对心理健康定义为"人们在学习、生活和工作中的一种安宁平静的稳定状态"。《简明不列颠百科全书》在1987年中文版中定义为"心理健康是指个人心理在本身及环境条件许可范围内所能达到的最佳功能状态,但不是十全十美的绝对状态"。

2. 心理健康含义:知情意和行为人格的协调

综合来说,心理健康是指个体能够适应发展着的环境,具有完善的个性特征,且其认知、情绪反应、意志行为处于积极状态,并能保持正常的调控能力。从广义上讲,心理健康是指一种高效而满意的、持续的心理状态。从狭义上讲,心理健康是指人的基本心理活动的过程内容完整、协调一致,即认识、情感、意志、行为、人格完整和协调,能适应社会,与社会保持同步。

3. 心理健康意义:保障个体社会功能的正常

心理学家认为,心理健康包括七个方面:智力正常,情绪健康,意志健全,行为协调，人际关系适应，反应适度，心理特点符合年龄。了解什么是心理健康，对于增强与维护人们的整体健康水平有重要意义。例如，掌握了健康标准，可以以此为依据对照自己，进行心理健康的自我诊断。发现自己的心理状况在某个或某几个方面与心理健康标准有一定距离，就可以有针对性地加强心理锻炼，以期达到心理健康水平。如果发现自己的心理状态严重地偏离心理健康标准，就要及时地求医，以便早期诊断与早期治疗。

三、国内外心理健康标准

1. 国外学者定义：建构心理健康标准

（1）坎布斯研究认为，一个心理健康、人格健全的人应有四种特质：积极的自我观；恰当地认同他人；面对和接受现实；主观经验丰富，可供取用。

（2）马斯洛和密特尔曼提出了心理健康十条标准：①是否有充分的安全感；②是否对自己有较充分的了解，并能恰当地评价自己的能力；③自己的生活和理想是否切合实际；④能否与周围环境保持良好的接触；⑤能否保持自身人格的完整与和谐；⑥是否具备从经验中学习的能力；⑦能否保持适当和良好的人际关系；⑧能否适度地表达与控制自己的情绪；⑨能否在集体允许的前提下，有限度地发挥自己的个性；⑩能否在社会规范的范围内，适度地满足个人的基本需求。

（3）奥尔波特认为心理健康包括七个方面：①自我意识广延；②良好的人际关系；③情绪上的安全性；④知觉客观；⑤具有各种技能，并专注于工作；⑥现实的自我形象；⑦内在统一的人生观。

（4）哈维格斯特综合其他心理学家的意见，认为个体具有以下九个有价值的心理特质即为心理健康：①幸福感，这是最有价值的特质；②和谐，包括内在和谐及与环境的和谐；③自尊感；④个人成长，即潜能的发挥；⑤个人成熟；⑥人格统一完整；⑦与环境保持良好接触；⑧能较好地适应环境；⑨在环境中保持相对独立。

（5）斯考特提出十类心理健康标准：①一般的适应能力；②自我满足的能力；③人际间各种角色的扮演；④智慧能力；⑤对他人的积极态度；⑥创造性；⑦自主性；⑧完全成熟；⑨对自己有利的态度；⑩情绪与动机的控制。

2. 国内学者说法：界定心理健康标准

（1）王效道提出正常心理具备的八项标准：①智力水平在正常范围以内，并能正确反映事物；②心理行为特点与生理年龄基本相符；③情绪稳定，积极与情境适应；④心理与行为协调一致；⑤社会适应，主要是人际关系的心理适应协调；⑥行为反应适度，不过敏，不迟钝，与刺激情景相应；⑦不背离社会规范，在一定程度上能实现个人动机，生理要求能得到满足；⑧自我要求与自我实际基本相符。他还认为心理水平可从适应能力、耐受力、控制力、意识水平、社会交往能力、康复力、道德愉快甚至于道德痛苦等七个方面加以评量。

（2）王极盛等认为，人的心理健康标准应包括五个方面：①智力正常；②情绪健康，情绪稳定与心情愉快是情绪健康的重要标志；③意志健康，行动的自觉性和果断性是意志健康的重要标志；④统一协调的行为，一个心理健康的人，他的行为是一致的、统一的，思想与行动是统一的、协调的，他的行为有条不紊，做起事来按部就班；⑤人际关系适应性强。

（3）樊富珉认为，大学生心理健康有七条标准：①能保持对学习有较浓厚的兴趣和求知欲望；②能保持正确的自我意识，接纳自我；③能协调与控制情绪，保持良好的心境；④能保持和谐的人际关系，乐于交往；⑤能保持完整统一的人格品质；⑥能保持良好的环境适应能力；⑦心理行为符合年龄特征。

（4）郑日昌认为，心理健康包括正视现实、了解自己、善于与人相处、情绪乐观、自尊自制、乐于工作。

3. 归纳公认观点：多维心理健康标准

（1）自我经验标准。当事人按照自己主观感受来判断自己是否健康，研究者则凭借自己经验对当事人心理健康进行判定；重在关注当事人的主观心理感受，由于个体先天的遗传和后天的环境不同，经验标准更强调其个别差异。同样的生活事件，当事双方由于自我认知不同、自我体验不同，自我评价也不尽相同。

（2）社会适应标准。以社会中大多数人的常态为参照标准，观察当事人是否适应常态而进行其心理是否健康的判断。例如，大学生应能够独立生活，且有处理生活事务的能力，若无法做到其一，便需要引起重视。

（3）常态统计标准。依据对大量正常心理特征的测量取得一个常模，把当事人的心理与常模进行比较。这个标准更多地应用于心理学研究之中，一般而言，我们须将个体的心理测验结果与常模对照，来判断心理健康状况。

（4）谱系分类标准。人的心理从健康到疾病是一个联系的谱系，一般分为三个等级：一是一般常态心理，表现为心情经常愉快，适应能力强，善于与别人相处，能较好地完成与同龄人发展水平相适应的活动，具有调节情绪的能力；二是轻度失调心理，表现出不具有同龄人所应有的愉快，与他人相处略感困难，生活自理能力较差,经主动调节或通过专业人员帮助后可恢复常态;三是严重病态心理,表现为严重的适应失调,不能维持正常的生活和工作,如不及时治疗可能恶化成为精神病患者。

四、大学生心理健康标准

1. 青年人的标准:六大心理品质

发展心理学对于个体发展阶段的界定中,认为17、18~35岁属于青年期。大学生属于青年初期,其心理发展特征有自我意识迅猛发展、情感丰富且不稳定、生理发展与心理发展不平衡、价值观世界观初步确立、性机能开始成熟、智力发展日趋成熟等特点。根据这些特点,处于青年初期的大学生心理健康应该具备以下六个心理品质:

(1)智力正常。个体智力发展水平与实际年龄相称,智力正常或超常。

(2)情绪稳定。尽管会感到悲哀、困惑、失败、挫折,但不会持续太久。

(3)自知之明。正确认识自己的存在价值,有理想,对未来充满信心。

(4)人际良好。尊重理解他人,学习他人长处,友善并宽容地与他人相处。

(5)人格协调。能对自己的个性倾向和心理特征进行有效的控制和调节。

(6)热爱生活。充分发挥自己的潜力,不因挫折和失败而对生活失去信心。

2. 大学生的标准:八大心理健康

在高校心理健康教育实践中,大学生心理健康标准可总结为以下八个方面:

(1)智力正常。这是大学生学习、生活与工作的基本心理条件,也是适应周围环境变化所必需的心理保证。因此,衡量的关键在于是否正常地、充分地发挥了效能,即有强烈的求知欲,乐于学习,能够积极参与学习活动。

(2)情绪健康。其标志是情绪稳定和心情愉快。主要内容有愉快情绪多于负面情绪,乐观开朗,富有朝气,对生活充满希望;情绪较稳定,善于控制与调节自己的情绪,既能克制又能合理宣泄;情绪反应与环境相适应。

(3)意志健全。意志是人在完成一种有目的的活动时,所进行的选择、决定与执行的心理过程。意志健全者在行动的自觉性、果断性、顽强性和自制力等方面都表现出较高的水平。意志健全的大学生在各种活动中都有自觉的目的性,能适时地做出决定并运用切实有效的方式解决所遇到的问题,在困难和挫折面前,能采取合理的反应方式,能在行动中控制情绪和言行,而不是行动盲目、畏惧困难、顽固执拗。

(4)人格完整。人格是个体比较稳定的心理特征的总和,人格完善指有健全统一的人格,即个人的所想、所说、所做都是协调一致的。具体讲,一是人格结构的各要素完整统一;二是具有正确的自我意识,不产生自我同一性混乱,以积极进取的人生观作为人格的核心,并以此为中心把自己的需要、目标和行动统一起来。

(5)自我悦纳。正确的自我评价乃是大学生心理健康的重要条件,大学生能够恰如其分地认识自己,摆正自己的位置,既不以自己在某些方面高于别人而自傲,也不以某些方面低于别人而自惭,能够自我悦纳,喜欢自己,接受自己,自尊、自强、自制、自爱适度,正视现实,积极进取。

(6)人际和谐。良好而深厚的人际关系是事业成功与生活幸福的前提。其表现为乐于与人交往,既有广泛而深厚的人际关系,又有知心朋友;在交往中保持独立而完整的人格,有自知之明、不卑不亢;能客观评价别人和自己,善取他人之长,补己之短,宽以待人,乐于助人,积极的交往态度多于消极态度,交往动机端正。

(7)社会适应。个体与客观现实环境保持良好秩序。做客观观察以取得正确认识,以有效的办法应对环境中的各种困难,不退缩,能根据环境的特点和自我意识的情况努力进行协调,或改善环境适应个体需要,或改造自我适应环境。

(8)角色适当。心理行为符合大学生的年龄特征。大学生是处于特定年龄阶段的特殊群体,应具有与年龄和角色相应的心理行为特征。

3. 心理健康意义:保障社会功能

(1)心理健康是大学生身体健康的保证。人的心理活动和生理活动是密切相关、相互依存的,二者互相制约、互相影响。中国有句俗话:笑一笑,十年少;愁一愁,白了头。这充分说明了心理对生理的影响。生理健康是心理健康的基础,而心理健康反过来又能促进生理健康。经研究,不良的心理状态可以引发一系列劣性生理机能的改变,因而导致失眠、便秘、消化不良、心绞痛、心律失常和月经失调等症状的产生。相关研究也证明人体内有一种最能促进身体健康的力量,即良好情绪。如果善于调节情绪,经常保持心情愉快,可以达到未雨绸缪、有病早除的效果。强烈或持久的不良情绪,如烦躁、忧愁、焦虑、多疑、愤懑、冷漠、恐惧、失望等,最终会导致生理疾病。大学生正处于身体发育成熟的阶段,身体健康、体质增强有赖于心理健康,未来能健康地度过一生仍有赖于心理健康。

(2)心理健康是大学生完成学习任务、全面发展的保证。1996 年,国际 21 世纪教育委员会向联合国教科文组织提交了一份报告——《教育:财富蕴藏其中》,提出了“现代教育由四大支柱支撑”的现代教育观念,它们是学会认知、学会做事、学会生活、学会发展。其中首推学会认知,也就是学会学习,即掌握认识世界的工具,以便从终身教育提供的各种机会中受益。大学时代是人一生中求学向上的黄金时代,学习是大学期间最主要的任务,如果没有健康的身体和心理,大学生就无法顺利完成学习任务。大学生的学习活动是复杂、紧张的,需要良好的心理素质、多方面的能力特征和健康的身体来保障。

(3)心理健康是大学生预防和消除心理障碍的保证。随着社会的发展,人们所承受的心理负荷在相应增加,人们所感受到的矛盾和冲突也在增加,大学生的生理和心理处在迅速变化之中,面临着就业竞争、社会责任等各方面的压力。如果个体不能做出适应性反应,就可能引起心理均衡失调,引发一系列负性情绪表现,如迷茫、烦躁、失望、忧虑、悲伤、恐惧、愤怒等。这种状况持续下去,就可能导致心理障碍,引起行为异常。心理健康对大学生有效地预防心理疾病有着重要作用。

第三节　心理健康:多元影响因素

一、大学生的社会性发展

1. 大学生生理发育特征

大学生正处于生理发育第二次高峰的后期,其身体形态、身体机能、能量代谢过程逐渐趋于稳定,神经系统、生殖系统已基本成熟,充满青春活力,生机勃勃。

2. 大学生心理发展特征

在大学生心理发展过程中,各方面的发展很不平衡,往往易引起各种冲突与矛盾。抽象思维和发散性思维有新发展,善于独立思考,求知欲强,创新意识强;情绪丰富而强烈,高尚情操日益发展;精力充沛,朝气蓬勃,对生活充满美好的愿望;自我意识有新的发展,对自己各方面的认识大大提高,主动性增强,自尊心特别强;人际关系进一步扩大,与他人交往能力提高;等等。

这种发展的不平衡还会引起内心的矛盾:锁闭性所导致的孤独感与强烈交往需要的矛盾;独立性与依赖性的矛盾;强烈求知欲与识别力低的矛盾;情绪与理智之间的矛盾;愿望、幻想与当前现实的矛盾;强烈的性意识与正确处理异性关系之间的矛盾;等等。如何化解这些矛盾是大学生心理发展过程中需要认真面对和解决的问题。

3. 大学生社会发展特征

社会化是一个人在社会生活中,了解社会期望和实现社会期望的过程。经过人生的十七八年,大学生已完成了人生的初步社会化,进入了预期社会化阶段,即成长为一个合格的、被社会接纳和欢迎的人。在大学期间,大学生开始书写一系列更为复杂的社会化课题,在完成这些课题的过程中,大学生需要增加更多的主体积极性和内势力,需要参与更广泛的活动,接受和加工社会生活信息,实现社会期待,达成基本的社会性成熟。由于种种原因,当代大学生在社会化过程的困惑相对较多,社会化完成度不高的情况更明显。

二、大学生心理健康的影响因素

1. 个体影响:自身的因素

(1)自身缺陷因素。有少数大学生因为遗传等因素的影响,在长相、身材等方面存在一些先天的生理缺陷,或是因为身体素质不好,患有疾病,或是因为自身的个性缺陷,如性格内向、心胸狭窄、孤僻封闭、急躁冲动、固执多疑等,在学习和训练的过程中往往会感到力不从心。这些因素很容易使大学生产生“我不如人”的心理,久而久之,造成严重心理负担,这样恶性循环,其心理承受力将越来越差。

(2)心理冲突因素。心理冲突是指个体在有目的的行为活动中,存在着两个或两个以上相反或相互排斥的动机时所产生的一种矛盾心理状态。心理冲突常常会造成动机部分地或全部地不能满足,同时也使动机所指向的目标的实现受到阻碍,动机与挫折相关,也是造成挫折和心理应激的一个重要原因。大学生的心理冲突既有群体的,如独生子女与贫困学生特有的心理冲突,也有个体的,如成长中面临的升学与就业、学业与情感等方面的心理冲突。大学时代是心理断乳的关键期,心理断乳意味着个人离开父母家庭的监护,彻底切断个人与父母家庭在心理上联系的“脐带”,摆脱家庭的依赖,成为独立的个体,完成自我心理世界的建构。当多重发展任务同时落到大学生身上时,必然会产生各种各样的心理冲突。

(3)应对方式因素。应对方式是指大学生在面对挫折和压力时所采用的认知和行为方式。它是心理应激过程中一种重要的中介调节因素,大学生的应对方式影响着应激反应的性质与强度,并进而调节着应激与应激结果之间的关系。从应对效果的角度来看,可以分成积极的应对方式、消极的应对方式和中间型的应对方式。实证研究表明,大学生的心理问题往往与其消极的、不成熟的应对方式有显著的关系。

(4)自我认知因素。大学生的自我意识、自我控制能力和自我评价能力,虽然随着年龄的增长发生了飞跃,但是,由于思维过程存在着表面化和片面化,自我认知还不全面,自我控制能力还较弱;自我评价易受情感波动的影响,对事物的观察和思考容易理想化,因此,客观上大学生心理并不成熟。自我认知也会出现两极振荡,当取得一点成绩时容易自负,而遇到挫折时容易自卑,不断地调整自我认知对每位大学生都非常重要。在客观现实面前,有的大学生能及时调整对自身的认识,重新确立目标,符合客观现实的要求;而有些大学生则企图逃避与现实的矛盾冲突,出现消沉、颓废、苦闷、抑郁等心态,或耽于玩乐、放纵,发泄对现实的不满,以此来麻痹自己的心灵,甚至滋生自杀倾向等严重心理问题。实证研究表明,大学生焦虑、自卑、抑郁、人际关系敏感等心理问题的根源往往与不当的、消极的自我认知显著相关。

(5)人际关系因素。大学生的人际关系与中学生相比更为广泛与深刻,角色呈多元化。来自不同地域、不同民族、不同教育背景、不同经济状况,带着各自的生活习惯与学业期待来到大学,新型人际关系的适应是大学生面临的重要问题。大学生的人际关系与自我认知和认知他人相关。一方面,他们对良好的人际关系抱有极大的期望,希望能建立和谐、友好、真诚的人际关系;另一方面,这种期望又往往过于理想化,即对别人要求或期望太高,而造成对人际关系状况的不满。这种不满反过来又会给人际关系带来消极的影响。大学生渴望交往的心理需求与心理闭锁的矛盾集于一身。

(6)个人情感因素。大学生正值青年中期,性生理已基本成熟,对性的问题比较敏感。渴望与异性交朋友,渴望得到异性的友谊甚至爱情。但由于经验不足,阅历太浅,理智性差,因而增加了对性爱意识的盲目性和欠严肃性,而生理的早熟和心理的滞后二者之间的矛盾又导致需要爱与理解爱之间的偏差。具体来讲,一方面,大学生生理成熟,萌发性意识,产生需要爱情的欲望,但道德、纪律和法律又限制着这种欲望，当热恋双方情感难以自控，会发生越轨行为，事后又可能会引起悔恨、焦虑、恐怖等情感；当爱情与就业等选择形成两难冲突时，恋爱双方可能会出现较强的情绪反应。另一方面，由于大学生的世界观、人生观相对不稳定，没有树立正确的恋爱观，易出现三角恋、单恋、胁迫恋爱以及性心理异常等问题。这些来自情感的压力，如果不能得到及时而有效的缓解和调适，就可能引起心理失衡，严重的会导致精神疾病。

2. 学校影响：教育的因素

（1）心理教育实践环节薄弱。长期以来，中学的应试教育使学生在身心诸多方面应受到的教育和培养受到严重制约和影响，致使学生的许多身心发展课题延缓到了大学。由于大学生心理素质未能达到应有的水平，无形中又增加了学生在大学的成长负担，无法形成良好的自我组织调控机制。

（2）生活环境引起心理不适应。生活环境的变化是促使整个人心理发生变化的基础。进入大学后，生活上由父母包办的状况被住集体宿舍、吃饭上食堂排队、衣服自己洗、日用品自己买的生活方式所代替，这要求大学生们既要做到生活自理，又要有奉献精神。但由于当代大学生绝大多数都是独生子女，不少人往往会因第一次离开父母、离开家庭，又缺乏生活自理能力、不习惯集体生活，而感到孤独、寂寞、压抑和焦虑。

（3）学习环境变化造成的压力。首先，在大学里，竞争的内容不仅仅局限于学习成绩，眼界学识、文体特长、社交能力、组织才干等都成了比较的内容。如果大学生缺乏足够的思想准备、不能恰当接受和对待学业成绩，就会出现自信心下降、自卑感上升，甚至还会出现强烈的嫉妒心理和攻击行为。其次，大学的学习目的、学习方式、学习内容都有别于中学，大部分学生习惯于中学老师详细讲解和具体辅导，自学能力较差，依赖性强。而在大学，学生获取知识的途径，除了听课，从老师的讲授中获取知识外，自学占了很重要的位置，需要学生不仅有较强的自学能力、学习自觉性、自主性和自制力，而且还要学会研究性学习，善于发现和提出问题，加之大学的考试方法比较灵活，这些变化往往使一些靠死记硬背、缺乏灵活运用知识能力的大学生不太适应，易产生挫折感、自卑感。最后，随着社会用人标准的转变，对大学生的要求也越来越高，促使很多在校大学生既要学习专业知识，同时还要选修一些相关知识，如外语、计算机、汽车驾驶等，考取各类证书，以适应激烈的市场竞争。如果大学生学习方法不当，学习动机不强，学习目的不明确，自我约束能力弱，就容易出现焦虑、紧张等情绪，同时还会严重影响自信心，产生苦恼以及自我否定等心理问题。

(4)不健康的校园文化的影响。社会发展转型期的不良文化辐射到校园，滋生了种种不健康现象，校园里一度出现了追星热、追逐时髦热，少数大学生或醉心于牌桌酒楼或流连于花前月下，"课桌文化"和"厕所文化"更是不堪入目。这些消极现象严重影响了大学生的健康成长，使得一些大学生变得颓废而无朝气。

3. 家庭影响：父母的因素

(1)家庭气氛。一个人对客观现实的认识往往是从家庭生活、家长的言行举止开始的。现代心理学的研究表明，家庭环境对人的一生发展会产生重大的影响，特别是早年形成的人格结构会在以后的心理发展过程中打下深深的烙印。家庭环境包括家庭人际关系、父母教育方式、父母人格特征等。大学生在步入社会之前，很大程度上受家庭环境和父母言谈举止的影响，不同的家庭教育与影响必然产生不同的结果。这种长期的影响会对大学生的心理健康产生积累效应。父母关系不良、经常吵架甚至相互敌视，家庭气氛紧张，尤其是父母离异，往往会使子女形成冷漠、孤僻、自卑、多疑等不良性格特征，这些不良性格特征会使大学生在人际交往中表现出自私、敌视心理和道德方面的缺点。与父母关系较差或很少与父母联系的大学生更容易产生忧虑。

(2)家庭期望。当今社会，家长望子成龙的心态普遍存在。为了子女能够成才，诸如考大学、考研究生或出国留学等，许多家长煞费苦心，不惜一切代价。这种来自父母的强烈期望，一方面可能成为大学生勤奋学习的动力，但另一方面也可能适得其反，成为大学生难以承受的心理负担。

(3)经济压力。在经济体制转型时期，由于城乡差别以及社会分配不公而产生的收入悬殊问题在大学生中也表现了出来。尽管谁也不愿插上"贫困生"的标签，但无法逃避的现实却是：在生活条件方面，家庭贫困的学生与家庭富裕的学生有一定差距，除了参与学业竞争外，还得承受因高额的学费和生活开支而带来的经济方面的压力，不少贫困生在学习之余不得不靠勤工俭学来维持学习和生活，因此，所承受的心理负担明显地超过了其他同学，极易导致心理上的不平衡。

4. 社会影响：环境的因素

(1)社会文化因素。当代大学生处在东西方文化交叉、多种价值观冲突的时代，随着改革开放的深入，西方文化大量涌入，东西方文化发生着从未有过的碰撞与冲突。东方重义，西方重利；东方尚礼，西方尚法；东方重和谐，西方重竞争；东方重群体利益，西方重个人利益；等等。面对不同于以往的文化背景和多种价值选择，大学生常常感到茫然、疑虑、混乱。求新求异的心理使大学生盲目追求西方文化，而这些东西与中国现实社会在许多方面格格不入，容易使大学生陷入紧张、压抑、混乱、空虚状态。长时间的心理失调必然给心理健康带来不良影响。

（2）市场经济因素。由于市场经济引入了竞争机制，从而为人们发挥潜在能力，展开平等竞争提供了可能，而且这种竞争随着改革开放的深入呈更加激烈的趋势。同时，社会现实给大学生平静的心理以极大的冲击，并由此引发了他们自我的觉醒，开始注重现实，讲求实效，互相展开平等竞争。而这种竞争对于一些意志薄弱的学生来说无疑是一种挑战，当遇到种种挫折的时候，他们就可能产生消极的心理状态。同时，市场观念也给大学生的心理发展带来了负面影响，不少大学生舍弃自身价值和理想去单纯追逐经济目标，这种价值取向必然导致个人至上、金钱至上、享乐至上，这种功利化和实用化的价值取向使部分大学生出现了政治信仰危机和道德滑坡，这种变化可能引发各种心理问题。

（3）信息矛盾引起的认知问题。大学生正值长身体、长知识、学做人时期，正处于世界观、人生观、价值观的形成过程中，可塑性强。随着网络信息时代的到来和广播、电视、报纸杂志、新媒体日新月异的发展，各方面信息纷繁复杂，良莠共存，而大学生由于求知欲强但辨别能力弱、崇尚科学但欠缺辩证思维，导致对信息的加工处理能力不强，使理论与现实产生激烈的矛盾冲突，这些矛盾冲突如果得不到及时解决，就会产生心理障碍或心理问题。

（4）高校扩招，收费提高。据中国扶贫基金会对 4 省区 20 所高校的调查，目前我国高校在校生中的经济困难生比例约为 20%，特困生比例为 8%，农、林、师范类学校经济困难生比例超过 30%，特困生比例超过 15%。经济困难的大学生不仅要面对所有大学生必须面对的学习和生活问题，还要克服更多的物质和精神上的困难。以往凭借学习成绩的优异而支撑起来的自尊在评价更加多元化的大学校园里遭到了挑战。经济上的拮据导致经济困难的大学生更易感受到生活上的窘迫感、交往中的自卑感、对家人的愧疚感以及对现实的无奈感。很多研究均表明，经济困难的大学生心理健康水平显著低于其他学生，经济压力是影响大学生心理健康的一个重要因素。

（5）社会竞争，就业困难。随着我国社会的变迁，各项改革的深入发展，竞争在人才培养和就业制度上的引进，等等，大学生面临着各种各样的竞争压力，“天之骄子”原有的优越感和美好理想在现实面前遭到打击，自负和浮躁受到竞争法则的轻视，极易导致大学生心理问题的产生。

三、大学生常见的心理困扰和问题

1. 环境适应问题

大学生环境适应问题主要表现为对校园物质环境适应问题（如空间结构、交通、购物）、人际环境适应问题（如师生关系、同学关系）、生活能力适应问题（如生活自理、独立理财）、生活习惯适应问题（如时间危机、文体活动、饮食睡眠），等等。

2. 学习心理问题

大学生学习心理问题主要表现为学习目的问题、学习动机问题、学习方法问题、学习态度问题以及学习成绩问题等。

3. 人际关系问题

大学生人际关系问题常常表现为难以和别人愉快相处，没有知心朋友，缺乏必要的交往技巧，过分委曲求全等，以及由此而引起的孤单、苦闷、缺少支持和关爱等痛苦感受。同高中阶段相比，大学生对人际关系问题的关注程度超过了学习，这也成为大学生心理困扰的主要来源之一。

4. 恋爱与性问题

大学生处于青年中后期，性发育成熟是身心发展的重要特征，恋爱与性问题是不可避免的。恋爱问题一般包括单相思、恋爱受挫、恋爱与学业关系问题、情感破裂的报复心理等。性心理问题常见的有手淫、婚前性行为、校园同居等。这一系列的恋爱与性问题也容易引起大学生的恐惧、焦虑、担忧等。

5. 人格与情绪问题

人格障碍是大学生中较为严重的心理障碍，其形成与成长经历有关，原因较为复杂，主要表现为自卑、怯懦、依赖、神经质、偏激、敌对、孤僻、抑郁等。

6. 求职与择业问题

求职与择业问题是高年级大学生常见的问题。在跨入社会时，如何选择自己的职业，如何规划自己的职业生涯，求职需要些什么样的技巧等问题，都会或多或少给大学生带来心理上的困扰和忧虑。

7. 神经症问题

长期的睡眠困难、焦虑、抑郁、强迫、疑病、恐怖等都是神经症的临床表现症状。神经症问题是偏离正常状态的心理问题，需要进行专业的心理咨询或心理治疗。而对于大部分大学生来说，上述的六种心理困扰是由很多现实的社会心理因素导致的，但多是暂时性的，经过自己的主动调节或寻求咨询老师的帮助，大多能恢复心理的平衡和适应。对于一些严重的心理疾病则需要到专门的医疗机构进行诊断与治疗。

至于精神障碍如精神分裂症，仅为个案，不属于常见心理问题。

四、大学生心理健康教育的任务

1. 主要任务：教育科普解惑发展

教育部相关文件规定："高等学校大学生心理健康教育工作的主要任务是根据大学生的心理特点，有针对性地讲授心理健康知识，开展辅导或咨询活动，帮助大学生树立心理健康意识，优化心理品质，增强心理调适能力和社会生活的适应能力，预防和缓解心理问题。帮助他们处理好环境适应、自我管理、学习成才、人际交往、交友恋爱、求职择业、人格发展和情绪调节等方面的困惑，提高健康水平，促进德智体美等全面发展。"

2. 主要内容：知识信念调适坚忍

教育部相关文件规定："高等学校大学生心理健康教育工作的主要内容是宣传普及心理健康知识，使大学生认识自身，了解心理健康对成才的重要意义，树立心理健康意识；介绍增进心理健康的途径，使大学生掌握科学、有效的学习方法，养成良好的学习习惯，自觉地开发智力潜能，培养创新精神和实践能力；传授心理调适的方法，使大学生学会自我心理调适，有效消除心理困惑，自觉培养坚韧不拔的意志品质和艰苦奋斗的精神，提高承受和应对挫折的能力，以及社会生活的适应能力；解析心理异常现象，使大学生了解常见心理问题产生的原因及主要表现，以科学的态度对待各种心理问题。"

3. 咨询辅导：个别访谈团体训练

教育部相关文件规定："要重视开展大学生心理辅导或咨询工作。高等学校开展心理辅导或咨询工作，对于解决学生的心理问题，具有重要的作用。各高等学校要积极创造条件建立心理健康教育工作体系，开展心理辅导或咨询工作。心理辅导或咨询工作要通过个别咨询、团体辅导活动、心理行为训练、书信咨询、热线电话咨询、网络咨询等多种形式，有针对性地向学生提供经常、及时、有效的心理健康指导与服务。辅导或咨询机构要科学地把握高等学校心理健康教育工作的任务和内容，严格区分心理辅导中心或心理咨询中心与专业精神卫生机构所承担工作的性质、任务。在心理辅导或咨询工作中发现严重心理障碍和心理疾病的学生，要将他们及时转介到专业卫生机构治疗。"

4. 心理科普：宣传文化健康氛围

教育部相关文件规定："要充分利用高等学校广播、电视、计算机网络、校刊、校报、橱窗、板报等宣传媒体，通过第二课堂活动，广泛宣传、普及心理健康知识，强化学生的参与意识，提高广大学生的兴趣。要通过加强校园文化建设，营造积极、健康、高雅的氛围，陶冶学生高尚的情操，促进其全面发展和健康成长。”

思考主题：心理如何健康

1. 什么是健康？WHO 国际健康标准有哪些？
2. 什么是心理健康？心理健康的标准有哪些？
3. 你的健康和心理健康水平如何？什么因素会影响你的健康和心理健康？
4. 大学生心理健康教育的主要任务和主要内容是什么？
5. 你的自我健康和心理健康的主要经验和教训是什么？

心理测验：90 项症状清单

指导语：以下表格中列出了有些人可能有的症状或问题，请仔细阅读每一条，然后根据该句话与你自己的实际情况相符合的程度（最近一个星期或过去），按照计分标准选择一个适当的数字。计分标准：1 = 没有，2 = 很轻，3 = 中等，4 = 偏重，5 = 严重。

题号	题目	计分标准
1	头痛	[1][2][3][4][5]
2	神经过敏，心中不踏实	[1][2][3][4][5]
3	头脑中有不必要的想法或字句盘旋	[1][2][3][4][5]
4	头晕或晕倒	[1][2][3][4][5]
5	对异性的兴趣减退	[1][2][3][4][5]

续表

题号	题目	计分标准
6	对旁人责备求全	[1][2][3][4][5]
7	感到别人能控制你的思想	[1][2][3][4][5]
8	责怪别人制造麻烦	[1][2][3][4][5]
9	忘性大	[1][2][3][4][5]
10	担心自己的衣饰不整齐及仪态不端正	[1][2][3][4][5]
11	容易烦恼和激动	[1][2][3][4][5]
12	胸痛	[1][2][3][4][5]
13	害怕空旷的场所或街道	[1][2][3][4][5]
14	感到自己的精力下降,活动减慢	[1][2][3][4][5]
15	想结束自己的生命	[1][2][3][4][5]
16	能听到旁人听不到的声音	[1][2][3][4][5]
17	发抖	[1][2][3][4][5]
18	感到大多数人都不可信任	[1][2][3][4][5]
19	胃口不好	[1][2][3][4][5]
20	容易哭泣	[1][2][3][4][5]
21	同异性相处时感到害羞不自在	[1][2][3][4][5]
22	感到受骗,中了圈套或有人想抓住你	[1][2][3][4][5]
23	无缘无故地突然感到害怕	[1][2][3][4][5]
24	自己不能控制地大发脾气	[1][2][3][4][5]
25	怕单独出门	[1][2][3][4][5]
26	经常责怪自己	[1][2][3][4][5]
27	腰痛	[1][2][3][4][5]
28	感到难以完成任务	[1][2][3][4][5]
29	感到孤独	[1][2][3][4][5]
30	感到苦闷	[1][2][3][4][5]
31	过分担忧	[1][2][3][4][5]

续表

题号	题目	计分标准
32	对事物不感兴趣	[1][2][3][4][5]
33	感到害怕	[1][2][3][4][5]
34	感情容易受到伤害	[1][2][3][4][5]
35	旁人能知道你的私下想法	[1][2][3][4][5]
36	感到别人不理解你、不同情你	[1][2][3][4][5]
37	感到人们对你不友好,不喜欢你	[1][2][3][4][5]
38	做事必须做得很慢以保证做得正确	[1][2][3][4][5]
39	心跳得很厉害	[1][2][3][4][5]
40	恶心或胃部不舒服	[1][2][3][4][5]
41	感到比不上他人	[1][2][3][4][5]
42	肌肉酸痛	[1][2][3][4][5]
43	感到有人在监视你、谈论你	[1][2][3][4][5]
44	难以入睡	[1][2][3][4][5]
45	做事必须反复检查	[1][2][3][4][5]
46	难以做出决定	[1][2][3][4][5]
47	怕乘电车、公共汽车、地铁或火车	[1][2][3][4][5]
48	呼吸有困难	[1][2][3][4][5]
49	一阵阵发冷或发热	[1][2][3][4][5]
50	因为感到害怕而避开某些东西、场合或活动	[1][2][3][4][5]
51	脑子变空了	[1][2][3][4][5]
52	身体发麻或刺痛	[1][2][3][4][5]
53	喉咙有梗塞感	[1][2][3][4][5]
54	感到前途没有希望	[1][2][3][4][5]
55	不能集中注意力	[1][2][3][4][5]
56	感到身体的某一部分软弱无力	[1][2][3][4][5]
57	感到紧张或容易紧张	[1][2][3][4][5]

续表

题号	题目	计分标准
58	感到手或脚发重	[1][2][3][4][5]
59	想到死亡的事	[1][2][3][4][5]
60	吃得太多	[1][2][3][4][5]
61	当别人看着你或谈论你时感到不自在	[1][2][3][4][5]
62	有一些不属于自己的想法	[1][2][3][4][5]
63	有想打人或伤害他人的冲动	[1][2][3][4][5]
64	醒得太早	[1][2][3][4][5]
65	必须反复洗手	[1][2][3][4][5]
66	睡得不稳不深	[1][2][3][4][5]
67	有想摔坏或破坏东西的想法	[1][2][3][4][5]
68	有一些别人没有的想法	[1][2][3][4][5]
69	感到对别人神经过敏	[1][2][3][4][5]
70	在商店或电影院等人多的地方感到不自在	[1][2][3][4][5]
71	感到任何事情都很困难	[1][2][3][4][5]
72	感到一阵阵恐惧或惊恐	[1][2][3][4][5]
73	感到公共场合吃东西很不舒服	[1][2][3][4][5]
74	经常与人争论	[1][2][3][4][5]
75	独处时神经很紧张	[1][2][3][4][5]
76	感到别人对你的成绩没有做出恰当的评价	[1][2][3][4][5]
77	即使和别人在一起也感到孤单	[1][2][3][4][5]
78	感到坐立不安心神不定	[1][2][3][4][5]
79	感到自己没有什么价值	[1][2][3][4][5]
80	感到熟悉的东西变得陌生或不像是真的	[1][2][3][4][5]
81	大叫或摔东西	[1][2][3][4][5]
82	害怕会在公共场合晕倒	[1][2][3][4][5]
83	感到别人想占你的便宜	[1][2][3][4][5]

续表

题号	题目	计分标准
84	为一些有关性的想法而很苦恼	[1][2][3][4][5]
85	认为应该因为自己的过错而受到惩罚	[1][2][3][4][5]
86	感到要很快把事情做完	[1][2][3][4][5]
87	感到自己的身体有严重问题	[1][2][3][4][5]
88	从未感到和其他人很亲近	[1][2][3][4][5]
89	感到自己有罪	[1][2][3][4][5]
90	感到自己的脑子有毛病	[1][2][3][4][5]

第二章 人格与修炼——人生幸福教育

【视网膜效应】

——你的内心注意力,投注外界关注点——

原义:视网膜效应指当我们拥有一种特征时,就会比平常人更容易注意到别人是否跟我们一样具备这种特征。例如,一个人想买一部车,经过评估后,决定买一部墨绿色轿车。因为,一般人买的车是白色或黑色,选择买墨绿色车的人多数是为了追求与众不同。他正在沾沾自喜时,突然发现不论是在高速公路上、小巷子里,还是在停车场中,都能看到许多墨绿色轿车。

案例:卡耐基指出,每个人特质中约80%是优点,20%是缺点。当一个人只知道自己的缺点而不知发掘优点时,视网膜效应就会促使这个人发现他身边也有许多人拥有类似的缺点,进而使他的人际关系无法改善,生活也不会快乐。

训练:卡耐基在创办成功训练时,就一直强调:一个人要想人缘好,想受人欢迎,一定要培养欣赏自己与肯定自己的能力。因为在视网膜效应的作用下,一个看到自己优点的人,才有能力看到他人可取之处。而能用积极的态度看待他人,往往是搞好人际关系的必备条件。全世界有450万人接受过卡耐基训练,很多人都不了解为什么卡耐基能有效帮助这么多有不同文化背景与不同成长经验的人改善人际关系。视网膜效应的应用就是原因之一。

请你想一想:我们的生活、学习和交往中,还有哪些是属于视网膜效应?

第一节 人格影响人生

一、人格概念:个体面具或心理面貌

1. 人格定义:人生舞台上的“面具”

(1)人格一词源于面具。人格最初为希腊文 persona,即演员所戴的面具。希腊叫面具,中国叫脸谱,功能都一样——掩盖“真实我”与表现“角色我”。人生如舞台,真实我只有一个,角色我可有多个;“真实我”是你的身份(如姓名、长相、性别、出生等),但“角色我”是你的扮演(如孩子、学生、朋友、丈夫、同事、经理等)。每个人都在人生舞台上随境而变,扮演着各种不同的角色,以表达成长和发展中的不断蜕变和丰富的自我。因此,面具引申为人格,是说人格既是一种面具(角色我),即个体内隐品质所表现的外显言行;人格又是一种“内心”(真实我),即个体外显言行所表达的内在品质。人格体现了“蕴蓄于中”(内在品质)与“形之于外”(外在言行)的统一,角色我表现真实我,真实我制约角色我。这就是人格本意所在。

(2)人格意为独特品质。人格是指个体在社会生活适应过程中,对己对人对事对物做出反应时所显示出来的异于别人的独特心理品质。阿尔伯特在其《人格》著作中收集了50多条人格定义,典型的说法有:“人格是一个人区别于另一个人并保持恒定的具有特征性的思想、情感和行为模式。”“人格是个人性格、气质、智力和体格的相对稳定而持久的组织,它决定着个人适应环境的独特性。”中国心理学认为,“人格是个体在行为上的内部倾向,它表现为个体适应环境时在能力、情绪、需要、动机、兴趣、态度、价值观、气质、性格和体质等方面的整合,是具有动力一致性和连续性的自我”。

2. 人格特点:人性难移与人格可塑

(1)人格的独特性与共同性。个体的人格受遗传、环境、教育等多种因素的交互影响,故而形成了个体的独特性。“人心不同,各有其面”即为此理。人格既有人与人不同的心理特点(个体人格),如“文学斗士鲁迅”;也有人与人相似的心理特点(群体人格),如“勤劳勇敢的中国人”“自由浪漫的法国人”。

(2)人格的整体性与差异性。人格整体性是个体心理活动(认知、情感、意志和行为)的协调一致和整体面貌,人格差异性是个体心理活动的不同特点和各自风格。人格和个性的区别也在此,人格侧重于整体性描述,个性侧重于差异性刻画,如这位同学仁慈善良、助人为乐,那位同学勤奋聪明、学习优秀。

(3)人格的稳定性与可塑性。"江山易改,禀性难移",既强调人格的稳定性(人格形成较难改变),也明示人格的可塑性(禀性难移不等于不移)。可见,人格也会随着环境变化和自我成长而发生改变。只要环境影响良好,教育培养持续,自我修炼长久,"活到老,学到老",每个人的人格都会不断发展和完善。

(4)人格的生物性与社会性。生物特性是人格的基础,如胆汁质的神经特性是易兴奋不易抑制且强而不平衡,多血质的神经特性是既能兴奋又能抑制且强而平衡。社会特性决定人格发展的方向,同一社会文化背景下的人格具有共同特点,不同社会文化背景下的人格具有不同特点,如中国人的人格和美国人的人格。

(5)人格的功能性与调控性。人格对自我成长和人生发展具有定向、动力和调控作用。人格决定个体的生活方式和行为风格,决定个体的发展和命运,是人生成败的一个重要心理因素。如面对挫折时,坚强者能奋发图强获得成功,懦弱者会一蹶不振故易失败,人格不同对同一处境的适应结果也不尽相同。

3. 人格结构:人格倾向与人格特征

(1)人格倾向:需要与动机、兴趣与爱好、理想与信念、世界观与价值观。

①需要与动机:需要包括基本需要(如生存、安全、归属等需要)与成长需要(认知和自我实现等需要);动机是激励和维持人的行动导向目标以满足个体需要的内部动因,动机是需要推力和目标拉力的双重驱动。

②兴趣与爱好:兴趣是个体力求认识某事物和从事某活动的倾向,爱好是具有浓厚兴趣并能够积极参加的心理行为活动;兴趣是主观倾向,爱好是行为投入。

③理想与信念:理想是对未来事物的美好想象和希望;信念是个体对某种思想的坚信不疑并身体力行的心理状态;理想贵在改变现实无止境,信念贵在坚持思想不动摇。

④世界观与价值观:世界观是人对世界的根本观点和总看法;价值观是人对事物的意义和总评价;世界观决定人生道路,价值观决定行为取舍。

(2)人格特征:气质、性格、能力。

①气质:依赖人的生理素质或身体特点的人格特征,是人生来具有的心理

活动的动力特征。所谓禀性或脾气即气质，包括胆汁质、多血质、黏液质、抑郁质。

②性格：与社会道德评价相联系的人格特征，是个体对现实的稳定态度和习惯化了的行为方式，主要是品行和风格。气质无好坏，性格有好坏，如诚实是好性格，虚伪是坏性格。

③能力：顺利而有效完成某种活动所必须具备的心理条件。能力包括一般能力和特殊能力。天才拥有的是超常能力，如美国“雨人”金·皮克、中国“雨人”周玮。

二、人格功能：驱动成长与引导人生

1. 人格功能：定向动力与行为调控

(1)定向功能。人格中的世界观和价值观对人生具有导向作用。如乐观主义者积极看世界，悲观主义者消极待人生；道德主义者喜欢求善和用利他行为帮助他人；理性主义者喜欢求真并用科学方法解决问题。不同人格的人由于其信念、价值观和世界观不同，所追求的人生目标也不同。

(2)动力功能。人格中的需要和动机对人生的发展具有动力作用。动力有推力和拉力，推力源于现实需要(如生存需要、归属需要)，拉力指向未来目标(如职业成功、自我实现)；满足现实需要所驱动的是自我生存，实现未来目标所驱动的是自我发展。自我生存与发展受制于需要推力与目标拉力的双轮驱动。

(3)调控功能。人格中的自我具有自我认知和自我调控的功能。个体对行为选择、目标取舍和结果成败，都具有各自不同的调控风格。面对挫败，人格功能协调的个体选择抗争和韧性，故而取得“失败后的成功”；人格功能失调的个体选择退缩和无助，却产生了“失败后的失败”。人格调控行为并决定成败。

2. 气质功能：决定优势与职业适应

(1)胆汁质气质：外向与冲动，神经强而不平衡。胆汁质的人，感受性低，耐受性高，能忍受强刺激，精力充沛，不知疲倦，容易兴奋，做事有魄力，善于支配，行为外向，直爽热情，心直口快；但心境变化剧烈，容易生气，脾气暴躁，难以自我克制。

(2)多血质气质：外向与稳定，神经强而平衡且灵活。多血质的人，感受性低，耐受性高；情感外向，活泼好动，言语健谈，行动敏捷，反应速度，热情活泼，善于应变；但注意力容易转移，毅力不足，兴趣多变，不踏实。比较适合社会交往、语言交流、艺术表演、影视传媒、人事管理、社会人文等职业。

(3)黏液质气质:内向与稳定,神经强而平衡不灵活。黏液质的人感受性低,耐受性高,反应速度慢,兴奋性低但很平稳,举止平和,行为内向,喜欢独处,做事踏实,注意集中;但易循规蹈矩,做事缓慢,反应迟钝,不善言谈。比较适合任务规划、资料保管、内务管理、工程项目、技术研发等职业。

(4)抑郁质气质:内向与冲动,神经强度弱而兴奋易弱。抑郁质的人,感受性高,耐受性低;言行较内敛,内心体验深,多疑多虑,敏感机智,胆小孤僻,郁郁寡欢,喜欢思考,不爱交往;做事仔细,防御反应明显。比较适合文秘写作、文学创作、学术研究、图书出版、网络交流、信息服务、社会慈善等职业。

3. 性格功能:影响生活与命运成败

(1)性格改变人生。性格决定生活方式,影响人生命运。人在相同的顺境或逆境下,最后结果是成功还是失败,除了多元社会因素影响之外,还受到个体的人格因素影响。悲观主义性格会造成人生痛苦,乐观主义性格会创造人生幸福。积极性格能实现成功和梦想,消极性格会造成坎坷和挫折。

(2)性格影响生活。性格还影响人际关系、婚姻家庭、生活状态等。卑劣性格使一个人生活充满仇恨,高尚性格使一个人生活幸福如意;温和善良使家庭成员能够和睦相处,暴躁残忍则使家庭关系充满暴虐。性格有差异,有的适合成就事业,有的喜欢风花雪月,有的适合独处思考,有的喜交四海朋友。

(3)性格干预选择。面对多个机会所出现的动机冲突,谦虚的人会做出谨慎的选择,冲动的人会做出鲁莽的选择,聪明的人会做出智慧的选择,狡诈的人会做出利己的选择,勇敢的人会做出果断的选择,胆小的人会做出退避的选择。不同性格产生不同的选择,从而影响人生出现了重大改变或转机。

(4)性格创造财富。美国记者采访摩根,“决定你成功的条件是什么?”摩根说:“性格。”记者又问:“资本和资金哪个更重要?”摩根答:“资本比资金重要,最重要的还是性格。”记者问巴菲特:“你们怎么变得比上帝还富有?”巴菲特说:“原因不在智商,而在于习惯、性格和脾气。”性格如钢筋,知识是混凝土。

(5)性格决定成败。性格有优有劣,故需扬长避短,发挥人性优点,你就能取得成功;回避人性弱点,你就会避免挫败。詹姆士说:“播下一个行动,你将收获一种习惯;播下一种习惯,你将收获一种性格;播下一种性格,你将收获一种命运。”成败乃性格所为:好性格成就一生,坏性格损毁人生。

4. 智力功能:支持成才与职业成就

(1)优势智力成就辉煌职业。美国医学家斯佩里“裂脑实验”结果表明,人的左右两个半脑功能是不对称的:左脑为抽象思维,右脑为形象思维。左脑善于科学研究,右脑善于技术发明;左脑偏爱理科,右脑偏爱文科,左右脑优势偏爱工科、管理和翻译等。知道大脑优势,选择适合工作,是成功的人才资源。

(2)多元智力成就多彩人生。哈佛大学加德纳教授"多元智力结构"理论认为,人有多种发展潜能,人有八种多元智力:言语/语言智力,音乐/节奏智力,逻辑/数理智力,视觉/空间智力,身体/动觉智力,自知/自省智力,交往/交流智力,生态/自然智力。自评多元智力,选择匹配职业,就能创造多彩人生。

(3)情绪智力成就社会交往。美国丹尼尔·戈尔曼认为情感智商包含五个因素:自我情绪认知、自我情绪管理、自我情绪激励、识别他人情绪、处理人际关系。作为人格的一部分,情感智商包含了自制、热忱、坚持以及自我驱动、自我鞭策的能力,对自我发展和社会交往产生着重要的调节和导向驱力。

5. 自我功能:自我认知与自我调控

自我意识是人格的核心,包括自我认知(自省即认知成分)、自我体验(自觉即情感成分)、自我控制(自控即意志成分)。大学生自我意识这一部分,另章会有所讲解,此处不再赘述。

综上所述,人格对个体的影响,主要是影响个体的为人处世、人际关系、喜怒哀乐、行为风格、生活方式、人生选择、目标取舍等各个方面。

三、人格健康:健全人格的主要特征

1. 健全人格的概念

(1)健全人格的区分。健全人格包括健康人格和完整人格:健康人格是个体没有人格障碍的一种稳定的适应性人格;完整人格是个体没有人格缺陷的一种稳定的统一性人格。健康人格相对人格障碍,完整人格相对人格缺陷。人格"病态—健康"序列谱上,有四种分段:人格障碍(病态)—人格缺陷(亚型)—人格健康(健康)—人格完整(优秀)。研究表明,许多生理疾病和心理疾病都有相应的人格模式,如抑郁气质易患抑郁症,A型人格易患冠心病,这种人格特征模式在疾病的发生、发展过程中起了生成、促进和催化的作用;而健全人格则对个体幸福感和自我价值观及其生活、职业和交往产生深远影响。

(2)健全人格的理论。各个学派说法不一,如弗洛伊德认为,健全人格是本我、自我、超我的协调统一。阿德勒把奉献精神、社会兴趣和互助合作作为健康人格的核心品质。奥尔波特认为,"健康的人格不受无意识力量的控制,也不受童年心灵创伤或冲突的控制,心理健康者的功能发挥是在理性和意识水平上进行的。这意味着控制他们的力量是实际影响他们生活的那些因素，并且，他们的定向依据是当前以及自己对未来的目标”。兰兹曼则认为，健康人格需要从试图对自发性思维、感情和行动的压抑和控制中解脱出来，需要一种“让自己这样存在和让他人和自然存在的态度”。

2. 健全人格的特征

（1）自我实现者人格特征。人本主义心理学家马斯洛以人的需要研究为出发点，通过对48位成就卓著的人类历史和现代杰出人物的调查研究，探讨了健全人格即自我实现者人格的15个特征：注重实际（准确充分地认识现实）；积极接纳（对己对人对自然的最大认可和悦纳）；崇尚美德（自然朴实的和纯真的美德）；问题中心（关注各种社会问题非自我问题）；独处静思（有喜欢独处和隐静的品质）；独立自主（不受文化和环境约束）；鉴赏事物（清新不逊的鉴赏力）；高峰体验（常感受到神秘和高峰体验）；关注人类（有全人类的同一性）；挚友交际（建立与少数人深厚久远的人际关系）；民主价值（易于接受民主的价值观）；道德观念（很强的伦理观念）；幽默智慧（完善的非敌意的幽默感）；创新精神（创新精神和创造性）；与时俱进（抵制文化适应）。

（2）专业成就者人格特征。卡特尔研究发现了有专业成就者的人格因素是知己知彼、自律严谨、有恒负责、情绪稳定、好强固执、精明能干而世故、自立、当机立断、自由、批评、激进。舒尔茨提出了健康人格特征：“有意识地控制自己的生活；了解自己的实际情况；虽然不能排除过去的影响，但坚定地立足于现在；渴望生活的挑战和刺激，渴望新的目标和新的经验。”并认为拥有健康人格的人是永不停止成长的人。

第二节　大学生人格分析

一、大学生人格发展

1. 大学生人格维度

教育部《中国大学生人格量表》研究确定了大学生人格七个维度：

（1）活跃。反映个体合群和活跃倾向：高分表明擅长与人相处、积极主动、温和自然;低分表明与人交往时紧张拘束、不善言辞,甚至被动退缩。

(2)爽直。反映个体交往中言辞直率倾向:高分表明心直口快、直截了当;低分表明含蓄委婉、平和稳重。

(3)坚忍。反映个体坚定执着和努力进取的倾向:高分表明目标明确、坚定执着、踏实努力;低分表明得过且过、不思进取和容易放弃。

(4)严谨。反映个体认真仔细和严谨自制的倾向:高分表明做事认真、遵守规矩和自我克制;低分表明放纵随意、别出心裁。

(5)利他。反映个体关注个人利益和势力自私的倾向:高分表明势利浮夸、自私虚伪和不择手段;低分表明诚信、随和友好和谦逊豁达。

(6)重情。反映个体为人处事注重感情或利益的倾向:高分表明注重情感联系、敏感投入;低分表明坚持原则、注重理智。

(7)随和。反映个体机智敏捷和温和柔顺的倾向:高分表明机智灵活、诙谐乐观;低分表明愚钝拖沓、刻板敏感。

这些指标已成为教育部对全国大学生开展心理健康普查的一项重要指标,通过普查和评估来分析群体和个体的人格健康水平。

2. 大学生健全人格

(1)大学生健康人格。研究表明,当代大学生创造性的人格特征具体表现在:第一,能正确认识自我。能认可自己,接受一切属于自己的东西,形成对自己积极的看法;自我客体化,能客观评价自己,理解现实自我与理想自我之间的差别;有明确的奋斗目标和愿望,并为之而努力。第二,智能结构健全而合理。有良好的观察力、记忆力、思维力、注意力和想象力,各种认知能力有机结合并发挥其应有作用。第三,对社会环境的适应能力较强。对外部世界有浓厚兴趣,有广泛的活动内容和兴趣爱好,人际交往范围扩大,积极参与各种形式的社会实践;同时,容忍别人与自己在价值观和信念上存在差别,能根据实际情况看待事物。第四,富有事业心,具有一定创造性和竞争意识。有较强的进取心和责任感、竞争意识、开放性思想,喜欢创造,勇于创新,甘愿冒险,独立性强,富有幽默感,态度务实。第五,情感饱满适度。情绪上稳定性与波动性、外显性与内隐性并存,情感丰富多彩,积极的情绪、情感体验在学习、生活中占主导。

(2)大学生优秀人格。马斯洛把自我实现者的15个人格特征推广到大学生中加以验证,发现性格活跃和学业优良的大学生大都具备这些品质。

(3)大学生人格实证。对大学生人格进行实证研究,得出分析结果如下:乐群外向、热情随和、情绪稳定、尊重现实、安详沉着、自信心强、自律严谨、认真负责、责任心强、真诚坦率、心平气和。男生人格特征表现为恃强性、有恒性、敢为性、冒险性、独立性、责任性和稳定性等;女生人格特征表现为乐群性、聪慧性、兴奋性、敏感性、幻想性、忧虑性、紧张性等。另外,高创造倾向大学生的主要人格特征有高稳定性、高恃强性、高有恒性、高敢为性、低兴奋性、低忧虑性、低焦虑性、高外倾性、情感丰富、果断刚毅。

3. 大学生完美人格

(1)和谐的人际关系。人际关系最能体现一个人人格健全的程度,人格健全的人乐于与他人交往,并与他人建立良好的关系,与人相处时,尊敬、信任等积极态度多于嫉妒、怀疑等消极的态度。健全的人常常以诚恳、公平、谦虚、宽容的态度尊重他人,同时也受到他人的尊重与接纳。和谐的人际关系既是人格健全水平的反映,同时又影响和制约着健全人格的形成发展。

(2)良好的社会适应能力。生活适应能力反映了人与社会的协调程度。人格健全的人能够和社会保持良好密切的接触,以一种开放的态度,主动关心社会,了解社会。在认识社会的同时,使自己的思想、行为跟上时代的发展,与社会的要求相符合,能很快适应新的环境。

(3)良好的情绪调控能力。情绪调控能力标志着人格健全的程度,人格健全的人情绪反应适度,具有调节和控制情绪的能力,经常保持愉快、满意、开朗的心境,并富有幽默感,当消极情绪出现时能合情合理地宣泄、排解、转移和升华。

(4)乐观向上的生活态度。乐观向上的积极态度,能使人看到生活中的阳光,对前途充满希望和信心,对自己所从事的工作或事业抱有深厚的兴趣,在工作和学习中能发挥自身的智慧和能力。即使在遇到困难和挫折时,也能不畏艰险,勇于拼搏。相反,悲观的人常常看到生活的阴暗面,对任何事情都没有兴趣,心情沉重,遇到一点挫折就情绪低落,怨天尤人,甚至自暴自弃。

(5)正确的自我意识。自我意识是指自己对自己,自己与他人,自己与周围世界关系的认识。具有健全人格的人对自己有恰如其分的评价,充满自信,扬长避短,在日常生活中能有效地调节自己的行为与环境保持平衡。缺乏正确自我意识的人,常常自我冲突、自我矛盾,或者自视清高、妄自尊大,做力所不能及的工作,或者自轻自贱、妄自菲薄,甘愿放弃一切可以努力的机遇。

二、大学生问题人格

1. 问题人格及人格缺陷

(1)问题人格。问题人格或人格问题也叫做人格困扰,是介于人格健全与人格障碍之间的一种亚状态,是人格尚未发展成熟的一种状态。如大学生人格中还具有小孩子的脾气,不成熟的思维方式,不理性的处世风格,不独立的行为依赖,不坚强的意志活动,较脆弱的情绪反应,较自恋的待人方式。

(2)人格缺陷。人格缺陷也是介于人格健全与人格障碍之间的一种亚健康状态,比人格健康和问题个人差一些,但比人格障碍好一些。大学生常见的人格缺陷有自我怀疑、自卑、抑郁、焦虑、依赖、孤僻、嫉妒、偏执、自我中心、自恋、幼稚、功利性强等。这些人格缺陷影响人际关系、行为效率和生活质量。

2. 问题人格形成的因素

(1)生物遗传因素。生物遗传因素是指父母的人格特征(包括生理的和心理的)传递给子女的一种生理变化过程。特别是父母的相貌特征、情绪特点、气质类型、智力因素和行为方式等,都可能会通过遗传的方式传递给其子女。同卵双胞胎的心智和情绪均具有较高的相关性($r = 0.72$),就说明了这一点。但个体的信念、性格、价值观等与后天社会环境作用有关。

(2)家庭环境因素。家庭差异特别是教养方式对人格形成具有重要影响。如权威型父母教养方式下成长的子女,易形成消极、被动、依赖、服从、懦弱等人格特征;放纵型父母教养方式使其子女易形成任性、幼稚、自私、野蛮、无礼、独立性差、唯我独尊、蛮横胡闹等人格特征;民主型父母教养方式易培养子女积极的人格品质,如活泼、快乐、直爽、自立、彬彬有礼、善于交往、富于合作、思想活跃等。可见,家庭是“人类性格的工厂”,塑造不同的人格特质。

(3)教育文化因素。学校教育全过程都在对学生人格发展产生极大的影响,其中,教师对学生人格具有引导作用。如教师的教育思想、教育方法、人生信念、教育理想,以及育人期望,还有学校群体生活环境,都对人格发展产生极大影响。人格发展与社会文化也密不可分,社会文化价值取向对人格产生影响。例如,爱尔兰社会文化强调人性本恶,因此爱尔兰人有较强的罪恶感;相反,中国传统文化认为人性本善,以和为贵,以忍为德,故而形成了仁者爱人的优良品质。

3. 大学生常见问题人格

(1)以自我为中心。个别学生在考虑问题、待人处事等方面以自我为中心,表现为以自己的需要、动机、爱好和价值观为出发点,目中无人,自私自利;遇到冲突,固执己见;利益面前,自我至上;遇到挫折,怨天尤人;利用他人,满足自己;唯我独尊,高高在上。以自我为中心的学生,很难与人相处。

(2)爱慕虚荣。个别学生过分看重荣誉,被人赞美,自以为是。虚荣心与自尊心和自卑感相结合,虚荣的人往往内心过分自卑,外在过于自尊,这是一种反向作用的自我防御机制,以表面自尊掩盖其内心自卑。克服自卑,学会自卑代偿和超越,面对真实自我,走向现实生活,学会扬长避短,才能克服虚荣。

(3)懒散拖延。个别学生懒惰成性、行为懒散、做事拖拉、态度疲沓、松松垮垮;学习活力不足,做事没有计划,常常随波逐流,学习没有效率;对做任何事情都没有信心,没有欲望;自我控制能力较差,不会合理安排时间。克服懒惰拖延的方法:学会自我控制,明确学习目标,增强时间观念,自我勤奋努力。

(4)空虚无聊。个别学生心理空虚,生活无聊;做事被动,处世消极;沉溺幻想,不切现实;不负责任,不知所措;没有学业目标,没有生活动力,没有人生追求;缺乏对生命意义的认知,茫然生活混日子。克服空虚无聊的方法:爱惜生命,珍惜生活,寻找兴趣,培养爱好,从学业进步和自我成长获得乐趣。

(5)心胸狭窄。个别学生心理偏狭,即"小心眼",常为一些小事耿耿于怀,不断挑剔;不能容人,不会忍事;为同学之间的一些小过失和小摩擦而大发脾气,甚至大打出手。克服心胸狭窄的方法:学会容忍,宰相肚里能撑船,心底无私天地宽;互换角色,学会将心比心。

(6)过分猜疑。个别学生比较偏执,过分猜疑别人对自己不友好,常在背后说自己的坏话,看到别人窃窃私语,以为是说自己;看到别人的言行举止,都以为是针对自己。猜疑常常无中生有,误读他人的言语和行为,从而仇视他人。克服偏执的方法:多与他人交流,验证自己猜疑;多持积极心态,就会柳暗花明。

(7)幼稚依赖。个别学生心智不成熟,人格偏幼稚,待人处事小孩子气,甚至撒娇和任性;过分依赖他人为自己出主意想办法,没有主心骨;遇到一点点挫折就哭天抹泪,不会理性思考和处理问题,常受到同学嘲笑。克服幼稚依赖的方法:多参加社团活动,多与同学交往,学会独立思考和行为,促进自我人格成熟。

(8)过分自恋。个别学生与人交往时,只喜欢自己,不喜欢他人;吹嘘自己的荣誉,夸耀自己的地位;过度追求他人的赏识,而不去关注他人的优势;孤芳自赏,不和大多数人来往;我行我素,迷恋于美丽和荣耀。克服自恋的方法:客观评价自己,自珍自重;既自爱能独善其身,又爱人能兼善天下。

(9)意志脆弱。个别学生意志品质发展不良,做事优柔寡断,整天无精打采,没有远大抱负;遇到多重动机,内心纠结痛苦;学习没有毅力,遇挫容易气馁;在困难和挫折面前,缺乏积极应对,情感脆弱,行为退缩。克服脆弱的方法:坚定理想信念,激励积极行为;接受生活磨难,培养坚强意志。

三、大学生人格障碍

1. 过分猜疑——偏执型人格

偏执型人格障碍以猜疑和偏执为特点。主要行为表现:①对挫折和遭遇过度敏感;②对侮辱和伤害不能宽容,长期耿耿于怀;③多疑,容易将别人中性或友好的行为误解为敌意或轻视;④对个人权利执意追求;⑤易有病理性嫉妒,过分怀疑恋人有新欢或伴侣不忠,但不是妄想;⑥过分自负,有以自我为中心的倾向,总感觉受压制、被迫害,甚至上告上访,不达目的不肯罢休;⑦具有将其周围或外界事件解释为“阴谋”等倾向,过分警惕和抱有敌意。虽然大学生偏执型人格极少,但是一旦出现,就会对社会适应和人际关系产生很大的影响。

2. 妄自尊大——自恋型人格

自恋型人格障碍以妄自尊大,夸大观念,灌注无限成功、权利和智慧的幻想为特点。与表演型相似,情感戏剧化,喜欢性挑逗;但表演型外向热情,自恋型内向冷漠。主要行为表现:①对批评的反应是愤怒、羞愧或感到耻辱;②喜欢指使他人,要他人为自己服务;③过分自高自大,对自己才能夸大其词,希望受人特别关注;④坚信他关注的问题是世上独有的,仅被某些特殊人物了解;⑤对无限的成功、权力、光荣、美丽或理想爱情有非分幻想;⑥认为自己应享有他人没有的特权;⑦渴望持久的关注与赞美;⑧缺乏同情心;⑨有很强的嫉妒心。

3. 谨慎刻板——强迫型人格

强迫型人格障碍以过分谨小慎微、严格要求与完美主义及内心不安为特点。主要行为表现:①因内心深处有不安全感而优柔寡断、怀疑,以及过分谨慎;②很早就对所有的活动做出计划并不厌其烦;③凡事需反复核对,因对细节过分注意,以致忽视全局;④经常被讨厌的思想或冲动所困扰,但尚未达到强迫症的程度;⑤过分谨慎多虑、过分专注于工作成效而不顾个人消遣,忽视人际关系;⑥刻板和固执,要求别人按其规矩办事;⑦因循守旧,缺乏表达温情的能力。

4. 自卑回避——焦虑型人格

焦虑型或回避型人格障碍,以一贯感到紧张、提心吊胆、不安全及自卑为特征,总是需要被人喜欢和接纳,对拒绝和批评过分敏感,因习惯性地夸大日常处境中的潜在危险而有回避某些活动的倾向。主要行为表现:①自我敏感,不安全感和自卑感表现强烈;②对遭排斥和批评过分敏感;③不断追求被人接受和受到欢迎;④除非得到保证被他人所接受和不会受到批评,否则拒绝与他人建立人际关系;⑤惯于夸大生活中潜在的危险因素,达到回避某种活动的程度,但无恐惧性回避;⑥因“稳定”和“安全”的需要,生活方式受到限制。

5. 情感爆发——冲动型人格

冲动型或攻击型人格障碍以情感爆发,伴有明显行为冲动为特征。主要行为表现:①易与他人发生争吵和冲突,特别是在冲动行为受阻或受到批评时;②有突发的愤怒和暴力倾向,对导致的冲动行为不能自控;③对事物的计划和预见能力明显受损;④不能坚持任何没有即刻奖励的行为;⑤心情经常不稳定且反复无常;⑥自我形象、目的及内在偏好(包括性欲望)紊乱且不确定;⑦容易产生人际关系的紧张或不稳定,时常导致情感危机;⑧经常出现自杀、自伤行为。

6. 言行夸张——表演型人格

表演型人格障碍以过分的感情用事或夸张言行吸引他人的注意为特点,或称喜剧型人格障碍。主要行为表现:①富于自我表演性、戏剧性、夸张性地表达情感;②肤浅和易变的情感;③自我中心、自我放纵和不为他人着想;④追求刺激和以自己为注意中心的活动;⑤不断渴望受到赞赏,情感易受伤害;⑥过分关心躯体的性感,以满足自己的需要;⑦暗示性高,易受他人影响。

7. 没有主见——依赖型人格

依赖型人格障碍以没有主见、过分依赖为特征。主要行为表现:①要求他人为自己生活的重要方面承担责任;②将自己需要附属于所依赖的人,过分服从他人的意志;③不愿意对所依赖的人提出即使是合理的要求;④感到自己无助无能,或缺乏精力;⑤沉湎于被遗忘的恐惧之中,不断要求别人对此提出保证,独处时感到很难受;⑥当与他人亲密关系结束时,有被毁灭和无助的体验;⑦经常把责任推给别人。

第三节 大学生健全人格塑造

一、大学生健全人格塑造的目标与意义

1. 大学生健全人格塑造的目标

全面提升人格品质,重点培养核心人格品质,即性格、自我意识和价值观。

(1)培养大学生积极的性格品质。在对现实的态度方面,大学生需要培养自己对人对事的积极态度,如正直、合作、诚信、热情、勤奋、认真、规划意识、讲效率、负责任等;在性格的意志特征方面,需要培养自己能通过有意识思考确定合适的行为目标的能力,果断采取行动,并能克服困难,排除干扰,抗拒诱惑,调适某些本能欲望,使行为不偏离目标,最终实现目标;在性格的情绪特征方面,通过修养和管理,使自己做到心情经常保持愉悦,并有适度表达;在性格的理智特征方面,一则保持个人的思维风格,二则能做到理性思考、判断和行动。

(2)培养大学生积极的价值观。价值观是以人的自身需要为基础,对事物的价值进行判断时所持有的观念体系,即一个人把什么看得最重要、最有用、最有价值的一套看法和态度。价值观处于人格的最核心位置,对人的发展选择,调控最具重大影响,其中人生观处于主导位置。大学生在自我价值观塑造中主要培养的应是对人生有明确而积极的目的,了解并坚定认同人生的积极意义,热爱人生,并以自己的努力创造幸福人生。其中不可回避的问题是防止价值体系混乱,价值定向消极,自我评价冲突,集中价值目标导向消极。

(3)预防人格问题的发生。个体自身心智成熟度不足,环境的负面因素,极易导致大学生问题人格的发生。所以,必须积极促进自我成熟,有效面对环境中复杂的负面影响。此外,消除人格缺陷,矫正人格障碍,也是塑造大学生健全人格的目标之一。

2. 大学生健全人格塑造的意义

(1)现实意义:健全人格有利于大学生在校期间全面发展和成长。其包括良好思想道德水平的提升,科学文化和专业知识技能的掌握,智力潜能的开发,健全体魄的增强,审美情操的陶冶,劳动、工作、学习态度与习惯的养成,人际关系的融洽和愉悦心境的保持。

(2)发展意义:健全人格对大学毕业生可持续发展具有终身性意义。“人格决定命运”,话虽说得比较极端,但至少,人格在很大程度上决定命运。大学期间养成的人格品质、人格模式对个人终身的生命质量都有着显著的制约作用。大学生在迈出大学校门后的一生中怎样对待自己、怎样选择恋人、如何对待婚姻生活、怎么教养子女、如何对待职业生涯的一切……无不与其已养成的人格有着直接的因果联系。

(3)幸福意义:心理学的终极目标是人类幸福。创造幸福人生,是大学生塑造健全人格的最终目标。近年来人们对幸福感、生活满意度的追求越来越强烈。赛里格曼提出了人类美德的概念,他发现,全世界不同种族、不同文化、不同国家之间普遍具有六大类美德，即智慧、勇敢、仁爱、公正、克己和超越自我。

二、大学生健全人格塑造的理念

1. 主题体验，做主青春

大学生能意识到健全人格的塑造固然有许多因素的制约，但在大学这一年龄阶段，个人自我塑造是最可能、最可掌控，也是最有效的。

2. 积极观念，乐观心态

大学生能够将关注点聚焦于自己人格发展的优势特征，发现、发挥与发扬自己的优势和潜力；能够理性看待和正确处理成长过程中的一些挫折事件；能够在逆境情境中积极应对，发展心理韧性，不断塑造自己的积极心理品质。

3. 发展理念，人格可塑

在塑造自己健全人格过程中立足于全面、正向的人格品质，防止只盯着自己人格的某些负面特征，同时坚信，人格的稳定性是相对的，可变性是绝对的。

4. 悦纳自我，面对现实

悦纳自我的优点，接纳自我的限制，并有勇气面对自我的困扰和挫败。每个人的人格现状都有优势与不足，以至于可能有问题、缺陷或障碍，无论如何这就是真实存在，必须先接受了，再认真深入地探究，明确其“是什么”“为什么”“怎么样”。

5. 提升自信，自主人生

对提升和改变自己的人格有充分的信心，即相信自己有能力、有条件、有资源发展自己的人格，改变自己不健康的人格。自信是一种自主正能量，自信不仅可调动自身资源，亦能有效利用外在资源。

6. 取长补短，扬长避短

性格需要取长补短，成功需要扬长避短。发挥自己人格优势的同时尽可能弥补自己的人格弱势。例如，性格外向的同学可注意发挥自己思维灵活、乐于交往、效率高、开朗乐观的优势，尽量弥补自己缺乏深刻、不善坚持的弱点。性格内向的同学应注意保持自己做事认真、思维深刻、规则意识强、善坚持的长处，尽可能弥补自己效率不高、不善交际的不足。

三、大学生健全人格塑造的途径

1. 把握机遇，完善自我

环境变迁和生活变故会影响人格重塑。上大学后环境发生改变，交往从独处变为群居，学习从被动到主动，生活从依赖到独立，这正是人格重塑的新开端。在此环境下，逐渐学会和谐相处、独立生活、创造思维，就会塑造友爱、信任、包容、独立、创新、探索等人格品质。同时，大学还有诸多发展机遇，如拓展兴趣的图书馆，探索研究的数据库，专业交叉的公选课，锻炼能力的社团会，丰富人脉的朋友圈，心灵向导的师生缘，人生启航的大讲坛，展示自我的招聘会等，都可以使自己人格得到充分培养，以丰富内心世界和完善人格品质。此外，一些重大生活变故也会对人格造成重大影响，此时敢于面对变故，培养积极心态，提升抗逆能力，就会培养自己的坚忍性人格品质；如果消极面对，逃避现实，将会形成懦弱的性格。

2. 发扬前贤，文化塑造

继承中华民族人格建构方面的优良传统。上下五千年，中华民族世世代代在繁衍生息、前赴后继的拼搏中已积累了有利于大学生人格塑造的诸多精神财富。一是我国人民历来注重人的精神品质的完善，尤其注重人格完善。历来被歌颂的是做人光明磊落、豁达包容、自信、坚强、自知、自律、诚信、谦逊……“先天下之忧而忧，后天下之乐而乐”“淡泊名利”“三人行，必有我师”已成为众人所知。二是我国人民历来清楚人格需要养成。“铁杵磨成绣花针”“习惯成自然，自然成性格”，人格塑造是一个艰难的过程，也是良好人格塑造的切入点。三是我国人民已积累了许多有效的人格健康自我调适的策略或观念，如“亡羊补牢，犹时未晚”“塞翁失马，焉知非福”“岁岁（碎碎）平安”“吃一堑，长一智”“知足常乐”“难得糊涂”等。四是我国人民具有亲社会的价值观，如“四海之内皆兄弟”“一个篱笆三个桩，一个好汉三个帮”“众人拾柴火焰高”“一处有难，八方支援”“与人为善”“己所不欲，勿施于人”等。五是近代以来在内忧外患的经历中，已磨炼了我中华民族坚强的抗压能力，心理康复极快。

3. 修身治国，孝悌忠恕

“格物致知、正心诚意、修身齐家治国平天下”是儒家的人格修行之道。“格物致知”指从自我成长做起，从对环境的接触（格物）中，获得对事物的正确认知（致知）；“正心诚意”指从自我内省做起，吾日三省吾身，修养理想信念，培养优秀品质；“修身齐家”指从自我行为做起，在家敬父母以行孝，爱兄弟以奉悌，丰家业以修身；“治国平天下”指从自我实现做起，走向社会忠诚于祖国和人民，宽恕于同事和朋友，精忠报国，博爱天下。忠孝相同，恕悌相连：在家对父母能尽孝，在国对人民能尽忠；在家对兄弟能悌爱，在国对人民能博爱。这就是儒家人格修炼和自我成长之道。

4. **处世中道,不偏不倚**

从防止行为的“过犹不及”修炼自我的适度行为。凡事都有“度”,人格发展和表现的“度”是十分重要的,人格塑造过程中应把握辩证法,掌握好“度”,否则就会“过犹不及”,适得其反。具体说来,应该是自信而不自负,自谦而不自卑,勇敢而不鲁莽,果断而不冒失,稳重而不犹豫,谨慎而不怯懦,豪放而不粗俗,好强而不逞强,活泼而不轻浮,机敏而不多疑,忠厚而不愚昧,干练而不世故,等等。

5. **顽强坚持,矢志不移**

想要实现自己的梦想,就要坚持,就要努力,这样才可以成就梦想,成功贵在坚持。大学阶段的人格塑造中已带有人格再造的特点,一般来说,十七八岁的青少年,其人格特点已有明显的稳定性,特别是一些负面人格改变起来已有很大的难度,且“冰冻三尺,非一日之寒”。所以,战胜自己不健康的人格,就需要持之以恒地和自己打心理战。

四、大学生健全人格塑造的方法

1. **健全人格塑造的一般方法**

(1)了解自己人格的方法:自我观察分析法;经验分析法;倾听他人意见法;参与反思法;空椅子技术;人格心理测验法。

(2)提升积极人格的方法:读好书,积极参与校内外各类有益的活动,聆听师长教导,寻求磨炼机会、交挚友,参与人格提升团体训练,等等。

(3)消除人格问题的方法:自我重塑法、自我管理法、自我认知疏导法、情绪管理法、意志训练法及相关的团体心理训练、人格心理咨询。

(4)矫正人格障碍的方法:心理咨询、心理治疗的相关方法,当事者若能主动寻求并有效配合会收到更好的效果。

2. **健全人格塑造的特殊方法**

有关促进自我成长、塑造健全人格的修炼,有许许多多非常有效的特殊方法。

(1)勇气修炼。心理学家罗洛·梅指出,勇气有四种:一是身体勇气,这在拓荒时代的英雄人物身上体现得最为明显,他们能够忍受恶劣的环境,顽强地生存下来;二是道德勇气,即感受他人的苦难处境,具有较强道德勇气的人,能够非常敏感地体验到他人的内心世界;三是社会勇气,即勇于和他人建立亲密关系,现代人害怕人际亲密,缺乏社会勇气,结果反而更加空虚和孤独;四是创造勇气，这是最重要的勇气，它能够用于创造新的形式和新的象征，并在此基础上推进新社会的建立。身体勇气使人顽强，道德勇气使人仁慈，社会勇气使人亲密，创造勇气使人进取。因此，要锻炼勇气，促进人格成熟和完善。

（2）自信修炼。自信是人格完善的主要理念，自信是积极心态的核心。自信是一种积极有效地表达自我价值、自我尊重、自我理解的心理状态。自信存在于生活、学习、工作和交往等方面。自信是成功的桥梁，作家爱默生说过："自信是成功的第一秘诀。"提高自信的有效措施：对自己的成功给予积极评价；选择生活某方面努力改变；制订可以完成的目标；不要过快地改变生活太多方面；找出一个合适的典范加以学习；不要对失败和错误耿耿于怀。美国心理学家发现，将走路速度提高25%，有助于增添自信心。

（3）平衡修炼。追求未果受挫时用"酸葡萄心理"安慰；追求目标失败时用"甜柠檬心理"开脱。

（4）超越修炼。心理自卑是补偿或代偿，这方缺陷可代偿为那方优势，所谓东方不亮西方亮。

（5）幽默修炼。善用幽默即学会自嘲、双关语、反讽等语言智慧或调侃技术，便可一笑了之，化干戈为玉帛。

（6）沉稳修炼。不随便显露情绪；不逢人诉说困扰；不唠叨自我不满；重要决定隔天发布；说话做事不慌张。

（7）大度修炼。不把伙伴变成对手；对人的过失不斤斤计较；消除权威傲慢和知识偏见；任何成果都要与别人分享；需要奉献时自己走在前面。

思考主题：人格影响人一生

1. 什么是人格？人格对个体成长和发展的意义和功能是什么？
2. 人格中的需要、动机、信念、气质、性格、能力是什么？
3. 大学生健全人格的特点是什么？人格障碍有哪些类型？
4. 如何塑造大学生的健全人格？有哪些途径和方法？

心理测验:艾森克人格问卷

指导语:《艾森克人格问卷》共有88个问题,请根据自己的实际情况作"是"或"否"的回答,请在答题卡的每一题号后"是"或"否"的"□"内打√。这些问题要求按自己的实际情况回答,不要去猜测怎样才是正确的回答。因为这里不存在正确或错误的回答,也没有捉弄人的问题,将问题的意思看懂了就快点回答,不要花很多时间去想。每个问题都要回答。问卷无时间限制,但不要拖延太长,也不要未看懂问题便回答。

题号	题目	是 否
1	你是否有许多不同的业余爱好?	□ □
2	你是否在做任何事情以前都要停下来仔细思考?	□ □
3	你的心境是否常有起伏?	□ □
4	你曾有过明知是别人的功劳而你去接受奖励的事吗?	□ □
5	你是否健谈?	□ □
6	欠债会使你不安吗?	□ □
7	你曾无缘无故觉得"真是难受"吗?	□ □
8	你曾贪图过分外之物吗?	□ □
9	你是否在晚上小心翼翼地关好门窗?	□ □
10	你是否比较活跃?	□ □
11	你在见到一小孩或一动物受折磨时是否会感到非常难过?	□ □
12	你是否常常为自己不该做而做了的事,不该说而说了的话而紧张?	□ □
13	你喜欢跳降落伞吗?	□ □
14	通常你能在热闹的联欢会中尽情地玩吗?	□ □
15	你容易激动吗?	□ □

续表

题号	题目	是 否
16	你曾经将自己的过错推给别人吗？	□ □
17	你喜欢会见陌生人吗？	□ □
18	你是否相信保险制度是一种好办法？	□ □
19	你是一个容易伤感情的人吗？	□ □
20	你所有的习惯都是好的吗？	□ □
21	在社交场合你是否总不愿露面？	□ □
22	你会服用有奇异或危险作用的药物吗？	□ □
23	你常有“厌倦”之感吗？	□ □
24	你曾拿过别人的东西吗(哪怕一针一线)？	□ □
25	你是否常爱外出？	□ □
26	你是否因伤害你所宠爱的人而感到有趣？	□ □
27	你常为有罪恶之感所苦恼吗？	□ □
28	你在谈论中是否有时不懂装懂？	□ □
29	你是否宁愿去看书而不愿去多见人？	□ □
30	你有要伤害你的仇人吗？	□ □
31	你觉得自己是一个神经过敏的人吗？	□ □
32	对人有所失礼时你是否经常要表示歉意？	□ □
33	你有许多朋友吗？	□ □
34	你是否喜爱讲些有时能伤害人的笑话？	□ □
35	你是一个多忧多虑的人吗？	□ □
36	你在童年是否按照吩咐要做什么便做什么，毫无怨言？	□ □
37	你认为你是一个乐天派吗？	□ □
38	你很讲究礼貌和整洁吗？	□ □
39	你是否总在担心会发生可怕的事情？	□ □
40	你曾损坏或遗失过别人的东西吗？	□ □
41	交新朋友时一般是你采取主动吗？	□ □

续表

题号	题目	是 否
42	当别人向你诉苦时，你是否容易理解他们的苦衷？	□ □
43	你认为自己很紧张，如同“拉紧的弦”一样吗？	□ □
44	在没有废纸篓时，你是否将废纸扔在地板上？	□ □
45	当你与别人在一起时，你是否言语很少？	□ □
46	你是否认为结婚制度过时了，应该废止？	□ □
47	你是否有时感到自己可怜？	□ □
48	你是否有时有点自夸？	□ □
49	你是否很容易将一个沉寂的集会搞得活跃起来？	□ □
50	你是否讨厌那种小心翼翼地开车的人？	□ □
51	你为你的健康担忧吗？	□ □
52	你曾讲过什么人的坏话吗？	□ □
53	你是否喜欢对朋友讲笑话和有趣的故事？	□ □
54	你小时候曾对父母粗暴无礼吗？	□ □
55	你是否喜欢与人混在一起？	□ □
56	你若知道自己工作有错误，会感到难过吗？	□ □
57	你患失眠吗？	□ □
58	你吃饭前必定洗手吗？	□ □
59	你常无缘无故感到无精打采和倦怠吗？	□ □
60	和别人玩游戏时，你有过欺骗行为吗？	□ □
61	你是否喜欢从事一些动作迅速的工作？	□ □
62	你的母亲是一位善良的妇人吗？	□ □
63	你是否常常觉得人生非常乏味？	□ □
64	你曾利用过某人为自己取得好处吗？	□ □
65	你是否常常参加许多活动，超过你的时间所允许？	□ □
66	是否有几个人总在躲避你？	□ □
67	你是否为你的容貌而非常烦恼？	□ □

续表

题号	题目	是 否
68	你是否觉得人们为了未来有保障而办理储蓄和保险所花的时间太多?	□ □
69	你曾有过不如死了算了的想法吗?	□ □
70	如果有把握永远不会被别人发现,你会逃税吗?	□ □
71	你能使一个集会顺利进行吗?	□ □
72	你能克制自己不对人无礼吗?	□ □
73	遇到一次难堪的经历后,你是否在一段很长的时间内还感到难受?	□ □
74	你患有"神经过敏"吗?	□ □
75	你曾经故意说些什么来伤害别人的感情吗?	□ □
76	你与别人的友谊是否容易破裂,虽然不是你的过错?	□ □
77	你常感到孤单吗?	□ □
78	当人家寻你的差错,找你工作中的缺点时,你是否容易在精神上受挫伤?	□ □
79	你约会或上班曾迟到过吗?	□ □
80	你喜欢忙忙碌碌地过日子吗?	□ □
81	你愿意别人怕你吗?	□ □
82	你是否觉得有时浑身是劲,而有时又是懒洋洋的?	□ □
83	你有把今天应做的事拖到明天去做吗?	□ □
84	别人认为你是生机勃勃的吗?	□ □
85	别人是否对你说了许多谎话?	□ □
86	你是否对某些事物容易冒火?	□ □
87	当你犯了错误时,你是否常常愿意承认它?	□ □
88	你会为一动物落入圈套被捉拿而感到很难过吗?	□ □

第三章 坚忍与免疫——生命幸福教育

【墨菲效应】

——越是担心发生的，越要警觉和防范——

原义：墨菲定律是指事情往往会向你所想到的不好的方向发展，只要有这个可能性。比如，你衣袋里有两把钥匙，一把是你房间的，一把是汽车的，如果你现在想拿出车钥匙，会发生什么？是的，你往往是拿出了房间钥匙。

来源：墨菲是美国爱德华兹空军基地的上尉工程师。1949年，他和他的上司斯塔普少校，在一次火箭减速超重试验中，因仪器失灵发生了事故。墨菲发现，测量仪表被一个技术人员装反了。由此，他得出教训：如果做某项工作有多种方法，而其中有一种方法将导致事故，那么一定有人会按这种方法去做。

应用：墨菲定律适用范围非常广泛，它揭示了一种独特的社会及自然现象。它的极端表述：如果坏事有可能发生，不管这种可能性有多小，它总会发生，并造成最大可能的破坏。墨菲定律、帕金森定律和彼德原理并称为二十世纪西方文化三大发现。墨菲定律这样说：Anything that can go wrong will go wrong.（凡事只要有可能出错，那就一定会出错。）根据墨菲定律：任何事都没有表面看起来那么简单；所有的事都会比你预计的时间长；会出错的事总会出错；如果你担心某种情况发生，那么它就更有可能发生。

启示：墨菲定律是安全管理过程中的长鸣警钟，不能忽视小概率危险事件，做好预警和防范，危机事件就会减少或事前预防。

第一节　心理障碍与心理危机

一、心理问题与心理障碍

1. 心理问题与障碍界定

(1)心理问题界定。心理问题也称心理困扰,介于心理健康与心理障碍之间,包括一般心理问题、严重心理问题、可疑神经症等。心理问题比心理健康差一点,但比心理障碍好一些,故也称亚健康心理状态。在常态分布中,心理健康和心理问题都属于心理正常区间,如失恋所致情感困扰;只有心理障碍和心理疾病(包括心理危机)才属于心理异常区间,如神经症、精神病、心境障碍等。

(2)心理障碍界定。心理障碍是指个体由于生理、心理或社会原因而导致的心理紊乱和失调状态。临床心理学将广泛的心理异常或行为异常统称为心理障碍。当心理活动异常的程度达到临床心理诊断标准时,便被称为心理障碍。心理障碍强调的是这类心理异常的临床表现或症状,但不把它当作疾病看待。"心理障碍"一词易被人接受,"心理疾病"常有歧视之嫌。

(3)心理分区鉴别。心理问题和心理健康属于心理正常,心理障碍和心理疾病属于心理异常,鉴别标准:①主观与客观是否相统一:主观符合客观,属于心理正常;主观不符合客观,属于心理异常。②精神活动是否内在协调:认知、情感、意志协调,属于心理正常;如果不协调,属于心理异常。③人格是否相对稳定一致:人格相对稳定一致,属于心理正常;不稳定一致,属于心理异常。

2. 心理问题与障碍分类

(1)心理问题分类:包括一般心理问题与严重心理问题。①一般心理问题:现实刺激较弱(如挫折、失误、失恋等),因此体验到轻度情绪反应;持续时间较短(不良情绪不间断持续一个月或间断持续两个月);社会功能正常(如生活、学习、工作、社交等),或仅有学习效率下降;不良情绪没有泛化。②严重心理问题:现实刺激较强,体验到严重情绪困扰;持续时间较长(不良情绪不间断持续两个月或间断持续半年);社会功能轻度受损;不良情绪有所泛化。

(2)轻度障碍分类:包括神经症、心境障碍、人格障碍。神经症包括焦虑症、恐怖症、强迫症、神经衰弱等。神经症有一定人格基础，常受心理社会环境因素影响。心境障碍包括抑郁发作、躁狂发作、双向障碍，以明显而持久的心境高涨或低落为主的精神障碍会有相应的思维和行为改变。人格障碍包括偏执型、冲动型、强迫型、自恋型、依赖性、焦虑型等类型。

（3）严重障碍分类：包括精神分裂症与应激相关障碍等。精神分裂症包括偏执型、青春型、紧张型等类型。应激相关障碍包括创伤后应激障碍、适应障碍等，是由心理、社会环境因素引起的异常心理反应。其他心理障碍包括性心理障碍，如性指向障碍、性偏好障碍等；心理生理障碍，如进食障碍、睡眠障碍；习惯与冲动控制障碍，如网络成瘾、赌博症、偷窃症等。

3. 心理障碍与健康鉴别

（1）心理障碍与心理健康不同。心理健康是个体的认知、情感、意志、人格、行为以及其社会关系的稳定协调和机能适应的状态，而心理障碍则是不稳定的不协调的不适应的状态。

（2）心理障碍与心理困扰不同。心理困扰是个体的认知、情感、意志、人格、行为等及个体的社会关系所处的亚心理健康状态，而心理障碍则是非心理健康状态或心理异常状态。

（3）心理障碍与心理疾病不同。心理疾病是大脑心理的机能性和器质性的病变，如精神病；而心理障碍则是心理功能性失调，如神经症。可见，心理健康和心理困扰属于心理正常，心理障碍与心理疾病属于心理异常。

（4）非精神病与精神病鉴别：一是个体是否出现了幻觉，如幻听、幻视；二是个体是否有自知力，即自我认知有无问题；三是情感是否混乱，社会功能是否受到严重损害。个体知情意如果统一就是心理健康，而非精神疾病。

二、心理危机与危机分类

1. 心理危机概念

（1）心理危机界定。心理危机可以是心理状态的严重失调和难以解决的强烈的心理冲突，也可以指精神面临崩溃或精神失常，还可以指严重的心理障碍。现代危机干预之父凯普兰认为，当一个人面临困难情境，而他先前处理危机的方式和惯常的支持系统不足以应对眼前的处境，即他面对的困难情境超过了他的能力时，就会产生心理困扰或失衡，即心理危机。

（2）心理危机结构。心理学教授克里斯蒂・耐尔认为，不管哪种方式的定义，心理危机实质上都包括三个基本的部分：危机事件的发生；对危机事件的感知导致当事人的主观痛苦;惯常的应付方式失败,导致当事人的心理、情感和行为等方面的功能水平较突发事件发生前降低。这一定义比较全面准确地概括了心理危机的过程和实质,因而得到了学术界的广泛认同。

(3)心理危机分类。一是成长性危机:人生是由一系列连续发展的阶段组成的,从某一阶段转入下一阶段,原有行为不足以完成新任务,新行为尚未发展起来时,就会处于危机状态。二是境遇性危机:由外部的或者超常的、个人无法预测和控制事件引起的危机,如交通意外、亲人亡故等。三是存在性危机:伴随着重要的人生问题,如关于人生目的、自由和承诺等出现的冲突和焦虑不安。

2. 心理危机反应

(1)生理反应。心理危机会导致肠胃不适、腹泻、食欲下降、头痛、疲乏、失眠、噩梦、呼吸困难或窒息、喉咙梗塞感、肌肉紧张等生理反应。

(2)情绪反应。心理危机常会出现害怕、焦虑、恐惧、沮丧、忧郁、悲伤、绝望、无助、孤独、紧张、愤怒,过分敏感或警觉、担心自我生命和健康。

(3)认知反应。心理危机常会出现注意力不集中、缺乏自信、无法做决定,健忘、效能降低、不能把思想从危机事件上转移等。

(4)行为反应。心理危机常呈现反复洗手、反复消毒、社交退缩、逃避与疏离,不敢出门、害怕见人、暴饮暴食、容易自责或怪罪他人、不易信任他人等。

3. 心理危机结果

(1)危机顺利度过。当事人从危机过程中学会了处理危机的新方法,心理健康水平提高,个体通过危机获得了成长的机会。这是心理危机的最佳结局。

(2)危机留下创伤。危机虽然度过,但当事人却在心理上留下"疤痕",形成偏见,出现痛点,下次遇到同样危机事件时,可能出现新的不适应或泛化。

(3)危机导致障碍。未能度过危机,陷于神经症或精神病的痛苦之中。这种心理障碍会随着生活变化或强烈刺激事件可能诱发新的心理危机。

(4)危机所致伤亡。当事人经受不住强大的心理压力,对未来失去信心,于是企图以结束生命来解脱,由此产生了自伤、自杀未遂、自杀身亡等行为。

第二节 大学生心理障碍与干预

一、大学生心理问题

1. 校园适应发展问题

(1)解决心理问题。教育部文件指出,心理健康教育和心理咨询辅导主要解决大学生的九大心理问题或困扰,如大学生在环境适应、自我管理、学习成才、人际交往、交友恋爱、求职择业、人格发展、情绪调节、性心理等方面所遇到的心理问题,并通过心理健康教育和心理咨询辅导来提高大学生的心理健康水平,促进其德智体美等全面发展。

(2)指导适应发展。从中学生到大学生,从天南海北到大学校园,大学生心身适应困扰需要给予心理指导和行为调节,如从应试教育到素质教育的困扰,从独居生活到群居生活的困扰,从中学被动学习到大学主动学习的困扰,从依赖父母到独立自主的困扰,从收敛思维到发散思维的困扰,从完成学业到难以就业的困扰,从友谊到相爱的困扰,从现实到理想的困扰,等等。

2. 学生常见心理困扰

(1)入学适应困扰。大一新生比较常见。从入学一开始的军训生活,有些学生就会出现适应不良的身心反应。新生从中学学习到大学学习、从家庭独居生活到学校相居生活、从被动学习到自主学习、从依赖生活到独立生活等过程中,如果不能顺利实现角色转换,就会产生一系列适应不良反应。

(2)职业适应困扰。大四学生比较常见。面临毕业,一部分大学生对于是否考研及报考哪个院校、选择本专业还是跨专业产生了心理困扰;大多数学生对就业去何处、留就读城市还是回生源地、按本专业就业还是跨专业、是报考公务员去政府机关还是去企业等,产生了职业走向的适应心理困扰。

(3)学习心理困扰。大二学生比较常见。大一主要是上基础课,大二、大三有了专业课,有些学生因为多种原因(如习惯了中学思维、喜欢死记硬背、被动依赖老师、应试做题方法等),出现了听不懂、跟不上、学不会、不会做的情况,逐渐产生了学习压力大的困扰。

(4)学校压力困扰。每个学生都会遇到各种压力，如学业压力、交往压力、生活压力、就业压力等。如果压力过大，自己无法调节，且不愿倾诉和求助，就会产生各种压力反应，如生理反应、情绪反应、行为反应和认知反应。因此，各种压力会导致大学生出现情绪低落、焦虑抑郁、自卑无助等不良情绪反应。

(5)人际交往困扰。大三学生比较常见。同学们在一个班上特别在一个宿舍相处时间长了，大多数都能建立深厚的友谊，但有些同学也会产生人际冲突、社交回避和心理隔阂，甚至出现严重的相互言语伤害和行为攻击，导致同学之间关系紧张、人人自危、互不理睬。

(6)情感心理困扰。情感心理困扰不仅存在于同学之间的友谊关系中，更多地存在于男女同学之间的恋爱关系中。其实，在各年级都可能会出现异性同学之间的热恋、暗恋、多角恋、失恋等情感困扰，严重地影响了学业和正常生活。

(7)网迷心理困扰。有一些学生上大学后对网络产生了迷恋，特别是网络游戏、网聊交友、网上购物等，他们对网络产生了严重的依赖性，沉溺于虚拟世界，从而导致学习成绩下降，自我封闭，不愿与人交往，严重者产生心理错位，甚至人格分裂，个别学生因网络成瘾而被休学和接受心理治疗。

3. 心理困扰疏解途径

(1)心理健康教育模式。大学生心理健康教育模式，主要有四大工作模式：积极心理健康教育，以塑造大学生的优势心理素质；健康心理咨询辅导，以缓解大学生的心理问题困扰；临床心理诊断治疗，以解除大学生的心理障碍疾病；危机心理预警干预，以预防和控制大学生的心理危机。

(2)心理健康教育任务。心理健康教育任务是讲授心理健康知识、开展心理咨询辅导、树立心理健康意识、优化心理综合素质、增强心理调适能力、预防心理问题疾病。以此来解决大学生在适应、自我、成才、交往、恋爱、求职、人格、情绪、性心理等方面所遇到的心理问题。

(3)心理健康教育途径。大学生心理健康教育以课堂教学、课外指导为主渠道；课内与课外、教育与指导、咨询与自助相结合的心理工作体系；师资队伍建设，以专、兼、聘等多种方式，建设以少量精干专职教师为骨干，专兼结合、专业互补的心理教育工作队伍，为学生心理服务。

二、大学生心理障碍

1. 学生神经症与精神病

(1)大学生常见神经症。一是焦虑症,包括广泛性焦虑和惊恐障碍,如广泛性焦虑常见,惊恐障碍少见。二是恐怖症,包括场所恐怖症和社交恐怖症。三是强迫症,包括强迫思维和强迫行为,核心特点是自我强迫和反强迫的内心冲突使其感到焦虑和痛苦,大学生强迫思维多于强迫行为。四是神经衰弱,表现为心身易兴奋和易疲劳,经过休息或娱乐不能恢复,国外称为疲劳综合征。大学生神经症最常见的是神经衰弱、强迫思维、考试焦虑症和社交恐怖症。

(2)大学生常见精神病。非常少见但影响最大的是精神分裂症(分裂症),这是一组病因未明的精神病,多起病于青壮年,常缓慢起病,具有思维、情感、行为等多方面障碍及精神活动不协调。通常意识清晰,智能尚好,有的人在疾病过程中可出现认知功能损害,自然病程多迁延,呈反复加重或恶化,但部分人可保持痊愈或基本痊愈状态。大学生分裂症多为偏执型、青春型和紧张型分裂症。疑似精神分裂症须经过精神科医生诊断和确诊,方可药物治疗。

2. 心境障碍与人格障碍

(1)心境障碍,包括抑郁发作与躁狂发作。一是抑郁发作,表现特征为兴趣丧失,无愉快感;精力减退;精神运动性迟滞或激越;自我评价过低或内疚感强;联想困难;反复想死或有自杀自伤行为;有睡眠障碍;食欲降低或体重明显减轻;对异性性兴趣减退。社会功能受损且感到痛苦。二是躁狂发作,表现特征与抑郁发作相反。大学生心境障碍中,抑郁发作较常见,躁狂发作较少,双向障碍(躁狂—抑郁症)更少见;抑郁发作,女生秋冬季节偏多;躁狂发作,男生春夏季节偏多。

(2)人格障碍。大学生人格障碍有偏执型人格障碍(过分猜疑和偏执)、表现型人格障碍(过分感情用事或夸张言行)、冲动型人格障碍(情感爆发和行为冲动)、强迫型人格障碍(过分谨小慎微与刻板行为)、焦虑型人格障碍(社交焦虑与行为逃避)、依赖性人格障碍(过分依赖和没有主见)、自恋型人格障碍(过分自恋和幻想名利)。其中,偏执型、冲动型、依赖型和自恋型在人格障碍中较常见。

3. 性心理障碍与其他障碍

(1)性心理障碍。一是性偏好障碍,包括恋物症、异装症、露阴症、窥阴症、挨擦症等,其中男生恋物症(偷取或藏留女生贴身衣饰以满足性快感)和窥阴症(现实或网络窥看女性裸体以满足性快感)在性偏好障碍中较常见。二是性取向障碍(包括同性恋和双性恋),其中大学生同性恋案例中假性同性恋居多,即男同性恋中常扮演被动型(妻子角色)和女同性恋中常扮演主动型(丈夫角色)的属于真性同性恋者,另一方为假性同性恋者。性心理障碍可寻求心理治疗。

(2)心理生理障碍。一是进食障碍,包括神经性厌食和神经性贪食,厌食障碍多见于女生,特征为故意限制饮食,使体重降至明显低于正常的标准,严重者出现闭经。暴食障碍多见于男生,特征为反复发作和不可抗拒的摄食欲望及暴食行为,常与厌食障碍交替出现。二是睡眠障碍,包括失眠症与嗜睡症,大学生失眠症较多,嗜睡症较少;睡眠障碍均使大学生对此有忧虑或恐惧心理,并引起精神活动效率下降,妨碍其生活、学习和交往等社会功能或正常适应。

三、大学生心理干预

1. 大学生心理帮助

(1)心理自助调适。大学生面对自己的心理困扰,每个人都有自己的心理调节经验,也有大家通用的心理调节方法。如郁闷时听歌或唱歌,烦恼时找朋友倾诉,紧张时自我放松或睡眠,减压时自我运动或郊游,伤感时把它写在日记里,无助时请求父母的指导,孤独时主动找同学谈心,失恋时向挚友哭诉衷肠,等等。

(2)心理求助调适。大学生出现心理问题或遇到心理困扰时,主要求助学校心理咨询中心心理老师的帮助,寻求如生活心理困扰、学习心理困扰、交往心理困扰等方面的心理咨询与辅导,通过求助,大学生能够得到相应的心理学专业帮助,从而舒缓心理和情绪困扰,缓解生活和学习压力。其次,求助相关人员,如学习困扰求助老师专业指导,生活困扰求助辅导员帮助,交往困扰求助同学帮助。

2. 大学生心理咨询

(1)个体心理咨询。预约或亲自去学校大学生心理咨询中心,寻求面对面的个体心理咨询,即求助者与咨询师之间的心灵沟通和心理咨询。心理咨询师遵守咨询保密原则(对来访者的个人隐私绝对保密)和中立原则(尊重来访者的价值观),并应用心理咨询技术(如尊重、真诚、热情、接纳、关注、共情、询问、倾听、反应、鼓励、表达、面质、指导等)解除来访者的心理困扰。

(2)团体心理训练。有同质团队(如相同交往困扰者组成的团队)和异质团队(如不同心理困扰者组成的团队),通过心理师借助心理学技术和体验式培训手段的心理行为训练,以提高团队成员的心理素质或心理健康水平。如交往心理训练、协作心理训练、感戴心理训练、宽恕心理训练、抗逆心理训练等,使团队成员在特定情境中得到互动和体验训练,以提高成员素质和缓解成员困扰。

(3)媒体心理咨询。一般可以通过学校大学生心理咨询热线(或 QQ、E-mail、微信、微博等)获得心理健康辅导、心理困扰咨询、心理测验评估等帮助,亦可通过专业的心理辅导媒体获取相关心理辅导和帮助的有关信息,如心理健康知识、心理测验评估、心理障碍诊疗等。

3. 大学生心理治疗

(1)针对创伤障碍的心理治疗。创伤所致的心理障碍,如创伤后应激障碍(PTSD),严重抑郁发作所致心理危机(如自杀),治疗方法主要有心理危机干预(如问题应对、情绪应对、危机评估、危机干预)、精神支持疗法、眼动脱敏治疗、精神药物治疗、创伤心理剧治疗等。

(2)适应认知障碍的心理治疗。不合理信念会引起认知—情绪障碍,如爱丽斯的合理情绪疗法(ABCDE 理论)认为,心理障碍或情绪困扰(C),不是刺激事件(A)引起的,而是不合理信念(B)引起的,只有对不合理信念(如以偏概全、过分概括、糟糕至极)进行辩论(D),才能修通障碍产生疗效(E)。

(3)适应情感障碍的心理治疗。如宣泄疗法,把负性的情绪宣泄出来;叙述疗法,把负性的情绪感受说出来;音乐疗法,用音乐和唱歌舒缓负性情绪;运动疗法,用体能运动释放心身压力;催眠疗法,接受催眠以治疗焦虑情绪;脱敏治疗,以解除恐怖情绪和恐怖症。通过心理治疗使心身焦虑和负性情绪释然。

第三节 心理危机干预与心理免疫技术

一、大学生心理危机识别

1. 大学生心理危机

(1)大学生心理危机界定。大学生心理危机是从大学生心理障碍衍生出来的概念，凡是大学生心理因素所引起的对自我和他人生命有伤害性和致死性的行为，都属于心理危机，如抑郁症导致自伤自杀行为，分裂症导致伤人杀人行为，等等。心理危机是异常心理（如精神分裂）所致生命创伤，危机心理突发事件（如天灾人祸）所致心理创伤。无论心理危机还是危机心理，都需要心理援助和心理干预；对心理危机主要是创伤前预防，对危机心理主要是创伤后援助。

（2）大学生心理危机表现。广义校园危机有恐怖袭击、伤害事件、突发死亡、尾随绑架、抢劫强奸、网络成瘾、酗酒赌博、亲友亡故；情感创伤、精神失常、抑郁自杀、躁狂伤人、变态恶搞。后五种表现为心理危机，其他表现为危机心理。危机心理多为人祸所致，如校园暴力枪击、伤害杀人事件；心理危机多为主动行为，对自己和他人及校园安全会造成严重影响。因此，高校危机干预，既要援助危机心理，又要预防心理危机。

2. 大学生自杀问题

（1）按发展过程分。①情绪型自杀或冲动型自杀，是由明显的偶然事件所引起，在激愤、赌气、恐惧、绝望等失控情绪下，所产生的突然性自杀行为；特点是进程较快，发展期短，突发性强，难以预测和防范困难。②理智型自杀或计划性自杀，是个体经过较长时间的酝酿，逐渐萌发自杀意念，并有目的、有计划进行的自杀行为；特点是进程较慢，发展期长，便于干预。

（2）按自杀动机分。①解脱型：在遭受挫折时，缺乏应对技巧，承受力差，感到悲观和无望，以自杀逃避现实和寻求解脱。②关注型：遇到挫折和打击，一时激愤，以死来体现自己的价值和勇气，或引起人们的关注和同情。③抗争型：如有些女生受到侵辱后，不拿法律自卫，而是以死抗争，为了一个清白。④惩罚型：有些学生恋爱受挫后，把自杀作为惩罚手段，“我痛苦你也别快活”，以死让对方承受道义谴责。⑤要挟型：并非真想死，以自杀要挟对方，迫使其就范让步。

（3）按自杀结果分。①自杀意念：有寻死愿望，但没有采取实际行动；②自杀未遂：有意伤害自体但未导致死亡；③自杀死亡：有意自伤行为，并导致自杀死亡。其中自杀意念有两种：一种为准备自杀，即有自杀意愿，并选择了自杀方法和时间，或写好了遗书，安排好了后事，但尚未采取行动；另一种仅有自杀意念，无自杀计划。后者是自杀意念（须预防），前者是自杀意图（拟干预）。

3. 大学生自杀原因

（1）生物学因素。研究表明，自杀具有生理基础，如自杀基因，消极情绪的生理脆弱性，自杀行为的家族聚集性，严重的生理疾病，等等。但自杀生物因素在成年人中表现较多,青少年和大学生的自杀多为心理和社会因素所致。

(2)社会学因素。社会学家涂尔干认为,自杀意念、自杀企图、自杀威胁和自杀完成等行为均有社会因素,如社会成员缺乏共同信念和价值观,自杀就可能变得流行;社会规范变得混乱也会引起动乱性自杀。

(3)心理学因素。自杀心理因素有关爱缺乏、支持剥夺、人格缺陷、对爱缺乏感知。除了上述因素外,心理冲突增多、应激敏感素质、不稳定情绪反应、高成就动机受挫、情感关系破裂、严重心理障碍(如抑郁症、分裂症、自杀未遂)等也是造成大学生自杀的因素。

(4)自身性因素。如家庭突遭变故,以至于不能承受。

二、大学生心理危机预警

1. 心理危机预警

(1)心理危机预警。大学生心理危机预警因素有严重心理问题(如情感受挫、学业压力、人际冲突、就业挫败等)和心理障碍(如严重抑郁症、精神分裂症、创伤后应激障碍等)所致自伤、自残、自杀或伤人、杀人等严重危及生命安全的事件。最典型的大学生心理危机预警有四类:严重抑郁症所致自伤或自杀行为,精神分裂症所致伤人或杀人行为,人际冲突所致殴打或暴力行为,情感创伤所致悲痛欲绝或轻生行为。这些都是大学生心理危机预警的主要对象。

(2)抑郁发作预警。抑郁症是生命第一心理杀手,故为预警高风险因子。抑郁症预警点:“一危”即自杀危险,抑郁症有12%自杀风险,自杀者80%患抑郁症;“二核”即核心症状,兴趣丧失,情绪低落;“三低”即知情意低:思维迟缓,情绪低落,意志减退;“四缺”即幸福感缺乏,愉快感、安定感、自信感、充实感等缺乏;“五D”即五个症状——懒、呆、变、忧、虑;“六步”即六步行为,挫败—想死—计划—尝试—冲动—死伤;“七害”即伤害七方,抑郁症所致大学生自杀身亡,害己、害亲、害友、害人、害家庭、害学校、害社会等。

(3)危机征兆预警。大学生自杀危机都有一些征兆表现出来,如向他人流露想死念头,或在日记和网络中留言;情绪明显反常,焦虑不安或无故哭泣;抑郁,食欲不好,失眠;回避与人接触,与集体不融洽或过分注意别人;行为明显改变,对生活麻木且冷漠的人,自杀前像突然变了一个人,敏感又热情;上课无故缺席,迟到早退,成绩骤降;无故送东西、送礼物给亲人或同学,无来由地向他人道谢或致歉——这种“回光返照”式的善举告别须引起高度警觉。

2. 危机因素预警

(1)个体因素预警。主要包括个体的生理疾病和缺陷、情绪障碍(如抑郁、焦虑、绝望感、无助感等)、认知歪曲(如消极自我评价、认知的两极化)、人格障碍(边缘性人格障碍、分裂样人格障碍、冲动型人格障碍)、自杀态度、重大生活事件、自杀病史、问题行为等。

(2)家庭因素预警。主要是父母情感创伤和自杀史、亲子关系冲突、父母酒精和药物使用史。研究结论表明,不良的家庭关系和父母行为习惯等因素均与大学生自杀密切相关。

(3)社会因素预警。包括人际关系、社会传统、宗教习俗、经济发展等对自杀的社会性因素研究主要以涂尔干的自杀社会整合理论为指导。大学生自杀社会因素还与就业失败等有关系。

(4)综合因素预警。大学生心理自杀行为有诸多诱因和成因,诱因是外在刺激,如学业压力、成长挫折、情感创伤、人际冲突、家庭原因、媒体感染、天灾人祸等;成因是内部因素,如应激敏感素质、重大心理疾病、挫折承受力低、极端处事方式、负性认知模式、过度情绪冲动、显著人格缺陷、过激行为反应等。

3. 危机风险评估

(1)心理普查评估。一般使用《心理健康普查量表》,对大一新生或全校学生做心理健康普查,再根据相关心理危机指数做阳性筛查,对筛查出来的心理危机疑似学生再约谈来做诊断排查,通过普查—筛查—排查—鉴别诊断,最后确定具有自杀风险的学生作为心理危机干预对象。

(2)心理约谈评估。对心理普查和筛查出来的心理危机疑似学生,或在日常学生管理工作中发现的心理危机疑似学生,均可通过心理咨询师与之面对面交流,直接向疑似学生询问是否有自杀意念和自杀打算,以此判定心理危机疑似学生是否有可能存在自杀的风险。

(3)自我报告评估。通过自我报告式的量表,让大学生在无须直接面对他人的情况下进行自我测试。研究表明,一些来访的大学生在自我报告式量表测试中比直接与心理咨询师面对面谈论自杀问题时感觉更容易,更愿意谈论自己真实想法,而且量表所测验的自杀信息多,且能够将更隐蔽的风险因素揭示出来。

(4)风险评估个案。某学生突发妄想:感觉周围人都在议论他(关系妄想),谁在他脑子装了芯片监视他(射线妄想),有人要害他(被害妄想),不是爹娘生的(非血统妄想),三天不吃不睡(拒食)。初步诊断:精神分裂症(偏执型分裂症)。风险评估:非抑郁症排除自杀风险,分裂症或有伤人危险;妄想谁要害他,他就可能害谁(预警);妄想谁装了他芯片,可能伤害谁(预防);不食不睡，有生命危险（治疗）。风险控制：转介精神科，监控安保，速告父母陪同就医。

三、大学生心理危机干预

1. 心理危机干预目的

（1）心理危机干预概念。心理危机干预是指对处在心理危机状态下的个人采取明确有效措施，使之最终战胜危机，重新适应生活。心理危机干预的目的：一是避免自伤或伤及他人；二是恢复心理平衡与动力。有效的心理危机干预能够帮助个体得到生命保障和心理安全，并学会自我调节和应对危机的有效策略。

（2）心理危机干预过程。首先是处理问题，解决当前面临的最大问题，以防止自伤、自杀或攻击行为等；其次是宣泄情绪，及时情感交流，鼓励处于危机之中的大学生宣泄痛苦情绪，表达自我诉求，满足心理需要；最后是安全保障，通过社会支持和转介，提供心理援助干预和医学治疗干预，以维护其心身健康。

（3）心理危机干预原则。心理危机属于个人隐私，须对心理危机个体的相关信息遵守保密原则；迅速确定要干预的问题，强调以目前问题为主，并立即采取相应措施；必须有家人或朋友参加危机干预；鼓励求助和自助，不要让当事者产生依赖；把心理危机作为心理问题处理，而不要作为疾病进行处理。

2. 自杀预防理念

（1）自杀预防可行。想要自杀的人，从面对生活中的危机到实施自杀之间，要经过几天或几周时间，及时预防尚有机会；自杀个体中大多数人有想死和期待得到帮助的矛盾心理，帮助介入即可预防；想自杀的人在采取行为之前，在考虑到自己的死将给至爱亲友带来极大痛苦和震惊时，心理压力特别沉重，会有一些可观察到的反常表现，及时发现就可干预。因此，自杀是完全可以预防的。

（2）自杀预防纠错。对于自杀有许多认识误区：如自杀是突发的，无规律可循；说想死的人只是说说，他不会自杀；一般人不会想死，仅少数人会想；与自杀倾向者谈论自杀，会诱导自杀；想死的人都是想不通了才去自杀，一时冲动所为；想死的人不会想到他的死会给父母带来多大的痛苦，会给旁人和好友造成多大的创伤；只要有自杀意念，就可能发生自杀；等等。这些认识误区须纠正。

（3）自杀预防正念。自杀有规律可循，捕捉预兆可及时预防；自杀三阶段（自杀意念、生死冲突、自杀行为），预防在意念，干预在行为；说想死既是自杀征兆，更是求救信号（80%会流露）；即使情绪好转，自杀风险依然存在（3个月内还会发生）；自杀者都想通了生死，才实施自杀；自杀意念（心里想死）转化为自杀意图（计划要死），风险就会升级；自杀者虽想到亲友会痛苦，但死心已定；等等。因此，对自杀倾向者应高度警觉以防患于未然。

3. 自杀干预策略

（1）教育预防策略。在大学生心理健康教育中，增加自杀预防和危机干预相关内容，使学生知道自杀是可以预防的以及如何去预防；对新生入学做心理健康普查，从中筛查学生的自杀意图，有针对性地开展自杀预防；开展"三生"（尊重生命、珍惜生活、学会生存）教育和开通心理援助热线等，随时为处于心理危机状态的学生提供及时有效的服务；进行积极心理教育，使学生的优势人格品质（如韧性、乐观、希望、感戴、宽恕、幸福感等）得到训练和培养，从而可以避免心理危机的发生。

（2）自救预防策略。有自杀倾向的学生平常就应建立一定规模和密度并具有异质性的社会支持系统，学会与他人交流和沟通，既会倾听他人的劝告，又能倾诉自己的内心；培养参与体育和文娱活动的习惯，这在一定程度上有助于不良情绪的释放和宣泄；提高自我觉察能力，一旦发现自己有自杀意念，便及时实施自我救助（如转移注意、避开刺激源等）；善于把自己消极的想法转化为积极的思维，如把挫折视为自我成长的动力，把危机看作人生改变的机会；建议在自己出现自杀意念和意图时，及时寻求心理咨询师的帮助或心理医生的药物治疗。

（3）心理干预策略。①亲情维系：危机者生死斗争使之倍感痛苦，但内心潜藏着一丝留恋，以亲情力量（如父母出面）介入，将会增强其求生本能。②情绪宣泄：危机者有强烈的负性情绪，帮助其宣泄情绪，能获得精神支持，将缓解危机风险。③认知重构：危机者常有危机偏差，如极端思维、灾难化、以偏概全等，可采用合理情绪疗法。④自信训练：自卑与大学生自杀风险高度相关，可指导学生对成败做积极归因，使其重拾自信。⑤生命价值观澄清：危机者常对生命持否定态度，若矫正为肯定态度，就会使其在痛苦时不再发生危机。⑥人际技能训练：社会支持多则危机低，社会支持少则危机高，训练大学生交往技能，在危机时就会主动求助和被动援助，以干预心理危机。

（4）心理干预技术。一是心理沟通：了解和探索危机者内心，有利于为危机者指点迷津和找回生活的希望。二是心理支持：帮助危机者寻找力量、给予支持、积极暗示、指出希望、走出困境。三是情绪应对：帮助危机者宣泄痛苦、耐心倾听其心声，有利于缓解危机。四是问题应对：帮助危机者解决所面临的最大创伤，提供有效方法和路径解决问题，满足其心理需求，重塑其生活信念，平稳度过危险期。五是心理治疗：针对危机者心理问题，采取精神分析、行为疗法、认知疗法、放松催眠等技术治疗其心理障碍。六是医学治疗：对诱发自杀危机的心理障碍（如抑郁症、神经症、精神病等）通过转介，实施住院药物治疗。

四、大学生心理危机免疫

1. 心理免疫因子：维护生命健康

（1）心理免疫机能。心理免疫是从生理免疫类比出来的概念。生理免疫是人体的一种防范功能，主要通过排斥或杀灭对生命有害的抗原来维持生理健康。心理免疫是心理对有害刺激如挫折、失败和伤害的一种自我保护机制，以免有害刺激引起心理危机或精神崩溃。积极心理学认为，韧性、乐观、希望、宽恕、感戴等大都具有心理免疫功能。心理免疫可通过接种（训练激活）技术来获得，属于积极心理学保护机制，它不同于自我防御机制（多为病态防御机制，如幻想、投射、歪曲等），也不同于心理神经免疫（心理通过神经系统影响免疫）。

（2）心理免疫因子。积极组织行为学家鲁森斯《心理资本》指出，心理资本包括："①拥有表现和付出必要努力、成功完成具有挑战性的任务的自信（自我效能感）；②对当前和将来的成功做积极归因（乐观）；③坚持目标，为了取得成功，在必要时能够重新选择实现目标的路线（希望）；④当遇到问题和困境时，能够坚持、很快恢复和采取迂回途径来取得成功。"此外还有潜在心理资本，如主观幸福感、幽默、智慧、情商、感恩、宽恕、勇气等。这些既是心理成长和职业成就的心理资本，又是对抗挫折和失败的心理免疫因子。

（3）心理免疫功能。无论是积极心理学家赛里格曼所归纳的六大人类美德，还是积极组织行为学家鲁森斯所发现的人类心理资本，都具有很重要的心理免疫功能。例如，韧性心理免疫主要对抗压力和挫折，乐观心理免疫主要对抗悲观和失败，希望心理免疫主要对抗绝望和轻生，自信心理免疫主要对抗无助和拖延，宽恕心理免疫主要对抗伤害和罪过，感戴心理免疫主要对抗轻生和懈怠等，勇气心理免疫主要对抗怯懦和恐惧，幽默心理免疫主要对抗尴尬和窘境，情商心理免疫主要对抗失控和冲动，等等。

（4）心理免疫激活。心理免疫具有健康保护（防止负能量）和潜能激活（激发正能量）双重功能，如自信对行为动机、认知能力、行动步骤和效能管理的激活；希望对确立目标、寻找路径、坚持信念和行为驱动的激活；韧性对接纳现实、重新生活和心身复原的激活。鲁森斯提出了行之有效的激活策略：如自信激活（体验成功、观摩成功、权威说服、心身唤醒）；希望激活（目标—路径—信念）；乐观激活（宽容挫败、欣赏进步、笑迎成功）；韧性激活（危险策略、资源策略、过程策略）。以下将详细介绍宽恕、感戴、韧性、乐观、希望和自信等心理免疫技术。

2. 宽恕免疫过错：干戈化为玉帛

（1）宽恕免疫法。孔子“忠恕之道”认为，忠即“己欲立而立人，己欲达而达人”，忠因尽心尽力和助人利他而防止他人的伤害；恕即“己所不欲，勿施于人”，恕因推己及人和无损他人而防止伤害他人。宽恕是指宽容饶恕他人，宽容是指宽大容忍，饶恕是免除惩罚。积极心理学认为，宽恕是受害者在道德、心理和身体上受到施害者的伤害后，施害者使受害者从愤怒、憎恨和恐惧中解脱出来，并不再渴望报复施害者从而原谅施害者。宽恕心理免疫因子有宽人之心（心理上免除对他人的仇恨），恕人之行（行为上免除对他人的报复）。

（2）宽恕叙事法。用叙事法做宽恕团体训练，每个团队成员都讲三个故事：自己曾对自己的一次伤害；自己曾对他人的一次伤害；他人曾对自己的一次伤害。讲完一个故事，都需说明自己是怎样处理伤害事件的。在宽恕训练中，通过体验和领悟，参与者接种了三大心理免疫因子（宽恕自己、宽恕他人、寻求宽恕），并激活了三大心理免疫机能（不伤害自己、不伤害他人、不被他人伤害）——此即心理安全教育三大目标。所以说，“宽恕自己”可防止自伤和自杀危机，“宽恕他人”可防止伤人和杀人危机，“寻求宽恕”可防止自己被伤和被害危机。

（3）宽恕原谅法。宽恕涉及两个人：施害者与受害者，宽恕就是处理施害与受害之间的关系。原谅法与叙事法本质一样，操作不同。原谅法操作：①原谅自己，当自己伤害了自己，及时原谅，修复过错和善待自己，不自伤不自杀；②原谅他人，当受到他人伤害时，及时以“宰相肚里能撑船”的宽阔胸怀原谅他人，使自己能从愤怒和怨恨中解脱出来；③寻求原谅，当你伤害了他人，及时忏悔过错，寻求他人原谅，以获他人饶恕，使愧疚和罪感得以释怀。诺贝尔和平奖得主德蕾莎修女说：“我不但要宽恕，而且要爱人——我要忘却得失。”

（4）宽恕忏悔法。原谅是受害者对施害者的罪过不再追求，忏悔是施害者对伤害他人的罪过洗心革面。学会原谅，就有容忍之怀，就会“超越仇恨”；学会忏悔，就有自罪之心，就会“浪子回头”。无论是原谅他人，还是自我忏悔，都具有对心理危机的免疫效应，如对伤害与仇恨的危机心理具有“化干戈为玉帛”的免疫效应；对受害与报复的危机心理具有“退一步天地宽”的免疫效应；对施害与忏悔的危机心理具有“弃屠刀即成佛”的免疫效应。忏悔宣泄了罪过，使自己得以释然；忏悔也表达了愧疚，使他人得以原谅，从而解除心理危机。

(5)宽恕归因法。宽恕与感戴也是一种归因风格。对过错做外归因可表达宽恕，即把过错或失败，归为外部原因（环境、命运、偶然），就能获得宽恕。如“这个对自己的伤害事件是意外因素导致的，不是他有意这么做的，其实他很善良，他内心不会有害人的想法”（这是个意外，非他所为，宽恕他吧）。学会宽恕于人、宽恕于己，就能释然超脱。否则，对自己或他人过错做内归因解释，如“我活该，都是我犯的错”（自责自罪），“是他一手造成的，他有意害我”（抱怨仇恨），结果增加了对自我的谴责或对他人的报复，使心理危机风险增大。

3. 感戴免疫负义：珍爱宝贵生命

(1)感戴免疫法。韦纳认为，感戴是一种归因依赖状态，由两个认知过程形成：认识到一个人已经得到了一种积极的结果；认识到积极结果是由一种外在因素造成的。积极心理学家认为，感戴是两种积极的认知信念：在积极经验的认知信念中，把得到恩泽“视为非理所当然的外部赐予”；在消极经验的认知信念中，把幸免于难“视为非主观预期的意外幸免”。这就是感戴的两个心理免疫因子：“感戴恩惠”，激活珍爱生命和防止危机的心理免疫机制；“感激幸存”，激活“志且更坚”和“直面灾难”的心理免疫机制。

(2)感戴回馈法。从积极经验中修炼感戴品质，即把自己所得到的“不视为理所当然”；常把成长进步和全部生命“视为非理所当然的宝贵财富”，就会由衷地产生感戴之情。比如，感激自然，它赐予你生存的营养；感激父母，他们给了你宝贵的生命；感激师长，他们给了你成功的智慧；感激兄弟姐妹，他让你血脉相连不再孤单；感激亲朋好友，你们相互帮助和依赖；感激帮助过你的人，感激肯接受你的人，感激所有的人和事，感激这个世界，就学会了对自我生命的珍惜！知道生命的价值，就懂得了感激的意义！学会感激的内涵，就理解了做人的真谛！

(3)感戴幸免法。可以从消极经验中修炼感戴品质，这需要心灵超越的境界。如“不幸危难中的幸免”，值得感激和庆幸，感谢遭遇或创伤给予的生机。比如，感激伤害你的人，他磨炼了你的意志；感激绊倒你的人，他强化了你的双腿；感激欺骗你的人，他增进了你的智慧；感激藐视你的人，他觉醒了你的自尊；感激遗弃你的人，他教会了你该独立；感激意外的灾难，它使你伤残但却使你幸存,“大难不死,必有后福”;感激疾病给你的折磨,它使你“久病成医,学会保健”;感激遭遇的危机,它使你从危难中看到机遇,从此生活“柳暗花明又一村”。

(4)感戴归因法。面对成长和成就,学会外归因就会感戴。比如,“我从小到大的每一个成长,都是父母含辛茹苦把我养育成人”(感戴父母的养育之恩);“在学业上的每一个进步,都是每位老师智慧浇灌的结果”(感戴老师的栽培之恩);“之所以有今天的辉煌成功,完全归功于祖国给我所创造的良好条件”(感戴祖国的培养之恩);“能战胜困难和挫折,离不开老师和同学们的关心帮助”(感戴师生的关怀之恩);等等。因此,对成长和成功的外归因(祖国、学校、亲友和他人相助)解释,会使我们心怀感激,能使我们得到激励和不断进步。

4. 韧性免疫挫败:复原生命能量

(1)韧性免疫法。韧性也翻译为心理弹性、抗逆力、复原力、逆商、压弹。积极心理学认为,韧性有三种解释:①韧性特质,即个体在逆境中保持良好状态或迅速从逆境中恢复正常的人格品质;②韧性结果,即个体在重大困难或危险情境中能积极适应的良好结果;③韧性过程,即个体在重大生活逆境中能够迅速恢复和成功应对的过程。鲁森斯心理资本研究认为,韧性是当身处逆境和被问题所困扰时,能够持之以恒,迅速复原并超越已取得成功的能力。韧性是最具有对压力、逆境、创伤等负性刺激产生心理免疫的人类优势力量。

(2)韧性自评法。韧性评价涉及多个维度,可以从两个方面八个因子来评价:个人能力(五大人格品质:独立、自信、决心、控制、坚持),接受生活(三大人格品质:适应性、灵活性、平衡性)。测验记分:不同意 =1 分 ~7 分 = 同意,分值越高,韧性越高,如果你的总分在 50 分以上,说明你是高韧性的人,面对挫折、逆境、压力甚至灾难,你都是越挫越勇、永不气馁、顽强抗争、战胜困难,因此使你在生活、学习和交往等各种能力得以复原,并使你能够乐观面对、快乐成长和取得新的成就。这就是韧性心理资本所创造的心理资产效益。

(3)韧性修炼法。心理学博士艾尔·赛伯特在其《韧性——寻找压力之下的韧性》一书中,传授了提升韧性的五个步骤:第一步,应对情绪。保持健康能量的可持续性,在最糟糕的时候仍然积极乐观。第二步,应对问题。改善自己创造性和实用性解决问题的技能。第三步,面对自我。加强自尊自信和自我认同,从心理上的打击到逆境中的复原。第四步,磨炼自我。开发高韧性特质的技能。第五步,升华自我。磨砺“意外发现珍奇”的才能。通过五步修炼,将压力转化为动力，将挫折转化为奋进，从而使心灵得到超越，使人格得到升华。

（4）韧性超越法。韧性心理资本的最高境界就是自我超越和更加坚忍。正如鲁森斯在《心理资本》中所说，高韧性者“善于把人生的每一次危机，视为自我成长的机会而不是对自己的威胁”。韧性的最高境界是复原，坚忍的最高境界是超越。在逆境中，你能够使自己恢复到原来的心理水平叫“韧性”或复原力；在逆境中，你能够成长到比原来心理水平更坚强叫“坚忍”或坚忍性人格。

5. 乐观免疫悲伤：学会积极归因

（1）乐观免疫法。乐观不仅是指特定情境中的一种美好期望，如你对自己未来发展的乐观情绪体验，而且还是跨时间和跨情境的一种人格气质，无论何时，甘苦与共，都能乐观面对。舍勒认为，气质性乐观是对未来好结果的总体期望，侧重于将乐观看作为一种人格特质。气质性乐观的培养策略，主要是养成一种乐观主义的习惯，不管事态如何影响自己，不管他人如何对待自己，不管结局如何回报自己，都要有一种超然心态去面对，用一种乐观品质去接纳，久而久之，这种自我修炼就会形成一种乐观主义人格特质。

（3）乐观归因法。赛里格曼的“习得性乐观”是将乐观作为一种解释风格，即乐观和悲观是人们习惯性地解释生活中积极或消极事件的方式。悲观主义者，常把失败归因于内部（如不努力）和持久（如坏习惯），常把成功归因于外部（如运气好）和暂时（如正碰巧）原因。乐观主义者是这样习得的：常把自己的成功归因于自身（如有能力和我努力）和持久（如我总是坚持不懈）等原因；常把自己的失败归因于外部（如运气不好）和暂时（如突然生病）等原因。如果经常修炼这种归因风格，即成功内归因和失败外归因，就会逐步习得乐观主义品质。

（3）乐观习得法。乐观按生成原因分成天性和习得两类。第一，天性论。认为乐观是人的一种天性，与生俱来；保持乐观天性的人心身健康，限制乐观天性的人影响健康。第二，学习论。行为主义者把后天学习看作是乐观形成的根本条件，认为乐观是人在特定情境中获得的一种特定的条件反射，是反应与强化之间暂时的联结。乐观与气质也有关系：多血质的人，心态较乐观；抑郁质的人，人生态度较悲观。因此，激发乐观的人性潜能，训练乐观的处世态度，培养乐观的人格特质，可以预防和免疫悲观主义及其可能诱发的心理危机。

6. 希望免疫绝望：引导自我实现

（1）希望免疫法。希望是人们对未来的目标信念和追求目标的路径动力。

心理学家斯奈德认为，希望包括目标思维和路径思维。因此，希望有两个心理免疫因子：“动力思维”，一种释放目标指向性的能量，可以免疫因人生绝望可能产生的心理危机；“路径思维”，用来达到目标的计划和途径，可以免疫因无路可走而产生的心理无助。概括地说，希望的心理免疫功能集中在“目标驱动以免心理绝望”和“路径达成以免行为无助”两个方面。斯奈德希望理论模型，为处于心理危机中的大学生提供了走出危机和心怀希望的免疫策略。

（2）希望目标法。一是认识目标。目标是希望的核心，人们的行为都具有目标指向性，行动具体表现决定于目标设立。二是选择目标。高希望者目标清晰具体，低希望者目标相对模糊。高希望者以先前表现为参照设定当前目标，擅长把目标划成小目标；低希望者采用“一次全部目标”，因目标大而导致焦虑，使目标实现的可能性变小。三是确定目标。接近型目标是想要达到的目标，如学生想要提高心理素质；回避型目标是个体试图阻止一个既定的最终结果，如学生避免学习过程中遇到困难。低希望者与回避目标相关，高希望者与接近性目标相关。可见，人生有目标，生活就有希望，所遭遇的坎坷和危机就会烟消云散。

（3）希望路径法。一是路径思维。确立了目标就要思考实现目标的路径，如从大二确立了毕业目标是考研，路径思维就会做出之后几年的学习计划和考研攻略，这就是斯奈德所说的“指引你实现目标的内心路径图”。二是行之有效。实现目标的计划方法越具体，对未来就越抱有希望，高希望者目标路径更坚定，方法更具体；低希望者常因缺乏达到目标的具体方法而陷入茫然。三是克服阻力。目标受阻时，善用思维灵活性和计划多样性来重新选择预案、调整路径或修正目标以应对挫折，亦可在面对困难时，寻找新的解决方法或寻求他人帮助。

（4）希望驱动法。一是动力思维训练：当有目标且有路径之后，能否缩短现实与目标之间的距离，关键在于是否拥有较强的行动力；动力思维是促进个体沿着路径和趋近目标的一种信念力量，表现为“我一定能做到”等内部语言。二是整合希望训练：把自己的目标、路径和动力有机地聚焦于希望之中。三是目标实现训练：只要把目标信念、路径思维、动力思维从内心能量转化为行为，就能使目标得以实现，使希望变成现实。因此，希望是目标、路径和动力的函数，希望是追求美好人生的“心理 GPS 导航系统”。

（5）希望习得法。希望既是进化的结果，又是习得的品质。进化心理学认为，人类对理想目标的追求和渴望是心理进化的结果。行为主义和积极心理学都认为,希望是习得的。一个心理实验证明了这一点。将一只大白鼠丢入水缸,它挣扎求生,8 分钟左右沉没了;把另一只大白鼠丢入水缸,它挣扎 5 分钟后被放入一个跳板,这只大白鼠爬了出来。若干天后,再将这只大白鼠放入水缸,结果令人吃惊:它竟然坚持了 24 分钟。正是心存希望,给了这只大白鼠超强的生命力。"大难不死,必有后福"即习得性希望,这是绝望者最好的"心理免疫良剂"。

7. 自信免疫无助:超越自我局限

(1)自信免疫法。鲁森斯认为,自我效能是拥有表现和付出必要努力、成功完成具有挑战性任务的自信。自信或自我效能的心理免疫因子有三个:自信心、胜任力、成就感。自信心表达"我有能力",可免疫能力自卑;胜任力表达"我能做好",可免疫效能担忧;成就感表达"我已做成",可免疫挫败恐惧。因此,自信对战胜自卑心理和做事懈怠以及心理危机具有较好的心理免疫效应。

(2)自信效能法。一是决定行为选择与活动坚持。高自信者常选择富有挑战性的任务并矢志不渝。二是影响个体在困难面前的态度。高自信者勇于面对困难,具有强烈进取心。三是影响新行为的习得。高自信者喜欢新的工作和学习,确信有能力取得好成绩。四是影响活动时的情绪。高自信者学习工作情感饱满并积极投入。大学生自信效应,能够免疫自卑、自罪甚至自伤的心理危机。

(3)自信评价法。运用"我自信"技术:可通过与他人的相互比较,来做一个自信评估,如"我行—我不行"与"他行—他不行"来评价"我—他"在诸如学习、交往、社团、生活等方面的能力。比较(评估)结果有四种:"我行,他也行"(高组织效能),"我行,他不行"(高自我效能),"我不行,他行"(低自我效能),"我不行,他也不行"(低组织效能),并有针对性地分析其原因。

(4)自信寻找法。寻找"舒适区"技术:自我效能与具体领域的"舒适区"有关,如在学习上得心应手的领域(如数学解题、英语交流、工程制图等),在交往上如鱼得水的方面(如解除生活难题、和谐人际关系、组织社团活动等),找到"舒适区",也就看到自我效能的强项所在,找回自信和胜任力,从而不断自我强化和自我激励,提升自我效能,促进自我成长和进步。

(5)自信熟练法。发现"熟手键"技术:自我效能与你某些方面的"熟能生巧"有关,如你感到在发现和解决计算机软硬件故障方面你非常熟练;在工程试验和机械操作方面你比较心灵手巧,一看就懂,一做就会,一练就熟;在知己知彼、读懂他人、共情他人内心和设身处地帮助他人化解心理疑团方面你非常富有爱心和技巧等，这些都能使你感到有自信感，使你富有成效和自我效能感。

(6)自信挑战法。挑战“超越性”技术：自我效能与你在某些方面总觉得自己还有可提升的空间有关，如对自己体育比赛的优异成绩、对自己外语考试的成绩级别、对自己考研能力的最高预期等，相信自己具备挑战自我的能力，敢于超越自己的极限，不断刷新自己的纪录，这就是自信的潜能所在。只要敢于挑战自我，就会不断提升自我效能。

(7)自信强化法。强化“被人赞”技术：你的自信总是受他人积极评价的影响，即皮格马利翁效应，如老师和同学对你的某些方面经常给予赞美和好评，就是你感到自豪和惬意的自信之处，你的某些方面不断受人积极评价，就会得到正强化，所以你就会在某些方面越来越优秀，越来越产生更大的自我效能。优秀学生总是能得到各种奖励和奖学金，这正是“大家说你好，你就会越来越好”的正强化效应，自信与他人奖励有关，更与自我激励有关。

(8)自信提升法。启动“内外驱”技术：一是从“成功经验”中提升自信，经常吸取自己的成功经验和失败教训，就会提高成功率和降低失败率；二是从“榜样模仿”中提升自信，学习和模仿优秀人物或偶像，就会使自己像他一样优秀；三是从“社会说服”中提升自信，凡老师、父母、学长的说服劝告和鼓励支持，都是提升自信的外在动力；四是从“心身激活”中提升自信，如感到心身舒适和轻松时会提高自我效能感，但心身不适和焦虑抑郁则会降低自我效能感。

思考主题：心理何以免疫

1. 大学生有哪些心理困扰、心理障碍和心理危机？
2. 大学生心理障碍与危机诊断鉴别的依据是什么？
3. 对大学生的心理危机如何筛查预警和进行风险评估？
4. 大学生心理危机干预的主要策略和技术有哪些？
5. 大学生心理危机预防的积极心理免疫技术有哪些？

心理测验:社会支持量表

指导语:下面的问题用于反映你在社会中所获得的支持,请按照各个问题的具体要求,根据你的实际情况填写。

<table>
<tr><th>题号</th><th>测验项目</th><th>计分</th></tr>
<tr><td>1</td><td>你有多少关系密切,可以得到支持和帮助的朋友(只选一项):①1个也没有;②1~2个;③3~5个;④6个或6个以上</td><td>1　2　3　4</td></tr>
<tr><td>2</td><td>近一年来,你(只选一项):①远离家人,且独居一室;②住处经常变动,多数时间和陌生人住在一起;③和同学、同事或朋友住在一起;④和家人住在一起</td><td>1　2　3　4</td></tr>
<tr><td>3</td><td>你与邻居(只选一项):①相互之间从不关心,只是点头之交;②遇到困难可能稍微关心;③有些邻居很关心你;④大多数邻居都很关心你</td><td>1　2　3　4</td></tr>
<tr><td>4</td><td>你与同事(只选一项):①相互之间从不关心,只是点头之交;②遇到困难可能稍微关心;③有些同事很关心你;④大多数同事都很关心你</td><td>1　2　3　4</td></tr>
<tr><td>5</td><td>从家庭成员得到的支持和照顾(在合适的框内划"√")(只选一项)
<table>
<tr><th></th><th>①无</th><th>②极少</th><th>③一般</th><th>④全力支持</th></tr>
<tr><td>A. 夫妻(或恋人)</td><td></td><td></td><td></td><td></td></tr>
<tr><td>B. 父母</td><td></td><td></td><td></td><td></td></tr>
<tr><td>C. 儿女</td><td></td><td></td><td></td><td></td></tr>
<tr><td>D. 兄弟姐妹</td><td></td><td></td><td></td><td></td></tr>
<tr><td>E. 其他成员(如嫂子)</td><td></td><td></td><td></td><td></td></tr>
</table></td><td>1　2　3　4
1　2　3　4
1　2　3　4
1　2　3　4
1　2　3　4</td></tr>
</table>

续表

题号	测验项目	计分
6	过去你在遇到急难情况时，曾经得到的经济支持或解决实际问题的帮助的来源：①无任何来源；②有下列来源（可选多项）：A. 配偶；B. 其他家人；C. 朋友；D. 亲戚；E. 同事；F. 工作单位；G. 党团工会等官方或半官方组织；H. 宗教社会团体等非官方组织；I. 其他	选几项 1　2　3 4　5　6 7　8　9
7	过去，在你遇到困难或急难情况时，曾经得到的安慰和关心的来源：①无任何来源；②有下列来源（可选多项）：A. 配偶；B. 其他家人；C. 朋友；D. 亲戚；E. 同事；F. 工作单位；G. 党团工会等官方或半官方组织；H. 宗教社会团体等非官方组织；I. 其他	选几项 1　2　3 4　5　6 7　8　9
8	你遇到烦恼时的倾诉方式（只选一项）：①从不向任何人诉说；②只向关系极为密切的 1 ~2 人诉说；③如果朋友主动询问时说出来；④主动诉说自己的烦恼，以获得支持和理解	1　2　3　4
9	你遇到烦恼时的求助方式（只选一项）：①只靠自己，不接受别人帮助；②很少请求别人帮助；③有时请求别人帮助；④有困难时经常向家人、亲人、组织求援	1　2　3　4
10	对于团体（如党团组织、宗教组织、工会、学生会等）组织活动，你（只选一项）：①从不参加；②偶尔参加；③经常参加；④主动参加并积极活动	1　2　3　4
结果评定	（1）社会支持总分：10 个条目评分之和 =（　　　　） （2）社会支持维度：①客观支持分（2 +6 +7 条）的评分之和 =（　　　　） ②主观支持分（1 +3 +4 +5 条）评分之和 =（　　　　） ③支持利用度（8 +9 +10 条）评分之和 =（　　　　）	

第四章 美德与优势——卓越幸福教育

【21 天效应】

——持续养成新习惯,繁荣幸福新生面——

原义:在行为心理学中,人们把一个人的新习惯或理念的形成并得以巩固至少需要21天的现象,称为21天效应。也就是说,一个人的动作或想法,如果重复21天,就会变成一个习惯性的动作或想法。根据我国成功学专家易发久研究,习惯的形成大致分为三个阶段:第一阶段1~7天,此阶段表现为"刻意,不自然",需要十分刻意地提醒自己。第二阶段7~21天,此阶段表现为"刻意,自然",但还需要意识控制;第三阶段21~90天,此阶段表现为"不经意,自然",无须意识控制。

机理:美国凯尔曼研究,新行为形成需三个阶段:①顺从。即表面接纳新习惯,在外显行为上尽量与新要求一样,而在实质上未发生变化。此时最易受到外部奖励和惩罚的影响,因为顺从可获得奖励,不顺从就会遭到惩罚;新习惯形成一开始多数是受到外在压力影响而产生的,自发的极少见;②认同。即心理主动接纳新习惯的影响,此时意识成分更加浓厚,不再是被动的无奈的,而是主动地有意识地加以变化,使自己尽可能接近新习惯;③内化。此时新习惯已完全融于自身,无任何不适之处,已彻底发挥新习惯的作用。

应用:心理改变生活,重复形成习惯,幸福人生需要新习惯的不断养成。重复21天,新思想和新习惯就能形成,旧思想和就习惯就会戒除。查·艾霍尔说:"有什么样思想,就有什么样行为;有什么样行为,就有什么样习惯;有什么样习惯,就有什么样性格;有什么样性格,就有什么样命运。"

第一节　美德塑造人格

一、积极心理学定义:美德优势和幸福力量

1. 积极心理学的兴起

积极心理学是20世纪末率先在美国兴起的一场心理学运动,发起者是美国心理学家马丁·赛里格曼、谢尔顿和劳拉·金。积极心理学是利用心理学目前已比较完善和有效的实验方法与测量手段,研究人类的力量和美德等积极方面的一个心理学思潮。

2. 积极心理学的目的

阿兰·凯尔在《积极心理学》中定义"积极心理学是关于幸福和力量的科学"。赛里格曼定义"积极心理学是关于人类美德和优势的科学"。积极心理学的终极目的,是研究幸福科学和构建幸福工程,为人类幸福生活造福。赛里格曼说:"心理学有三大使命,即治疗各种心理障碍和精神疾病,使人们生活得更加幸福有意义,发现和培养有天赋的人才。"传统心理学只完成第一使命,以少数病态的人群为研究对象,关注人类精神中残缺或不完美的部分;但积极心理学全面关注心理学三大使命,更侧重于人类幸福和意义的研究,它主要探讨:现在和未来,我们将如何获得幸福?幸福的奥秘是什么?现代人为什么经常不快乐?怎样保持生命的最佳状态?怎样走进一个洋溢积极的精神、充满乐观的希望和散发着活力的心灵状态?积极心理学为人类揭示了与传统心理学完全不一样的心灵世界。如何超越自身的不快乐、狭隘、愤怒、嫉妒、恐惧、焦虑等消极心态,以更积极的、建设性的情绪来面对生活的挑战是积极心理学的根本指向。

二、积极心理学观点:积极个体和积极群体

1. 积极心理学的主张

积极心理学主张以人的积极力量、善端和美德为研究对象,强调心理学不仅要帮助处于某种"逆境"条件下的人知道如何求得生存和发展,更要帮助那些处于正常境况下的人学会怎样建立起高质量的个人生活与社会生活。心理

学不仅仅是关于疾病或健康的科学，也是关于工作、教育、爱、成长和娱乐的科学。它认为心理学不仅仅应对损伤、缺陷和伤害进行研究，也应对人类的力量和优秀品质进行研究；治疗不仅仅是对损伤、缺陷的修复和弥补，也是对人类自身所拥有的潜能和力量的发掘。

2. 积极心理学的研究

积极心理学主张心理学应对普通人如何在正常的条件下更好地发展、生活以及如何使人的潜能得到充分发挥等方面进行研究。积极心理学的研究分为三个层面：①在主观层面上，研究积极的主观体验：幸福感和满足（对过去）、希望和乐观主义（对未来）、快乐和幸福流（对现在），包括它们的生理机制和获得的途径；②在个人层面上，研究积极的个人特质：爱的能力、工作的能力、勇气、人际交往技巧、对美的感受力、毅力、宽容、创造性、灵性、天赋和智慧，目前这方面的研究集中于这些品质的根源和效果上；③在群体层面上，研究公民美德和使个体成为具有责任感、利他主义和职业道德的公民的社会组织，包括健康的家庭、关系良好的社区、有效能的学校、有社会责任感的媒体等。

3. 积极心理学的应用

积极心理学认为心理学的研究应从只重视对个体缺陷的弥补、伤害的修复转移到加大对人类自身存在的诸多正向品质的研究和培养。在对心理疾患的预防和治疗方面，积极心理学提出了积极预防的思想。它认为在预防工作中所取得的巨大进步来自个体内部系统的塑造能力，而不是对缺陷的修正能力。例如，要防止青少年因不当行为而形成药物滥用，有效的预防并不是对他们进行治疗，而是找到并激发其自身已拥有的力量。一个关注未来、人际关系良好并能从运动中得到快乐的人是不会形成药物滥用的。据此，积极心理学认为，通过发掘并专注于处于困境中的人自身的力量，就可以做到有效预防。单纯地关注个体身上的弱点和缺陷不能产生有效的预防效果。

三、积极心理学核心：人类美德与性格优势

1. 人类美德：六大维度

赛里格曼提出了人类美德的概念，他发现，全世界不同种族、不同文化、不同国家之间普遍具有这六大类美德，并具体表现为二十四种优势美德品质，构成了积极人格特质评价系统的核心。他在《人格力量与美德分类手册》一书中以人格力量与美德为取向，提出了“六大美德品质”（智慧、勇敢、仁爱、公正、克己和超越自我）以及与此相应的“二十四种人格力量”测量问卷。

2. 性格优势:二十四种品质

“智慧美德品质”包含好奇心、喜好学习、创造力、思想开放、智慧与知识和独特视角这六种人格力量;“勇敢美德品质”包含勇敢、坚持不懈和真实性这三种人格力量;“仁爱美德品质”包含爱与被爱的能力和仁慈善良这两种人格力量;“公正美德品质”包含精神、公平和领导能力这三种人格力量;“克己美德品质”包含自我控制、谨慎小心、适度和谦虚这三种人格力量;“超越自我美德品质”包含完美、感恩、希望与乐观、目标与信仰、宽恕、风趣幽默和热情这七种人格力量。

第二节　优势成就人生

一、智慧美德品质:六种修炼方法

1. 培养“好奇心”

你对世界的好奇和情趣,对任何事都感到好奇;你经常发问,对所有话题和题目都感到着迷;你喜欢探索和发掘新事物。

2. 养成“好学习”的习惯

你喜欢学习,不管是在课堂上或课后,你都喜欢学习新事物;你喜欢阅读,常参观博物馆和任何有学习机会的地方。

3. 培养“创造力”

你有创造力、独立性和完整性及开放的胸襟,能够想出新方法做事是你拥有的重要特质。如果有更好的方法,你绝不会满足于用传统方法去做同样的事。

4. 持有“开放思想”

你有判断力、批判性思维和原创力,能从多角度思考和考证事物是你重要的特质;你不会妄下结论,只会根据实际的证据做决定;你能够变通,不会因循守旧。

5. 增进“智慧和知识”

丰富你的专业智慧、社会智慧、个人智慧、情绪智慧;你不仅掌握了专业技能，还学会了非专业智慧，如明白别人的动机和感受（情绪智力）；在不同社交场合，你知道该做什么，也知道要做些什么，才能使其他人感到自在（社会智慧）；你还经常自省和调节自我言行（个人智慧）。

6. 喜欢“独特视角”

你有统揽全局的洞察力和观点见解；你不认为自己有智慧，但你的朋友却认为你有；他人重视你对事物的洞察力，并向你寻求意见；你对这个世界的看法，无论对自己还是别人来说，都具有意义。

二、勇敢美德品质：三种修炼方法

1. 临危“勇敢性”

使我们心理上有勇气、行为上更勇敢。如你要求自己无所畏惧，绝不会在威胁、挑战、困难或痛苦前畏缩；即使面对反抗，你仍会为正义疾呼；你会根据自己的信念而行动。

2. 处事“坚持性”

使我们更坚持、努力、勤奋和坚毅。如你努力完成自己开展的学业和事业；无论怎样的学习和工作，你都会尽力准时完成；学习和工作时，你不但不会分心，而且在完成学业和工作的过程中获得了满足感。

3. 待己“真实性”

使我们能够正直、诚实、真实地表达自我。如你是一个诚实的人，不止说实话，还会以真诚和真挚的态度生活；你是一个实事求是的人，不虚伪，是个真诚的人。

三、仁爱美德品质：两种修炼方法

1. 学会“仁慈善良慷慨”

你对别人仁慈和宽宏大量；别人请你做事，你从不推搪；你喜欢为别人做好事，即使那些人和你认识不深。

2. 习得“爱与被爱的能力”

你重视和别人的亲密关系，特别是那些互相分享和关怀的关系；那些给你最亲密感觉的人，他们同样感到跟你最亲密。

四、公正美德品质：三种修炼方法

1. 训练“团队合作”

责任、团队精神和忠诚。作为团队的一分子，你的表现突出，是忠心和热心的队员。你对自己分内工作负责，并为团队的成功而努力。

2. 学会“公平公正”

你会平等待人、公平处事、正义地面对不平之事；你对所有人都公平，是你坚持不变的原则；你不会因为个人的感情，而影响对别人做出有偏差的判断；你给予每个人平等的机会。

3. 培养“领导能力”

你在学生会或社团或班级等活动中，表现出出色的领导和组织能力；你会鼓励同学或组员完成工作，令每名组员有归属感，并能维持团队的和谐；你在筹划和实践活动方面表现出良好的责任心。

五、克己美德品质：三种修炼方法

1. 学会自我控制

使我们能够自我认知、自我体验和自我管理。如你会自觉地规范自己的感觉与行为，严于律己，宽以待人；你对自己的情绪和行为有自制力，不会被自己的不良情绪所支配。

2. 懂得谨慎小心

你待人处事很小心，言行一贯审慎；你不会说些将来会令自己后悔的话，或是做会让自己后悔的事；你说话注意分寸，做事掌握火候，从来不过分或显不足，能把握住自己。

3. 表现虚心谦逊

你不追求别人的注视，比较喜欢让自己的成就不言而喻；你不认为自己很特别，而你的谦逊是公认和受重视的；你喜欢使用“谦虚使人进步”的原则对待自己的成长和成就。

六、超越自我美德品质：七种修炼方法

1. 学会赏美与赞美

你能做到对完美、卓越的敬畏、欣赏和领会；在生命中的一切，你都能注意和欣赏到它的美丽和优秀，因此而激励你追求美丽人生。

2. 懂得感激与感戴

你留意到发生在自己身上的好事,但从不会视为理所当然;由于你常常表达谢意,你的朋友和家人都知道你是个懂得感恩的人,你善于知恩图报,帮助他人,奉献社会。

3. 富于希望与乐观

你能找到实现目标的相应的途径,因此你对未来充满期望;你对现实抱有乐观的心态,愿意为达成心愿付出努力;你相信自己的命运和未来掌握在自己的手中。

4. 追求理想与信仰

你对精神追求、对目的观念,对人生目标和宇宙意义有着强烈和坚定的信念;你知道自己怎样在大环境中做出配合;你的信念塑造了你的行为,也成了你的慰藉之源。

5. 懂得宽恕与怜悯

你宽恕那些开罪你的人,也经常给别人第二次机会;你的座右铭是慈悲,而不是报复;你用宽大的胸怀包容一切,即使是伤害过自己的人;对受到灾害和创伤的人,你会用怜悯之心去关心和帮助。

6. 富有风趣和幽默

你喜欢大笑和逗别人开心;对你来说,为别人带来欢笑很重要;在任何情况下,你都尝试去看事情轻松的一面;在尴尬和不愉快的情况下,你善于用自嘲和双关语化干戈为玉帛。

7. 激发热情和激情

你热心、激情、热情、精力充沛;你用热心关注事物、关心他人;你做事富于热情和激情,你在学习上充满精力,对自己感兴趣的专业领域乐此不疲,不断进取。

第三节　积极追求幸福

一、满足主观幸福感:快乐成长体验

1. 主观幸福感的认知修炼

生活中常听到这样的询问:“你幸福吗?”什么是幸福呢? 心理学中所谓的

幸福有三种：主观幸福感、心理幸福感、社会幸福感。一般所说的幸福是指主观幸福感。积极心理学认为，主观幸福感是个体在主观上对自己已有的生活状态，也是自己心目中理想的生活状态的一种肯定态度和感受。

主观幸福感有三个特点：主观性（幸福感是自己感受的而非他人评价的）、整体性（幸福感是知情意的整体效应）、稳定性（幸福感是长期的而非短期的满意度）。

主观幸福感有三个评价指标：生活满意度、高积极情感、低消极情感。比如，你自己所学专业和所上大学正好是你感兴趣的专业和你心仪的学校，你对这里的生活满意度较高，对自己未来的积极情绪较高，对挫折反应的消极情绪较低，那么你就会在大学学习期间有一种主观幸福感，且这种幸福感会一直伴随着你快乐成长和进步。

2. 主观幸福感的干预修炼

意向性干预策略可以提升主观幸福感。根据持续幸福模型的观点，意向性活动不太容易发生享乐适应，从行为、认知和意志三方面干预会提升主观幸福感：

（1）行为干预修炼，要求自己做好事，如帮室友打水、洗碗等，此意向性活动会提高主观幸福感。

（2）认知干预修炼，如感恩训练，即认识到积极结果是他人促成的，所以感恩可以提高主观幸福感，并且效果会持续三周以上。再如，头脑中重新体验愉快的记忆可有效提高主观幸福感。

（3）意志干预修炼，要求自己帮助他们达成个人目标的策略，如学期结束时，助人目标达成均能增强幸福体验；只有目标适合其兴趣和价值观的人才能从此干预中获益。

3. 主观幸福感的优势修炼

识别和使用个人优势项可以提升主观幸福感。赛里格曼等人设计了优势美德和品质分类系统，对人类拥有的优势品质和美德进行描述和分类。他们认为，个体拥有一些优势美德品质，即拥有、看重和频繁练习的优势品质。在互联网上采用随机分配和安慰剂控制实验设计，比较包括美德品质优势在内的六种干预方法。结果发现，识别和使用个人优势美德品质分类法的被试，幸福感明显提高和抑郁感持续下降，且效果持续六个月。

4. 主观幸福感的群体修炼

（1）重视团体内聚性建设，满足群体的归属需要；内聚性是集体对成员的吸引,每个学生加入一个真正温暖和谐的集体,使自己有归属感而不孤立无助。

(2)满足群体的成功需求,如教师引导学生群体设计各种具有挑战性的任务,从而激发这些群体的积极动机,以获得群体成功。

(3)引导群体适应,就是通过活动、交流等形式,促使学生群体成员间进行动态的相互适应,从而获得彼此之间的协调。

(4)营造安全满意的人际关系,这是大学生体验幸福感的有力保证。

5. 主观幸福感的自我修炼

(1)培养自主能力,可以使自己行为富有成就感而感到满足。

(2)追求生活目标,可以产生自我效能感而感到满足和幸福。

(3)保持乐观心态,乐观者对未来满怀希望和积极期待,从而认为世界是美好的,人生是幸福的。

(4)开发人格品质,如亲和力、利他性、适应性和创造性高的人,会使自己得到良好的人际关系从而感到幸福。

(5)积累积极事件:海蒂认为,积累积极生活事件并被不断奖励,会逐步增强幸福感。

(6)关注愉快体验:赛里格曼认为,现代生活节奏越来越快,阻碍了人们对于愉快情感的体验,而体验愉快情感是提升主观幸福感的重要途径。

(7)参加各类活动:主观幸福感产生于活动本身而非活动目标的达成,如爬山就比爬到山顶给人带来更多的快乐。

(8)能力匹配活动:当你投入一项活动且与你能力匹配时,就会有“幸福流”。

二、提升心理幸福感:生命成就训练

1. 心理幸福感自我认知

(1)心理幸福感的含义:是个体根据自定的标准,通过对自我生存质量进行综合评价而产生的一种比较稳定的认知和情感体验。心理幸福感以亚里士多德实现论为哲学基础:至善就是幸福。

(2)心理幸福感维度:莱福认为幸福不能等同于快乐,批评主观幸福感研究对情感的过度关注,认为心理幸福感应定义为“努力表现完美的真实的潜力”,并发展出多维心理幸福感评价模型,即自我接受、个人成长、生活目标、良好关系、环境控制、独立自主、自我实现、生命活力等。

(3)两种幸福感比较:主观幸福感表现的是心理健康,心理幸福感表达的是自我实现；主观幸福感侧重于主观感受评价，心理幸福感侧重于客观成就评价；主观幸福感重视生活满意结果，心理幸福感更注重人生发展过程；主观幸福感认为幸福是欲望的满足，心理幸福感认为幸福是活动的副产品；主观幸福感表现为实用主义精神，心理幸福感具有理想主义色彩。

（4）主观幸福感体验：在大学里，不管你是富有还是贫困，无论是顺境还是逆境，你只要对自己每天的大学生活感到满意或舒心，你就会有主观幸福感；只要持续地让自己学习有进步，树立前进的方向并为之努力，能有效地改善和提高自己的人际关系，能从自己人生目标中感到自己在不断成长和自我实现，你就会有心理幸福感。

2. 心理幸福感自我评价

（1）自主性评价：从一定程度上看能克服社会压力独立思考，能够对个人的行为进行自我调整，能够依据标准对自我加以判断。

（2）环境驾驭评价：具有驾驭环境的意识并能够很好地驾驭环境，对复杂的环境和外部活动能够加以控制，能够有效地利用环境所提供的各种机遇，能够选择和创造与个人价值和需要相适应的环境条件。

（3）个人成长评价：具备一种不断发展的意识，认为自我处于不断成长与提高的过程中，喜欢尝试新事物，希望实现自身的潜能，能够看到自身随时间推移而出现的进步，希望自身在知识和效能方面有新的提高。

（4）积极人缘评价：拥有融洽真诚的人际关系，关心他人的幸福，拥有心心相印和紧密无间的朋友，能够相互理解和互谅互让。

（5）生活目的评价：有生活目标和方向感，能够感受到当前和以往生活的意义，对人生持有信念。

（6）自我接受评价：对自我持有肯定的态度，承认和容忍自身在很多方面的优缺点，对过去的生活持肯定的态度。其中，生活目的和积极人际关系被作为心理幸福感的两个重要评价指标。

（7）心理幸福感提升：大学生的心理幸福感既可以从以上六个方面做自我评价，也可以做自我提升，如培养自我人生目标确立和职业生涯规划的自主能力，学会利用各种有利环境和控制不利环境以保障自己人生发展的环境驾驭能力，建立良好人际关系为自己学业和职业发展成长创造良好的社会资本氛围，诸如此类。

三、实现社会幸福感:职业成功修炼

1. 社会幸福感

(1)社会幸福感的含义:指个体对自己与他人、集体、社会之间的关系质量以及对其生活环境和社会功能的自我评估。社会幸福感的操作性定义是个体对社会的整合感、对他人的认同感、对社会和谐的一致感、对社会的贡献感,以及对社会实现潜力与发展的信任感。

(2)社会幸福感维度。社会整合、社会认同、社会贡献、社会实现、社会和谐。社会幸福感的培养就是提升这五个幸福维度。

2. 社会幸福感的培养

(1)社会整合。有社会整合感的人与他人关系紧密,能与他人和睦相处,能感到自己生活在健康集体中的价值,对自己所生活的社会环境充满信任和安全感。

(2)社会认同。大学生自我认同的社会模拟,如通过对社会规范和社会合作的认同来构建自我的人格品质,相信人是善良的,所以信任他人,友善待人,与人相处时感到舒适。

(3)社会贡献。大学生对自我社会价值的评估,相信自己对社会的重要性,以及能够为社会创造价值的信念。社会贡献与自我效能感和社会责任相关。

(4)社会实现。大学生对社会潜能和社会发展的评估,信任社会的进步,对社会未来抱有更大的期望,如大学生既是中国社会发展的贡献者,又是受益者。

(5)社会和谐。大学生对社会生活质量和组织运作的感知,如你对学校、组织、社会及其成员的和谐发展给予积极关注和参与。

思考主题:优势助我成功

1. 大学生积极心理人格品质六大维度和二十四种美德品质是什么?
2. 如何培养大学生的主观幸福感、心理幸福感和社会幸福感?

3.《性格优势调查》自我评估后,你发现自己的性格优势是什么?
4. 你的性格优势对你的自我成长产生了哪些方面的积极影响?

心理测验:性格优势调查

指导语:该测试共有240条陈述性的句子,请根据与自己相符合的程度选择一个分值。答案无好坏之分,请你在相应的分值上画"√",答题时间35分钟。

计分标准:5 = 非常像我,4 = 有点似我,3 = 既像我又不像我,2 = 有点不似我,1 = 非常不似我。

题号	题目	计分标准
1	我觉得这个世界很有趣	[1][2][3][4][5]
2	我总是尽全力参加教育活动	[1][2][3][4][5]
3	我总是为自己的行动找出理由	[1][2][3][4][5]
4	不断产生新奇和不同的念头是我的一个长处	[1][2][3][4][5]
5	我可以充分了解自己周围的环境	[1][2][3][4][5]
6	我对正在发生的事情有全面的认识	[1][2][3][4][5]
7	面对强烈的反对时,我经常捍卫自己的立场	[1][2][3][4][5]
8	我从来不会在任务没有完成前就放弃	[1][2][3][4][5]
9	我一向遵守承诺	[1][2][3][4][5]
10	我从不会借故太忙,而不去帮助朋友	[1][2][3][4][5]
11	我总是乐于和别人建立关系,即使有风险存在	[1][2][3][4][5]
12	我从不会错过小组会议或团体活动	[1][2][3][4][5]
13	我总能承认自己的错误	[1][2][3][4][5]
14	在团体中,我会尽力确保每个人都有在团体内的感觉	[1][2][3][4][5]
15	对我来说,吃健康食品没有困难	[1][2][3][4][5]
16	我从未故意伤害过任何人	[1][2][3][4][5]

续表

题号	题目	计分标准
17	对我来说,生活在充满美的世界中是很重要的	[1][2][3][4][5]
18	我总是向关心我的人表达感谢	[1][2][3][4][5]
19	我总是对事物抱着乐观的态度	[1][2][3][4][5]
20	我注重精神生活	[1][2][3][4][5]
21	我以谦逊的态度对待发生在自己身上的好事	[1][2][3][4][5]
22	当我的朋友心情不好时,我努力逗他们开心	[1][2][3][4][5]
23	我想要全身心投入生活,而不是像一个局外人那样旁观	[1][2][3][4][5]
24	对我来说,过去的事情就让它过去了	[1][2][3][4][5]
25	我从不感到无聊	[1][2][3][4][5]
26	我愿意学习新事物	[1][2][3][4][5]
27	我总是会从事物的正反两面去考虑问题	[1][2][3][4][5]
28	做一件事,我会主动想出取得相同结果的其他方法	[1][2][3][4][5]
29	我知道如何在不同的社交场合下扮演适合自己的角色	[1][2][3][4][5]
30	不管发生什么,我都清楚地知道什么是最重要的	[1][2][3][4][5]
31	我曾经因为能够直面问题,而摆脱了情绪困扰	[1][2][3][4][5]
32	我做事从不虎头蛇尾	[1][2][3][4][5]
33	我的朋友认为我能够保持事情的真实性	[1][2][3][4][5]
34	能为朋友做些小事让我感到很享受	[1][2][3][4][5]
35	我身边有人像关心自己一样关心我,在乎我的感受	[1][2][3][4][5]
36	我非常喜欢成为团体中的一分子	[1][2][3][4][5]
37	能够妥协是我性格里的一个重要部分	[1][2][3][4][5]
38	作为组织领导,不管成员经历如何,我都能一视同仁	[1][2][3][4][5]
39	就算美食当前,我也不会吃过量	[1][2][3][4][5]
40	“小心驶得万年船”是我喜欢的座右铭之一	[1][2][3][4][5]
41	我会因为别人的仁慈善良而感动得几乎落泪	[1][2][3][4][5]
42	听到一些伟大的善举时,我的心会受到震撼	[1][2][3][4][5]
43	当别人看到消极面时,我总能乐观发现它的积极一面	[1][2][3][4][5]
44	我实践着我的宗教信仰	[1][2][3][4][5]

续表

题号	题目	计分标准
45	我不喜欢在人群中突出自己	[1][2][3][4][5]
46	大多数人认为和我在一起很有趣	[1][2][3][4][5]
47	我从来没有早上不想起床的感觉	[1][2][3][4][5]
48	我很少怀有怨恨	[1][2][3][4][5]
49	我总是忙着做一些有趣的事情	[1][2][3][4][5]
50	学习新事物让我感到兴奋	[1][2][3][4][5]
51	只有掌握了所有信息以后,我才会做出决定	[1][2][3][4][5]
52	我喜欢想一些新的方法去解决问题	[1][2][3][4][5]
53	无论环境怎样,我都可以适应	[1][2][3][4][5]
54	我拥有优秀的世界观	[1][2][3][4][5]
55	我会毫不犹豫地公开阐述一个不受欢迎的观点	[1][2][3][4][5]
56	我是一个以目标为行动导向的人	[1][2][3][4][5]
57	我相信真诚是信任的基础	[1][2][3][4][5]
58	我尽力让那些沮丧的人振作起来	[1][2][3][4][5]
59	有人能够接受我的缺点	[1][2][3][4][5]
60	我是一个极其忠诚的人	[1][2][3][4][5]
61	我公平地对待所有人,不管他们是什么身份	[1][2][3][4][5]
62	我能够让团体成员很好协作,哪怕他们之间存在分歧	[1][2][3][4][5]
63	我是一个高度自律的人	[1][2][3][4][5]
64	我总是思考以后再讲话	[1][2][3][4][5]
65	看到美好的事物时,总能触动我内心深处的情愫	[1][2][3][4][5]
66	每天我都会暂停忙碌生活,细数感激的人和事	[1][2][3][4][5]
67	即使面对挑战,我也总对将来充满希望	[1][2][3][4][5]
68	在困难时刻,我的信仰从来没有离弃过我	[1][2][3][4][5]
69	我从不表现得特殊	[1][2][3][4][5]
70	我抓住每一个机会,用欢笑点亮别人的生活	[1][2][3][4][5]
71	我做事一向全神贯注	[1][2][3][4][5]
72	我从不试图报复	[1][2][3][4][5]

续表

题号	题目	计分标准
73	我对世界总是充满了好奇	[1][2][3][4][5]
74	每一天我都期盼着学习和成长的机会	[1][2][3][4][5]
75	我欣赏自己批判性的思维	[1][2][3][4][5]
76	我为自己的原创力而感到骄傲	[1][2][3][4][5]
77	我有能力令其他人对一些事物产生兴趣	[1][2][3][4][5]
78	我从来没有因为给朋友提供错误意见而导致他犯错	[1][2][3][4][5]
79	我支持自己坚信的事,即使会产生负面的结果	[1][2][3][4][5]
80	即使会遇到阻碍,我也要把事情完成	[1][2][3][4][5]
81	即使会造成伤害,我也会说出真相	[1][2][3][4][5]
82	我喜欢令别人快乐	[1][2][3][4][5]
83	对某些人来说,我是他们生命里最重要的人	[1][2][3][4][5]
84	在团队中工作可以令我发挥出最佳状态	[1][2][3][4][5]
85	对我来说,每个人的权利同样重要	[1][2][3][4][5]
86	我非常擅长策划集体活动	[1][2][3][4][5]
87	我会控制自己的情绪	[1][2][3][4][5]
88	朋友们认为,我能在自己的言行上做出聪明的抉择	[1][2][3][4][5]
89	我能看到被别人忽视的美好事物	[1][2][3][4][5]
90	如果收到礼物,我总是要让送礼物的人知道我很喜欢	[1][2][3][4][5]
91	对自己希望将来发生的事,我脑子里有一幅清晰图画	[1][2][3][4][5]
92	我有明确的生活目标	[1][2][3][4][5]
93	我从不吹嘘自己的成就	[1][2][3][4][5]
94	不论在任何情形下,我都尝试寻找乐趣	[1][2][3][4][5]
95	我热爱自己所做的事情	[1][2][3][4][5]
96	我一向容许别人把错误留在过去,重新开始	[1][2][3][4][5]
97	我对各式各样的活动都感到兴奋	[1][2][3][4][5]
98	我是个真正的终身学习者	[1][2][3][4][5]
99	我的朋友欣赏我能客观地看待事物	[1][2][3][4][5]
100	我总能想出新方法去做事情	[1][2][3][4][5]

续表

题号	题目	计分标准
101	我总能知道别人行事的动机	[1][2][3][4][5]
102	别人认为我的智慧超越了我这个年龄应有的程度	[1][2][3][4][5]
103	别人还在侃侃而谈时,我已经付诸行动了	[1][2][3][4][5]
104	我是个工作勤奋的人	[1][2][3][4][5]
105	我的承诺值得信赖	[1][2][3][4][5]
106	在过去的一个月里,我主动帮助过我的邻居	[1][2][3][4][5]
107	不管我家人和好友做了什么,都不能阻止我对他们的爱	[1][2][3][4][5]
108	我从不对外人说我所处团体的坏话	[1][2][3][4][5]
109	我给每个人机会	[1][2][3][4][5]
110	作为一个有效能的领导者,我一视同仁	[1][2][3][4][5]
111	我从不想看有害东西,即使他们短期内让我感觉不错	[1][2][3][4][5]
112	我总是避免参加会对身体造成伤害的活动	[1][2][3][4][5]
113	我经常被电影里所描述的美感动得说不出话	[1][2][3][4][5]
114	我是一个充满感恩之心的人	[1][2][3][4][5]
115	得到不好成绩或评价,我会专注下次机会,并计划做得更好	[1][2][3][4][5]
116	在过去的 24 小时,我花了约 30 分钟进行祈祷、冥想或深思	[1][2][3][4][5]
117	我为自己是一个普通人而骄傲	[1][2][3][4][5]
118	我试着在所做的任何事情中添加一点幽默的成分	[1][2][3][4][5]
119	我期待新的一天的到来	[1][2][3][4][5]
120	我希望人们能学会原谅和遗忘	[1][2][3][4][5]
121	我有很多兴趣爱好	[1][2][3][4][5]
122	我经常尽量去参观博物馆	[1][2][3][4][5]
123	如果需要,我可以成为一个高度理性的思考者	[1][2][3][4][5]
124	朋友们认为我有各种各样的新奇想法	[1][2][3][4][5]
125	我一向能与刚认识的朋友融洽相处	[1][2][3][4][5]
126	我总能看到事物的全部	[1][2][3][4][5]
127	我总能捍卫自己的信念	[1][2][3][4][5]
128	我不言放弃	[1][2][3][4][5]

续表

题号	题目	计分标准
129	我忠于自己的价值观	[1][2][3][4][5]
130	在朋友生病时,我总会致电问候	[1][2][3][4][5]
131	我总能感受到自己生命中有爱存在	[1][2][3][4][5]
132	维护团体内的和睦对我来说很重要	[1][2][3][4][5]
133	我极其坚持正义和公平的原则	[1][2][3][4][5]
134	我相信人的本性让我们聚在一起,为了共同的目标而努力	[1][2][3][4][5]
135	我可以一直节食	[1][2][3][4][5]
136	行动前,我总是先考虑可能出现的结果	[1][2][3][4][5]
137	我总能觉察到周围环境里存在的自然美	[1][2][3][4][5]
138	我竭尽所能去答谢那些对我好的人	[1][2][3][4][5]
139	我对未来五年内想要做的事情有所计划	[1][2][3][4][5]
140	我的信仰塑造了现在的我	[1][2][3][4][5]
141	我比较喜欢让其他人谈论他们自己	[1][2][3][4][5]
142	我从不让沮丧的境遇带走我的幽默感	[1][2][3][4][5]
143	我精力充沛	[1][2][3][4][5]
144	我总是愿意给他人改正错误的机会	[1][2][3][4][5]
145	在任何情形下,我都能找到乐趣	[1][2][3][4][5]
146	我常常阅读	[1][2][3][4][5]
147	深思熟虑是我的特点之一	[1][2][3][4][5]
148	我经常有原创性的思维	[1][2][3][4][5]
149	我善于体会别人的感受	[1][2][3][4][5]
150	我对人生有成熟的看法	[1][2][3][4][5]
151	我总能直面自己的恐惧	[1][2][3][4][5]
152	我工作时从不被别的事情分散精力	[1][2][3][4][5]
153	不曾夸大过自己,我为此而骄傲	[1][2][3][4][5]
154	我为他人的好运而兴奋,就像自己获得好运一样	[1][2][3][4][5]
155	我能够表达对别人的爱	[1][2][3][4][5]
156	我在任何条件下都支持我的队员或组员	[1][2][3][4][5]

续表

题号	题目	计分标准
157	我不会无功受禄	[1][2][3][4][5]
158	朋友总认为我是一个强硬但公正的领导	[1][2][3][4][5]
159	我总是知足常乐	[1][2][3][4][5]
160	我一向对错分明	[1][2][3][4][5]
161	我非常喜欢各种形式的艺术	[1][2][3][4][5]
162	我对生命中所得到的一切充满感激	[1][2][3][4][5]
163	我知道,有一天我会成功实现自己所设定的目标	[1][2][3][4][5]
164	我相信每个人都有一个生存目的	[1][2][3][4][5]
165	我很少刻意引人注目	[1][2][3][4][5]
166	我很有幽默感	[1][2][3][4][5]
167	我会迫不及待地开始一项新的计划	[1][2][3][4][5]
168	我很少试图报复别人	[1][2][3][4][5]
169	我很会自娱自乐	[1][2][3][4][5]
170	如果想了解什么,我会立刻到图书馆或互联网查询	[1][2][3][4][5]
171	我总会权衡利弊	[1][2][3][4][5]
172	我的想象力超过朋友	[1][2][3][4][5]
173	我清楚自己的感觉和动机	[1][2][3][4][5]
174	别人喜欢来征询我的建议	[1][2][3][4][5]
175	我曾经战胜过痛苦与失望	[1][2][3][4][5]
176	一旦决定做什么事情,我就会坚持下去	[1][2][3][4][5]
177	我非常讨厌装腔作势	[1][2][3][4][5]
178	我享受善待他人的感觉	[1][2][3][4][5]
179	我能够接受别人的爱	[1][2][3][4][5]
180	即使不同意团体领袖的观点,我还是会尊重他	[1][2][3][4][5]
181	即使不喜欢一个人,我也会公平地对待他(她)	[1][2][3][4][5]
182	作为一个团体领导,我尽量让每一个成员快乐	[1][2][3][4][5]
183	无论在办公室、学校或家中,我总是在限期之前完成各种任务	[1][2][3][4][5]

续表

题号	题目	计分标准
184	我是个非常小心的人	[1][2][3][4][5]
185	他人认为生命中理所当然存在简单事物,我却对他们心存敬畏	[1][2][3][4][5]
186	当审视自己的生活时,我发现有很多地方值得感恩	[1][2][3][4][5]
187	我确信自己的做事方法会取得最佳的效果	[1][2][3][4][5]
188	我相信一种全宇宙的力量,比如神	[1][2][3][4][5]
189	别人告诉我,谦虚是我最显著的优点之一	[1][2][3][4][5]
190	能使别人微笑或大笑,令我感到满足	[1][2][3][4][5]
191	我迫不及待地想要知道自己未来的生活是什么样子	[1][2][3][4][5]
192	通常情况下,我愿意给别人第二次机会	[1][2][3][4][5]
193	我认为我的生活非常有趣	[1][2][3][4][5]
194	我阅读大量各种各样的书籍	[1][2][3][4][5]
195	我尝试为自己的重大决定找出好的理由	[1][2][3][4][5]
196	上个月,我为自己生命中的难题想出了一个创新性的解决方法	[1][2][3][4][5]
197	我总是知道说什么话可以让别人感觉良好	[1][2][3][4][5]
198	或许不会跟别人说起,但我认为自己是个智者	[1][2][3][4][5]
199	听到有人说卑鄙的事情,我总会大声提出抗议	[1][2][3][4][5]
200	做计划时,我有把握付诸行动	[1][2][3][4][5]
201	朋友总说我是一个实际的人	[1][2][3][4][5]
202	能让别人一起分享成功所带来的公众瞩目,这让我感到高兴	[1][2][3][4][5]
203	在我的邻居、同事或同学中,有我真正关心的人	[1][2][3][4][5]
204	尊重团体的决定对我来说很重要	[1][2][3][4][5]
205	我认为每个人都应该有发言权	[1][2][3][4][5]
206	作为团体领导者,我认为每个成员都有对团体所做的事发表意见的权利	[1][2][3][4][5]
207	对我来说,练习与表演一样重要	[1][2][3][4][5]
208	我总是谨慎地做出决定	[1][2][3][4][5]

续表

题号	题目	计分标准
209	我经常渴望能感受伟大的艺术,比如音乐、戏剧或绘画	[1][2][3][4][5]
210	每天我都心怀深刻的感激之情	[1][2][3][4][5]
211	情绪低落时,我总是回想生活中美好的事情	[1][2][3][4][5]
212	信仰使我的生命变得重要	[1][2][3][4][5]
213	没有人认为我是一个自大的人	[1][2][3][4][5]
214	我更相信人生是游乐场而不是战场	[1][2][3][4][5]
215	早晨醒来,我会为了新一天中存在的无限可能性而兴奋	[1][2][3][4][5]
216	我不想看到任何人受苦,哪怕是我最大的敌人	[1][2][3][4][5]
217	我非常喜欢听别人讲述其他国家和文化	[1][2][3][4][5]
218	我喜欢阅读非小说类的书籍作为消遣	[1][2][3][4][5]
219	朋友欣赏我的判断力	[1][2][3][4][5]
220	我强烈希望在来年做一些创新的事	[1][2][3][4][5]
221	很少有人能利用我	[1][2][3][4][5]
222	别人认为我是一个聪明的人	[1][2][3][4][5]
223	我是一个勇敢的人	[1][2][3][4][5]
224	能得到自己想要的,是因为我付出了努力	[1][2][3][4][5]
225	别人相信我能帮他们保守秘密	[1][2][3][4][5]
226	我总是倾听别人讲述他们的问题	[1][2][3][4][5]
227	和他人分享我的感受是一件容易的事	[1][2][3][4][5]
228	为了集体的利益,我愿意牺牲个人利益	[1][2][3][4][5]
229	我相信聆听每个人的意见是值得的	[1][2][3][4][5]
230	大权在握的时候,我不会因小事随便责怪他人	[1][2][3][4][5]
231	我定时锻炼身体	[1][2][3][4][5]
232	我想象不到说谎和骗人是怎么一回事	[1][2][3][4][5]
233	在过去的一年中,我创造了一些美好的东西	[1][2][3][4][5]
234	在生命中,我一直拥有别人给予的深厚的祝福	[1][2][3][4][5]
235	我期待会发生最好的事情	[1][2][3][4][5]
236	我的生命有一个使命	[1][2][3][4][5]

续表

题号	题目	计分标准
237	别人都因我的谦逊而走近我	[1][2][3][4][5]
238	我因富于幽默而被众人所知	[1][2][3][4][5]
239	人们形容我为一个热情洋溢的人	[1][2][3][4][5]
240	当人家待我不好时，我尝试以谅解来回应	[1][2][3][4][5]

中　编

学涯健康心理教育

第五章　认知与学习——成才心理教育

【紫格尼克效应】

——未竟事业驱使,源于心理张力——

实验:一笔画个圆圈,在交接处有意留出一小段空白。回头再瞧一下这个圆吧,此刻你脑子里必定会闪现出要填补这段空白弧形的意念。因为你总有一种未完成感,竭力寻求终结途径,以获得心理上的满足。有一位叫布鲁玛·紫格尼克的心理学家,她给128个孩子布置了一系列作业,她让孩子们完成一部分作业,另一部分则令其中途停顿。一小时后测试结果。110个孩子对中途停顿的作业记忆犹新。

结论:紫格尼克实验发现,人们对已完成的工作较为健忘,因为“完成欲”已经得到满足,而对未完成的工作则在脑海里萦绕不已。这就是所谓的紫格尼克效应。

机理:紫格尼克效应的心理机制是什么?心理学家勒温认为,人类有一种自然倾向去完成一个行为单位,如去解答一个谜语,学习一本书等,这就叫“心理张力”。研究指出,任何人都企图满足自己的需要,被唤起但未得到满足的心理需要产生一个张力系统,决定着个人行为的倾向、心理的基调和特点;这个张力系统,就可以使一个人采取达到目标的行动。没有完成的任务使得没有解决的张力系统永远存在,当任务完成之后,与之并存的张力系统也将随之消失。可见,心理张力是紫格尼克效应的心理机制。

学习有广义和狭义之分,广义的学习包括人和动物的学习,指在生活过程中通过实践或训练而获得,由经验引起的比较持久的心理或行为变化的过程。狭义的学习是指凭借间接经验产生的、按照教育目标要求的比较持久的能力或倾向的变化过程。一般是指教育情境中学生的学习。

第一节　学习与认知理论

一、学习中的注意

1. 学习与注意选择性

（1）外部刺激与内部注意。外界纷繁复杂，随时随地都有大量的刺激作用于感觉器官。但是我们接收外界刺激的能力是有限的，因而人要有选择地接收外界刺激，使人能对这些刺激进行精细的加工。被关注的信息经过筛选幸存下来并得到大脑进一步加工和存贮。人的这种意识活动就是注意。注意是心理活动或意识对一定对象的指向和集中。选择性注意就是指个体专注于某些刺激而忽视其他一些刺激的认知过程。

（2）学习始于选择性注意。维特洛克在其生成学习理论中强调，学习过程不是从感觉经验开始的，而是从选择性注意开始的。学习与注意密切相关，对外界信息的注意是学习的起始阶段，在注意的参与下，学习者能够激活长时记忆中的相关知识，并形成学习的准备状态。

（3）无意注意与有意注意。无意注意是没有预定目的，不需要意志努力就能维持的注意。比如，你正在听课，教室的门突然被人打开，“哐当”一声门响，你不由得多看了一眼，这就是无意注意。强度大的、对比鲜明的、突然出现的、变化运动的、新颖的、自己感兴趣的、觉得有价值的刺激容易引起无意注意。新异的、动态的和强烈的刺激会自动获取我们的注意，这是由人的注意系统的生理特征所决定的，这样的注意是由刺激驱动的，被认为是一种外界刺激的特征所引起的自下而上的选择性注意。

（4）刺激驱动的注意对学习的启发。根据顿坎和哈普雷斯的注意相依理论，当目标和非目标之间的相似性增加的时候，我们搜索目标的速度将变慢，而当非目标之间的相似性很高但与目标相差较大时，我们更容易注意到目标。哈普雷斯等在一项研究中，让被试从都正立的字母 T 中检测出一个倒立的字母

T,结果发现检测速度几乎不随正立的“T”的数目的增加而下降。这一理论为我们在学习中提高效率提供了一个很好的启示:我们在学习中常面临信息的搜索,如果我们能够对某些重要信息的表征方式进行加工使它们与其他信息的某方面属性相差变大,那么重要信息不就能够自动地获取我们的注意了吗?

2. 学习与注意稳定性

(1)注意稳定性意义。将注意在一定时间内集中于某一对象上的特性称为注意的稳定性。注意力的高度集中是进行任何高级思维活动的前提条件。我们的大脑其实并不是持续稳定的高度集中,而是有起有落的。某一时刻我们的注意力会非常集中,工作和学习效率很高;另一时刻,我们就会陷入注意瞬脱的魔咒之中而犯很多错误。注意瞬脱是指在对一系列外界刺激连续反应的过程中,后续反应的知觉速度相对缓慢的过程。过于持久的注意集中会首先增加大脑皮层兴奋区的疲劳程度,导致学习效率逐渐低下。

(2)波动式注意模式。有人指出,最适合学习的注意模式应当是采取“集中注意—分配注意—再集中注意”的波动式注意模式。

(3)注意与意义相关。学习最终是为了形成意义,意义的形成发生于头脑的内部,而信息的持续输入在一定程度上会阻碍意义的形成,所以高度集中的注意和意义的形成之间往往是鱼和熊掌不可兼得。注意和意义的形成之间存在一个必要的孵化期,在此期间,大脑需要筛选进入的信息并寻求已有经验和新信息的联系。哈佛大学的哈步森博士认为,“这种联系和巩固的过程只能发生在停工时间”,所以从这个角度说,并非注意集中的时间越长越好。

3. 学习与注意分配性

(1)注意的分配性。注意分配是指个体在同一时间内将注意分配在两个或者不同对象和活动上的注意品质。回想一下,老师在讲课的时候,我们是不是只能始终如一地去听他在讲什么,而没有一点闲暇去做记录?

(2)注意分配对学习的意义。注意的分配对我们的学习有什么意义?卡尼曼提出注意的中枢能量理论。他认为,我们在执行双重任务的时候,大脑中有一个类似于电脑内存一样的中枢能量系统,这个系统就像限制电脑能够同时开启的程序数量一样限制了我们的注意资源,当两个任务所消耗的注意资源的总和不超过这个限制时,我们就能够同时完成两个不同的任务,否则就会造成整体反应能力的下降甚至“死机”现象。因此,为了使我们的注意资源不超过大脑“内存”的限制,同时进行的两个任务中必须有一个是自动化了的。

(3)注意分配的影响因素。

第一,任务的相似性:大量心理学研究表明,同时完成的任务之间的相似性越高,同时完成的难度就越大。两个任务之间的相似性包括共同的感觉通道(听觉、视觉、触觉等),加工阶段(输入、加工、输出等)、编码方式(如言语编码和视觉编码)等。

第二,任务难度。当同时完成的两个任务中任何一个的难度增加时,两个任务的完成质量都会下降,注意资源的超限导致了两者的相互干扰。因为困难的学习任务往往需要我们投入更多的注意资源以促进信息的加工。

第三,练习的作用。练习能够促进我们的自动化进程。在学校,我们被要求做大量的练习,是因为我们对一类题型熟悉以后,在看到相似的问题情境的时候,便能够自动提取记忆中存贮的原理、概念以及相应的解题策略,这实际上也是信息加工自动化的结果。

第四,主观预期。注意的分配受主观预期的影响。一个形象的比喻是,当警察预期某个犯罪嫌疑人在 A 地点出现的概率是 70%,在 B 地点出现的概率是 30%时,警方会在 A 地投入更多的警力资源。同样,如果我们预期一门课的考试考到课本前三章内容的概率是其他章的三倍,我们自然会投入更多的精力去复习前三章。

(4)学习中利用注意分配指南来指导有效学习。

第一,不同通道的注意分配比较容易实现。在平时的学习中给自己提供注意分配的机会,如在听英语广播的时候,尝试将广播中的关键词记录下来,这既有助于你更好地记忆听到的信息,也有助于训练你的试听双通道注意分配技能。

第二,在小组学习中,相同通道的注意分配会很有裨益。一边思考自己的观点,一边吸收他人的想法,还要将两者有机整合,需要你将注意在自己和他人之间进行合理分配。

第三,练习能够促进你的问题解决和反应能力。思考一下:学习中哪些情况需要你合理地分配注意资源,其中哪些方面你能够通过大量练习而使之自动化?比如,做记录、打字、听写和翻译等能力已经被证明是可以通过练习而自动化的,不妨多练习一下,你的学习效率会有很大提高。

第四,必要的预习和对重点的提前了解能够帮助你建立对学习内容的正确预期并增加主观投入。在你预期重要的地方投入更多的注意资源将使你收获颇丰。

4. 学习与注意转移性

（1）注意转移的定义。注意的转移，就是根据当前的任务，有意识地主动地把注意从一个对象转移到另一个对象上去。许多研究者都发现，注意的转移实际上包含了内隐注意转移和外显注意转移，无论是哪种转移，在学习上都具有独特的意义。

（2）注意转移的功能。在学习中注意转移的功能主要体现在将学习者的注意转向关键且重要的学习内容、主题和活动上。

（3）注意广度的含义。注意的广度，即注意的范围，是我们在同一时间内能够把握的刺激的数量。运动员、飞行员、宇航员和司机等专业人员都需要具备很大的注意广度。例如，飞行员需要能够在驾驶的同时注意到机舱内若干个主要仪表盘的指数是否正常，以备在发生异常的时候及时预警。

（4）注意广度与学习。注意广度对学习的促进作用是不言而喻的。具有更大注意广度的学生在相同的时间内，能够加工更多的信息，就意味着他们可能记住更多的东西，从而具有更高的学习效率。注意广度的提高在一定程度上有助于学习效率的提高。注意广度受到主体和对象两方面的影响。从主体方面来说，我们可以通过不断扩充领域相关知识来增加注意广度。从对象方面来说，我们可以考虑将笔记记得更加有整有序，字体可以写得大些，并针对不同类型的内容采用不同的颜色标识。

以上这些注意品质与学习密切相关，注意品质的提高有助于个体提高学习效率。

二、学习中的记忆

1. 记忆对学习的重要影响

（1）记忆和学习是密切相关的两个认知过程。首先，从神经生理基础上讲，学习是指人和动物获得关于外界知识的神经过程；记忆则是将获得知识贮存和读出的神经过程。其次，从认知过程上讲，记忆是个体认知系统的重要一环，没有记忆，就不可能有推理、运算、语言这些高级的认知活动，学习也就无从谈起。

（2）记忆的影响因素与学习。

第一，系列位置效应。对于一系列处于不同位置的记忆材料，回忆效果不同，接近开头和末尾材料的记忆效果好于中间部分的记忆效果，这种现象就是系列位置效应。因为材料的中间部分受到了前面内容和后面内容的干扰，同时受到了前摄抑制和倒摄抑制,而材料的开头部分只受到倒摄抑制,结尾部分只受到前摄抑制。因此,系列位置中处于中间部位的材料记忆效果最差。

第二,情境匹配。学习情境和记忆线索是否匹配会影响记忆效果。在一个实验中,要求一群深海潜水员在陆地上进行学习,之后又要求他们在水下学习。结果发现学习和测试的情境相同时成绩更好,这就说明记忆具有场合的依存性,即编码信息时的情境与提取时的情境相一致可以促进信息的回忆。又如,我们有时候在复习时将考试内容背得滚瓜烂熟,但考试时脑子却"一片空白",原因之一是我们在低紧张状态下复习,却在高紧张状态下考试。所以在正式考试时,我们的大脑在记忆时会比在相互匹配的生理状态下低效。

第三,材料的可理解性和意义。学者索萨认为,学习材料"有意义"比"可理解"更重要。当学习材料既有意义又可理解时,学习材料的保持效果最好。具体内容分为以下几方面:①先前经验:专家研究了背景知识对记忆成绩的影响,实验的被试分为儿童国际象棋专家组和成人国际象棋新手组两组,对他们进行数字广度任务和棋子记忆任务。结果发现,在棋子的记忆方面,具有象棋经验的儿童比没有象棋经验的成人能记忆更多的棋子;但在数字记忆方面,儿童则比成人差,这说明丰富的特定领域的知识有助于提高该领域相关信息的记忆。②情绪:通常认为,在正性情绪下进行的记忆效果更好。长期的负性情绪会对记忆或认知产生破坏作用。长期处于紧张焦虑状态会引起海马的退化以及认知的衰弱。学校学习存在的一些压力源会使学生长时间处于负性情绪中,造成身心紊乱。这些压力有可能来自被欺负或嘲弄,在没有准备好的时候就要求回答问题,或者总是为考试失败担心,等等。例如,有数学焦虑的学生认为数学是某种让人害怕的东西,是极其难学的,他们在进行数学学习的时候,工作记忆资源会被焦虑情绪破坏。与中低焦虑的学生相比,高焦虑的学生将更多的工作记忆资源浪费在焦虑上,而且当问题的难度加大时,高焦虑的学生会为速度而牺牲正确率。③神经化学物质:许多化学物质都能促进或抑制回忆。钙是神经信号传递的重要信使,衰老性记忆障碍与中枢神经系统的钙离子稳态调节失衡有关;维生素 A 可改善大脑的血液循环,有助于记忆形成;情绪兴奋状态下释放的肾上腺素对事件记忆的储存有增强作用,是与应激相联系的影响记忆的神经递质,乙酰胆碱是合成记忆所必需的神经递质;鸡蛋和牛肉中蕴含的丰富的卵磷脂是提升胆碱水平的重要物质。研究者发现,草莓、橙子、葡萄、猕猴桃等水果中含有一种天然类黄酮物质,即非瑟酮,可以提高长时记忆。非瑟酮对于治疗记忆障碍病人尤为有效。研究者还发现,非瑟酮还能促使神经细胞之间建立新的联系，有效防止神经细胞的死亡。

另外，一些学者在《科学》杂志上发表了他们的研究发现，玫瑰花的香气可以强化陈述性记忆。研究中有实验组和对照组两组被试，所有人先进行一个卡片配对任务，之后测验他们的配对成绩，两组被试之间没有任何差异；之后睡觉，在此过程中实验组被试睡觉的房间里有玫瑰花的香味，而对照组则没有；然后让被试完成卡片配对任务，实验组被试的卡片配对成功率（97.2%）显著高于对照组（85.8%）。研究者还对睡眠期间的被试进行了功能性磁共振成像扫描，结果发现，相对于对照组而言，实验组被试的左前海马回区和左后海马回区有显著活动，而海马回区是大脑负责学习新事物的区域。

2. 短时和长时记忆与学习

（1）工作记忆与学习。短时记忆是记忆的三级加工模型中的概念。根据这一模型，经过感觉记忆筛选的信息首先进入短时记忆，这些信息中的一部分经由复述进入长时记忆，而未经复述的信息在短时记忆中保持一分钟左右后会被遗忘。短时记忆处于此模型的中间阶段，有很重要的连接作用，是记忆加工模型中很重要的一环。后来研究者用工作记忆来取代短时记忆的概念，指代信息加工与存储中的暂时性机制。研究发现，它们对个体的智力有比较大的影响。短时记忆广度被认为是智力的重要指标之一，比内—西蒙智力测验和韦氏智力测验中都含有短时记忆广度的内容。党彩萍等发现，工作记忆容量大约可以解释一般智力差异中的三分之一到二分之一。工作记忆对第二语言的学习、阅读理解、写作和数学学习等都有重要的影响。

研究发现，工作记忆容量高的个体第二语言的阅读技能水平也更高，晚期第二语言学习者的工作记忆容量与第二语言语法判断的成绩存在显著的正相关。陈宝国等研究发现，对于晚期的汉英双语者来说，他们第二语言的语法加工受工作记忆容量的限制。

还有研究表明，工作记忆容量会影响读者对包含无关信息文本的理解。研究中发现，根据被试工作记忆广度任务中的表现，将被试分为高工作记忆容量和低工作记忆容量两组，将实验材料分为三种：含有无关图片的文段、含有有关图片的文段、无图片的文段。结果发现，相比没有配图或有与文段有关的图片相比，当文段中出现无关图片时，低工作记忆容量被试的成绩显著下降。眼动仪追踪的结果显示，工作记忆容量高的人能更好地控制自己的注意，忽略无关信息，将认知资源投入到对文本的理解上，而工作记忆容量低的一组被试会更多次地注意无关图片，会被无关信息所干扰。

在写作过程中,工作记忆广度会影响写作者所采用的写作策略以及对认知资源的分配。工作记忆广度高的被试写得比较快,写出的句型比较复杂,在写作初期构思较少,而且写完后修改的也较少。

除此以外,工作记忆还影响几何代数等复杂数学问题的解决。王恩国研究发现,在解代数问题的过程中,学生容易在认知负荷大的步骤上产生较多的错误,不是由于学生没有掌握解题规则,而是由工作记忆容量的限制造成的。因此,可以通过提高工作记忆广度或容量来增加学习能力。

(2)长时记忆与学习。利用系列位置效应,合理安排学习资料。

三、学习中的调节

1. 班杜拉的自我调节学习

班杜拉20世纪70年代提出了自我调节学习的概念,指学习者主动激励自己并积极使用适当的学习策略的学习。自我调节学习不仅是一种动态的学习过程(或活动),也是一种相对稳定的学习能力。

自我调节学习的研究者提出了自我调节学习的三阶段循环模式,这三个阶段分别是计划阶段、行为表现阶段和自我反思阶段。

在计划阶段,学习者给自己设置清晰、具体、合理的目标,并思考运用哪些学习策略来实现这些目标,相信自己将要使用的学习策略是有效的,是能提高自己对知识的理解和考试成绩的。在行为表现阶段,运用想象、自我指导、注意力聚焦等技术进行自我控制和自我监督,观察学习策略的使用情况,如记录自己的学习时间、学习效果,并根据学习效果来调整学习策略等。在自我反思阶段,学习者反思自己的学习效果,尝试把学习的成功归因于努力和良好的学习策略,从而建立良好的自我效能感。

2. 齐默尔曼自我调节维度

齐默尔曼的自我调节学习维度中主要内容有以下几方面:

“为什么”:更多强调学习动机。对自己的动机加以调节,学生必须自愿选择参与这项任务。

“怎么样”:关注自我调节学习的方法维度,即选择自己的学习方法和学习策略。

“什么时候”:着重强调自我调节学习的时间维度。大量研究证据表明,具有自我调节学习能力的学生能有计划且高效地利用时间。在我国,很多大学生在大学校园中并未延续他们中学阶段的优秀表现,很重要的原因就是他们缺乏时间管理的观念和技能，结果将自己宝贵的时间浪费在睡觉、网游、交友等方面。

“是什么”：强调有关自我调节学习者的行为表现。要求学习者能进行自我观察、判断与反思，能对自己的表现与目标的差距进行监测，当发现二者之间存在差距时，会分析原因并做出调节。

“什么地方”：主要反映在学生调节物理环境的方式上。邓恩等人的学习风格模型告诉我们，不同的学生有不同的学习风格，他们对物理环境有不同的要求，如对坐姿、光线、温度，甚至背景音乐都有不同的偏好。可以说，选择适合自己的学习环境很重要。

“与什么人”：讲的是学业求助的维度，学生在学习中不断扮演着求助者和助人者的双重角色，不仅能提高他们的学习技能，还能强化他们的社会技能。

3. 麦卡奇的多元学习策略

三种学习策略

认知策略	复述策略	如重复、抄写、做记录、画线等
	精细加工策略	如释义、口述、总结、记笔记、类比、举例、提问、答疑
	组织策略	如组块编码、选择要点、列提纲、制作关系图等
元认知策略	自我计划策略	如设置目标、浏览、设疑等
	自我监察策略	如自我查测、集中注意力、监察领会状态等
	自我调控策略	如调整阅读速度、重新阅读、复查、使用应试策略等
资源管理策略	时间管理策略	如建立时间表、设置进度目标等
	学习环境管理策略	如寻找固定地点、安静地点、有组织的地点等
	努力状态管理策略	如将成功归因于努力、调整心境、自我强化、自我坚持等
	社会支持管理策略	如寻求教师/伙伴帮助、获得个别辅导、同伴/小组学习等

四、学习中的情绪

1. 学习中的焦虑情绪

（1）焦虑是个体对即将来临的，可能会造成的威胁所产生的紧张、不安、忧虑、烦恼等不愉快的情绪状态。焦虑一般表现为怀疑自己的能力，易紧张、忧虑、紧张、失望、不安，依赖性强而独立性差。适度的焦虑有助于学习，而过度的焦虑会使学习者不易维持良好的专注力，甚至出现“脑筋打结”或是“头脑一片空白”的现象。

(2)焦虑会影响人们的加工偏向、记忆、注意偏向和第二语言的学习等。严重的学习焦虑或考试焦虑,一般都是家长或教导者对学习或考试不当的要求或期待的结果。

2. 学习的焦虑应对

(1)对于焦虑的缓解,可采用下面一些方法:

第一,放松。放松训练可以使焦虑者的思维转移注意,停止焦虑。分散焦虑,远离焦虑源;梳理反思,合理归因。尽早觉察焦虑的发生,从中寻求原因,以理智的方式去质疑焦虑:“焦虑什么”“为什么焦虑”“有没有必要焦虑”“焦虑能不能解决问题”等。

第二,影响学习的抑郁及其应对。几乎每个人都在一生的某些时间中或多或少体验过这种情绪,每个人都有失败的郁闷或经历过没有达到目标的沮丧。沉浸在悲伤、忧郁情绪中的人,往往提不起劲去学习,严重时会出现注意力不佳、记忆力变差、思考混乱或停滞、犹豫不决、缺乏自信及悲观等现象。抑郁会影响人们的记忆偏向、加工偏向和解释偏向等。

第三,抑郁情绪的自我调节。抑郁如果不加以治疗,可能会导致其他严重的问题,如焦虑、自杀等。可以尝试用下面的方式自我调节:一是宣泄。当你处于抑郁状态时,不妨大哭一场。因为哭能释放积聚已久的能量,并调整机体的平衡。二是多想、多做愉快的事情。刻意安排较愉快的事件转移注意力,对生活产生乐趣,缓解内心积压的抑郁,也是一个自我调节的好方法。三是团队支持。教师、家长和学生组成一个共同体,相互交流、相互支持。四是运动和锻炼。运动和锻炼能够增加“感觉良好”的神经递质的产生,从而有利于应对抑郁的消极情绪。

(2)学习倦怠及其应对。学习倦怠是学生因为长期的课业压力,产生的精力耗损过度、丧失学习热情、感情冷漠疏远和成绩不如预期的一种现象。学习倦怠的特点:

第一,情感衰竭。这是倦怠的核心维度,指没有活力,缺乏学习热情,感到自己处于极度疲劳的状态,负面情绪严重。

第二,去人格化。这是指刻意在自己和学习对象、周围人群之间保持距离,划清自己与他们的界限。学生表现出对学习对象和环境的漠不关心,对学习失去热情,敷衍了事,疏远家人,远离老师和同学,自我封闭。

第三,个人成就感丧失。这是指学生倾向于消极地评价自己,成就体验下降。学生常常低估自己的能力,感叹“自己不是学习的料”,认为“自己怎么努力也不会有好成绩”,感觉前途渺茫,因而对自己的能力产生怀疑。

另外,学习倦怠还有一些生理症状。比如,疲劳、食欲下降、睡眠质量变差、肌肉紧张、浑身酸痛、抵抗力下降、易生病等。

第二节 学习与自我调节

一、学习中的时间管理

1. 不同年级时间管理困扰

对于很多学生来说,进入大学后,高中的拼搏已经过去,失去了目标,往往是大一轻松过,大二糊涂过,大三不知不觉过,大四恍然醒悟,但已临近毕业。调查表明,列新生烦恼第一名的是时间管理困扰。新生刚从高中进入大学,学习方式面临很大的转变,从被动紧凑的时间分配变成需要自己安排,时间管理能力将直接影响其学业成绩和大学生活的质量,成为很重要的一个方面。

2. 时间管理对大学生积极意义

(1)良好的时间管理有助于提高学习效率。良好的时间管理能力对个人的学业有促进作用,时间管理能力越强,学业成绩越高;时间管理能力越弱,则学业成绩就越低。

(2)善于管理时间的同学能够出色、快捷地完成学习任务,取得优秀的成绩;不善于管理时间的同学在学业上常常表现平平。善于驾驭时间的学生有更强的自信心和自尊心,他们会促使自己不断进取。

(3)良好的时间管理能力有利于维护同学们的身心健康和生活质量。善于管理时间的同学由于能够快捷地完成学习任务,能给自己较多的时间休息、娱乐或放松,或者在空闲时间里进行身体锻炼、从事个人的爱好等,这些都有益于身心健康。

二、大学生的时间管理

1. 想学习但死活学不进去,该怎么办

(1)从“被学习”中寻找动力。“如果有一天你爱上一个你讨厌的人,这才

是最要命的”，每个人身上都有闪光点，枯燥的课本也不例外，所以尝试找到自己感兴趣的点，从解决有趣的问题开始，慢慢培养对这门学科的兴趣。

(2)平衡“被动学习”与“主动学习”，将自己感兴趣的和枯燥的内容合理安排，轮流看。

(3)进行自我分析：觉察自己抵触学习的原因，是因为缺少目标感，还是因为讨厌这门课的任课老师？还是认为自己对这门课的知识不够敏感？找到问题的根源后，通过自己的调整或借助别人的帮助去解决它。

2. 不知道学这些有什么用，好纠结

没有目标和方向感的茫然带来的纠结往往让同学失去前进的动力。但是，又有谁知道自己将来要做什么？哪怕是知道下一秒会发生什么？所以建议：

(1)只计划看得见的未来，创造看不见的未来。比如，大学四年如何度过，这是可以计划的，而看不见的未来，如“未来我的收入会有多少”，这是可以奋斗的。

(2)最浪费时间的就是纠结。根据戴维艾伦的时间管理核心观点，即“找出你下一步行动”的理念，如果你纠结于某个问题，不要只用脑袋想，要付诸行动。比如，拿一张纸，把两件事情写在最上面，然后分别列出两件事情的好处和坏处，然后去思考“哪一个我可以放弃”，这个方法经常可以帮你做出选择。

3. 常困扰没法完成学习计划，没信心

大学时候的突发事件往往是“诱惑”。比如，你准备看书的时候有人找你踢球、逛街，你准备写论文的时候有人约你吃饭、聊天。这时候你需要有自制力和目标感，其实也是信守自己的承诺，计划下午看书，实际就是一个承诺，一个对自己的承诺，不要轻易去改变它。

三、掌握策略善于学习

同学们经常会有这样的感受：“跟不上老师讲课的思路。有时候老师已经开始讲后面的知识点了，而我还在回想上个问题。我该怎么办呢？”“我上课老是走神，常常会想到电视情节，我一直努力使自己集中注意力，但始终做不好。老师讲的很多重要内容都错过了，虽然课后可以自学，但很多知识是课本上没有的……”

在信息加工过程中，只有得到注意的信息才能进入我们的记忆系统，得到进一步加工。所以要提高学习效率，必须集中注意力。

1. 抓住重点学习

人的注意资源是有限的，我们不可能对所有呈现给自己的信息都加以注意和记忆，所以在学习过程中必须对信息进行筛选，选择相对重要的信息加以注意。

2. 保持良好心态

每当我们要专注于一件工作的时候，需要花费 15 分钟的时间进入状态。当被打扰后，又要花费 15 分钟才能重新进入状态。所以一旦进入状态就要保持住，因为这种状态让我们全神贯注于大量的工作以及与工作相关的以往的经验之中。

3. 明确学习目标

知道并明确自己的学习任务能够使学习者保持学习的倾向，随时提醒和监控自己是否完成学习任务，如果还没有完成，那么应该将注意力保持在学习材料中。

4. 适当自我奖励

要告诉自己，把这份内容学好之后就可以好好玩一下，这样可能会使自己的注意力能够暂时集中。

5. 养成笔记习惯

可以采取记笔记的方法来保持注意力。无论我们是在听课还是在上自习的时候，都可以边听课（或看书）边记笔记，这样更有利于知识的记忆，同时也可以使自己的注意力高度集中。

6. 排除内心干扰

为什么有的同学比较容易集中注意力，而有的同学却做不到呢？这是因为心里有各种浮光掠影的东西在干扰。这种情况下，我们可以做放松练习，让内心各种情绪的干扰随同身体的放松被排除。我们可以按以下三个步骤进行。第一步，身体坐端正，将身体放松下来。第二步，先从脚开始，使脚部肌肉绷紧，然后松弛，同时暗示它休息，随后命令脚脖子、小腿、大腿，一直到躯干全部休息。第三步，再从躯干开始到颈部、头部、脸部全部松弛。

7. 不在难点停留

听课过程中，出现任何不理解的环节，不要停留，跟上老师讲课的进度。如果后面大部分内容我们都能理解，前面的难点也会慢慢理解。

四、激发动机乐于学习

1. 学习动机的含义

学习动机是动机及其在学习活动中的表现，是引起和维持个体进行学习活动，并使活动朝向一定的学习目标，以满足其学习需要的一种心理状态。学习动机有内在和外在之分。外在学习动机指我们并不是对学习过程本身感兴趣，而是对获得外在的后果感到满足，如学生为了取得优异的成绩、得到老师和父母的表扬或为了找到好工作而努力学习。内在的学习动机则是指对学习过程本身感兴趣。

2. 学习动机的困扰

当代大学生面临的主要学习动机问题就是缺乏学习动力。咨询中常常听到学生说："我觉得上大学以后，因学校和专业不符合自己的志愿而不满意，对学习不感兴趣，缺少动力""班里高手如云，我各方面都不如别人，对自己缺乏信心，学习上再努力也超不过他们""我考上了大学，实现了父母对我的期望，现在没有中学时的那股学习劲头了"……

学习动机过强与过弱都不利于学习效率的提高。学习动机太强，一般会对自己抱有很高的期望，有时制定的学习目标也易不切实际，这样一来学习成绩的好坏可能造成情绪过于紧张，学习效率会降低。另外，对影响学习成绩的因素进行不同归因，也会影响学习动机。因此，培养良好的学习动机非常重要，要从培训学习兴趣、进行正确归因等方面进行，同时要学会适当调节过强或过弱的动机。

3. 学习兴趣的培养

（1）广泛积累知识。不少同学都有这样的体验：对听得懂的课就有兴趣，对听不懂的课就没兴趣；对掌握较好的课兴趣就浓，对学不好的课就缺乏兴趣。这就说明知识的积累是兴趣的源泉。我们要设法及时把课堂上听不懂的地方弄懂，从听懂每一节课开始，进而学好每一门课，这样我们对这门课的兴趣就逐步增加了。

（2）告诉自己学习这门课程的意义。如高数课是学好经济学专业的基础，学好英语为以后出国深造打基础，学好专业课有助于未来的就业，等等。

（3）迁移已有兴趣。用我们对某些科目的兴趣来带动不感兴趣的科目。比如，可以将自己喜欢的科目的愉悦心态迁移到不喜欢的科目上，让自己在学习该科目时也有一种轻松和愉悦的心态。

（4）积极暗示法。问自己是否愿意把这门课程学好，并且用肯定的语言来回答。比如，"我一定能学好物理""我肯定能理解高数的这个概念"，这样反复默念，形成一种潜意识。

第三节　学习与效能提升

大教育家夸美纽斯说："一切功课都应该仔细分成阶段，务必使先学的能为后学的开辟道路，指示途径。"我们的每一项成功或每一个进步，都必须从一个目标到另一个目标，一步一步进展的。所以，我们要有远大的目标，并且将此目标分配到每个学期、每个月、每一周和每一天。

一、学习计划制定

1. 短中长期目标

	目标	主要目标	次要目标
长期			
中期			
短期			

2. 每周学习计划

每周时间安排表

时间	所从事的学习活动	计划所需时间	实际开始时间	实际结束时间
周一	1.			
	2.			
	3.			
周二	1.			
	2.			
	3.			
……	1.			
	2.			
	3.			

3. **每日学习计划**

每日时间表

前期安排中截至今天必须完成的任务

其他需要做的事情

每日时间顺序的安排

二、学习动机测验

你的学习积极性怎么样呢?

仔细阅读下面的每一题,根据你的实际情况,在赞同的句子后面画"√"。

1. 一读书就觉得疲劳与厌烦,极少主动看书。(　　)
2. 除了老师指定的作业外,不想再多看书。(　　)
3. 如果别人不监督的话,极少主动学习。(　　)
4. 看书时,需要很长时间才能进入状态。(　　)
5. 在学习中遇到不懂的地方,根本不想设法弄懂它。(　　)
6. 心里常想着自己不用花太多时间,成绩也会超过别人。(　　)
7. 迫切希望在短时间内大幅度提高自己的学习成绩。(　　)
8. 为了及时完成某项作业,宁愿废寝忘食、通宵达旦。(　　)
9. 为了学好功课,放弃了许多感兴趣的活动,如体育锻炼、看电影与郊游等。(　　)
10. 常为短时间内成绩没有提高而烦恼不已。(　　)
11. 课本上的知识没啥好学的,只有看高深的理论、读大部头作品才带劲。(　　)
12. 花在课外读物上的时间比花在教科书上的时间要多得多。(　　)
13. 把自己的时间平均分配在各学科上。(　　)

14. 觉得读书没意思，想去找个工作做。(　　)

15. 平时只在喜欢的科目上狠下功夫，对不喜欢的科目则放任自流。(　　)

16. 给自己定下的学习目标，多数因做不到而不得不放弃。(　　)

17. 总是为同时实现好几个学习目标而忙得焦头烂额。(　　)

18. 几乎毫不费力就实现了自己的学习目标。(　　)

19. 为了实现一个大目标，不再给自己制定循序渐进的小目标。(　　)

20. 为了应付每天的学习任务，已经感受到力不从心了。(　　)

【评分与评价】：

画"√"得1分，未画不得分，将各题相加得总和。

如果你的总分在14分以上，说明你有严重的学习动机不足，需要调整。

如果总分在6～10分之间，说明你的学习动机存在一些问题，必要时要调整。

上述20题可分为4组，分别测查学习的4个方面的困扰：1～5题测试你的学习动机是不是太弱；6～10题测试你的学习动机是不是太强；11～15题测试你是否缺乏学习兴趣；16～20题测试你在学习目标上是否存在困扰。如果你对某组中3道以上的题目画"√"，则说明你在相应的学习方面存在一定的困扰。

三、有效学习活动

1. 活动方法

时间：大约一小时。

地点：教室或团体心理活动室。

人员：心理辅导老师、助手、团体成员。

方式：游戏辩论讨论法。

2. 活动过程

热身活动：抓与逃。全体成员围成一圈，左手食指靠左肩膀朝上指，右手手掌搭在右边的成员食指尖上。

听辅导老师的口令，辅导教师数数或者说一句话或讲故事，凡是中间出现三时，每个成员右手去抓掌下的食指，同时左手食指赶快逃走。

看谁既能抓住别人又能逃走。

卡片分组：预习组、解惑组、辅导组、复习组、考察组等。

3. **具体活动**

学习五环节：组织成员讨论、罗列平日学习中曾使用的学习环节，以及哪些环节有助于提高学习效率（每个组一张宣传纸和一支水彩笔）。

全体成员分享与讲解：每个组将写好的宣传纸张贴在黑板上，每个组派一名代表上台讲解。

思考主题：学习何以有效

1. 什么是学习和有效学习？学习对大学生成才有何意义？
2. 结合你的实际，谈谈影响学习的主要因素有哪些。
3. 提升学业自我效能的主要方法有哪些？
4. 请根据你的学习经验，设计一个有效的考研学习计划或求职学习计划。

心理测验：自主学习量表

指导语：请你按照自己学习的实际情况，回答下列问题。计分标准：1 = 完全不像我，2 = 有一点像我，3 = 既像我又不像我，4 = 很像我，5 = 完全像我。

题号	题目	计分标准
1	与班里的其他同学相比，我希望学习更好	[1][2][3][4][5]
2	我肯定自己能够理解这堂课上讲的内容	[1][2][3][4][5]
3	我期望自己在班里学习非常好	[1][2][3][4][5]
4	与班里的其他同学相比，我相信自己是一名好学生	[1][2][3][4][5]
5	我敢肯定我能够出色地完成老师布置的作业和任务	[1][2][3][4][5]

续表

题号	题目	计分标准
6	我想在班里我能够得到一个好的等级分数	[1][2][3][4][5]
7	与班里的其他同学相比,我的学习能力是很强的	[1][2][3][4][5]
8	与班里的其他同学相比,我想我对这一专业的知识知道得更多	[1][2][3][4][5]
9	我知道自己能够学习课堂上呈现的学习材料	[1][2][3][4][5]
10	我喜欢有些难度的学习内容,这样我可以学到新的东西	[1][2][3][4][5]
11	对我来说,学习课堂上老师教授的内容很重要	[1][2][3][4][5]
12	我喜欢在课堂上所学的内容	[1][2][3][4][5]
13	我想我能够把一堂课上所学的内容运用到另一堂课上	[1][2][3][4][5]
14	我经常思考一些能够从中学到东西的问题,即使这样需要更多的工作	[1][2][3][4][5]
15	即使考试的成绩很差,我也试图从自己做错的题目中学到东西	[1][2][3][4][5]
16	我想我在课堂上所学的东西有助于自己增长知识	[1][2][3][4][5]
17	我认为我在课堂上所学的内容是有趣的	[1][2][3][4][5]
18	理解这一专业知识的内容对我是重要的	[1][2][3][4][5]
19	考试时,如果不能回忆起所学的内容,我会感到很紧张	[1][2][3][4][5]
20	考试时,我会感到紧张、不适	[1][2][3][4][5]
21	对于考试,我极为担心	[1][2][3][4][5]
22	考试时,我担心自己会考得很糟糕	[1][2][3][4][5]
23	复习备考时,我把课堂上所学的信息与课本上的内容结合在一起复习	[1][2][3][4][5]
24	做作业时努力回忆老师课堂讲的内容,以便能正确地把问题回答出来	[1][2][3][4][5]
25	阅读时,我很难把握住其中的要点	[1][2][3][4][5]
26	学习时,我把重要的观点用自己的话来表述	[1][2][3][4][5]

续表

题号	题目	计分标准
27	我总是试图理解老师所讲的内容,即使它的意义不清楚	[1][2][3][4][5]
28	复习时,我反复一遍遍地复述重要的事实	[1][2][3][4][5]
29	学习时,我抄录自己的笔记,以帮助自己记忆学习材料	[1][2][3][4][5]
30	复习迎考时,我尝试着把重要的观点一遍遍默记下来	[1][2][3][4][5]
31	我把从过去的作业和课本中学到的东西,应用到新的作业中	[1][2][3][4][5]
32	学习新的主题时,我试图把每一项内容结合在一起	[1][2][3][4][5]
33	阅读新课的材料时,我反复地阅读以帮助自己记忆	[1][2][3][4][5]
34	我把课本中的各章列成提纲,以帮助自己记忆	[1][2][3][4][5]
35	阅读时,我努力把自己正在阅读的内容与自己已有的知识结合起来	[1][2][3][4][5]
36	为了确保自己弄明白所学的内容,我会提问自己	[1][2][3][4][5]
37	遇到有难度的学习任务时,我要么放弃,要么只做容易的部分	[1][2][3][4][5]
38	即使没有要求,我也会对每章后面的问题进行练习和解答	[1][2][3][4][5]
39	即使学习内容枯燥乏味,我也会把它完成	[1][2][3][4][5]
40	开始学习前,我会考虑自己需要做哪些事	[1][2][3][4][5]
41	我经常发现,自己对正在阅读的东西不知所云	[1][2][3][4][5]
42	我发现教师讲课时,自己想其他的事,没有听老师所讲的内容	[1][2][3][4][5]
43	阅读时,我会停顿一会儿,回顾一下前面阅读过的内容	[1][2][3][4][5]
44	尽管我不喜欢课上所学的内容,但是为了取得一个好分数仍努力学习	[1][2][3][4][5]

第六章　压力与应对——适应心理教育

【猴子的压力实验】

预备实验:把一只猴子放在铜条里,双脚绑在铜条上,然后给铜条通电。猴子挣扎乱抓,旁边有一弹簧拉手,是电源开关,一拉就不痛苦了,这样猴子一被电就拉开关,建立了一级条件反射。然后每次在通电前,猴子前方的一个红灯就亮起来,多次以后,猴子知道了,红灯一亮,它就要受苦了,所以每次还不等来电,只要红灯一亮,它就先拉开关了。这就建立了一个二级条件反射。预备试验完成。

正式实验:在这个猴子的旁边,再放一猴子,与第一个猴子串联在铜条上,隔一段时间就亮红灯,每天持续6小时。第一只猴子注意力高度集中,一看到红灯就赶紧拉开关,第二只猴子不明白红灯什么意思,无所事事,无所用心。

哪一只猴子先死,为什么?讨论哪只猴子先死并说说原因。

第一只猴子是因为什么死的呢?科学家发现,它死于严重的消化道溃疡,胃烂掉了,实验之前体检它没有任何胃病,没有溃疡,可见这是二十几天内新得的病。得病的原因是由于第一只猴子要时刻注意拉开关,它一直保持高度精神紧张,焦虑不安,压力大,因而它的消化和内分泌系统就逐渐紊乱了,所以就得了溃疡。

第一节　压力与心理健康

大学阶段对于每个人来说,都是一个比较特殊的阶段。其身心状态从青春期后期转为成年早期,从依赖父母走向生活独立,一切个人事务开始需要进行自我管理和调控。2004 年中国科学院心理研究所的调查显示,20～30 岁的人群位居各年龄段压力之首,这是由于社会经济的变革,青年人要承受来自学习、经济、就业和各种问题的考验,不可避免地会产生强烈的心理冲击,产生心理压力与挫折,甚至某些问题会造成心理障碍乃至心理疾病,直接影响到青年人的身心健康。

一、压力与反应

1. 压力的定义

"压力"一词的英文是 stress。stress 这个词来源于古法语"destresse",指的是"置于狭隘和压迫之中"。经历数百年的词语演变,用"stress"代替"destresse"。从词源学角度来看,"stress"一词包含"重压""压抑""压迫"等含义,也有"重要""强调"的含义。

我国有些学者将"stress"翻译为"应激"。压力最早是物理学领域的概念,后来加拿大生理学家汉斯·薛利将压力引入社会学和心理学,至此,压力不仅仅存在于物理学领域,还存在于心理学领域。

20 世纪 20 年代,生理学家坎农认为人体的细胞、器官、系统的功能是通过一套自我规律在一定范围内运行,使人在内、外环境中保持一种动态平衡,将内环境稳定的过程称为内稳态或自稳态。当机体遇到严重内外环境干扰性刺激时,内稳态被打破时机体所出现的不平衡状态,称为应激,即"战或逃"反应。当外界的刺激不断对内稳态持续进行唤起,会影响人的身心健康,甚至死亡。坎农将应激定义为外部刺激。

汉斯·薛利受到坎农观点影响,他最初提出的也是将应激定义为来自外部的刺激。从 20 世纪 50 年代开始,认为应激是机体内部对环境的一种非特定性反应,非特定性的反应是由人的神经系统、腺体和激素等控制的。为了区分外部刺激反应理论,薛利提出了应激源与应激反应理论。

心理学拉扎勒斯把应激定义为个体对自己心理状况的感觉。拉扎勒斯认为由于人的认识可变性,人对应激事件的解释比应激事件本身所带来的影响更为重要,强调人的自我感觉,包括内心的恐惧、面对威胁与挑战以及自我处理这些心理状况的能力。这对于后来研究人对于环境事件的解释有很大的推动作用。最终,拉扎勒斯在心理学上将压力定义为环境或内部的需要超出个体、社会系统或机体组织系统的适应能力,压力是人与环境之间的一种特殊关系。

由于研究目的、方法的不同,不同研究者对于压力分类和定义也不尽相同。主要有以下几种类型:①将压力与外部事件、外部刺激和压力源等同,如压力对人是外部的,如布朗认为压力是指对个体具有威胁的事件,或妨碍应变能力的事件。②将压力强调为心理压力和压力感,即对压力的一种机体感受和心理产生的紧张,是一种主观反应。林春梅认为,心理压力是机体在内外环境作用下,因客观要求与主体应对能力的不平衡所产生的一种适应环境的紧张状态。③将产生压力的内外因素进行综合分析,认为是人的一种综合反应,力求对压力进行详细分析,如黄希庭把压力分为压力源、压力反应和压力感。

目前,心理学界对于压力形成共识:个体面对具有威胁性刺激的情景,伴有躯体机能以及心理活动改变的一种身心紧张状态,也称应激状态。心理压力是指个体在生活适应过程中的一种身心紧张状态,源于环境要求与自身应对能力不平衡,是外部事件引起的一种内心体验。

2. 压力的分类

压力一般分为三种:生理压力、心理压力和社会压力。

生理压力主要是指和个体生理系统或器官相关的压力,机体在生理反应上的表现是血压升高、身体出汗、肌肉僵硬和呼吸急促。机体的生理反应是对外界刺激的本能反应,有助于机体感受和适应外界刺激。如果压力过大,会造成人的失眠、口干、头痛和腹泻。

心理压力是指和认知、情感有关的压力。正常的心理压力产生的心理反应是注意力集中、积极、乐观和思维敏捷等。过度的心理反应会造成人的自我评价降低、自信心缺乏、恐惧、无所适从和无所谓的消极被动心态。

社会压力是指与社会关系相关联的压力,如家庭关系、人际关系、就业、生存等方面的压力。社会压力带来的正常反应是积极主动、寻求解决方法、从正面分析和解决问题。过度的社会压力造成“啃老族”的出现、不愿与人接触、易激怒、易哭泣、性欲减退、月经不调等。

在人生中完全没有压力是不可能的。压力促使人不断去适应社会发展,适度的压力会使人产生积极向上的人生态度。如果没有压力人会颓废,不思进取。所谓“空心病”就是一种无压力的心理表现,是一种无价值的生活状态,不知道自己是为什么活着,感觉不到自己活着的意义。对于人生发展抱有积极态度的人会去寻找生活或工作的乐趣,形成一种良性的刺激;与积极态度相反的是以一种消极的方式来寻找刺激,如虐待小动物、赌博、吸毒、暴力等。

3. 压力的来源

压力产生于压力源。压力源是指环境对个体提出的各种需求,经个体认知评估后引起生理和心理反应的刺激。我们遇到的压力有多种压力源,有机体内部的,如饥饿、疼痛、疾病、性压抑、睡眠剥夺和心律失常等;有机体外部的,如噪声、污染、灾害、中毒、气温变化、环境等;还有心理因素的,如传染疾病、突发事件、工作压力、人际关系等。心理学家从对机体造成压力的来源进行分类,认为有心理性、躯体性、社会性和文化性四种压力源。

(1)心理性压力源。指个体因一些无法胜任或解决的压力情境而引起的心理紧张状态,如引起个体的双趋冲突、双避冲突、不切实际的幻想、过分的担心、非黑即白等。这类压力源能否对人心理形成压力,常与人对信息的认知角度有直接关系。比如,“每个同学上台演讲”,有的同学认为“没有问题,正好展示自己”,有的同学普通话不标准,认为“上台就是让自己难堪”,同一事件由于个体认知的差异,会在心理上有不同的反应,产生的压力也不相同。

(2)躯体性压力源。指通过对人的躯体直接产生刺激作用而使个体产生心身紧张状态的刺激物。例如,物理上的温度、辐射和噪音,化学上气体污染、有害气体,生物上病原体、病毒、疾病等,这些刺激都能引起个体生理压力并产生心理反应。

(3)社会性压力源。指影响个体社会活动的社会性刺激,并促使其要做出调整和适应的社会事件和情景,包括客观的社会指标,如职业、年龄、经济的变化;重大的社会事件,如重大的公共卫生事件、重大的自然灾害;个体的社会环境的变化,如工作变迁、外地求学、人际关系改变、家庭的重大变故;等等。

(4)文化性压力源。指从文化环境的变化所带来的压力,要求个体来适应文化环境的变化,包括文化礼仪、风俗习惯和生活方式。这里包括语言交流、表达,少数民族的风俗,宗教信仰,生活方式,孩子的教育,等等。

4. 压力的反应

当个体感觉到压力时,会产生心理、生理和行为等方面的一系列反应。这是因为个体在进化过程中要主动适应环境的变化,启动应激反应机制,激活机体的潜能,来调动机体进行增强抵御和抗病能力。在考试或比赛时,有些学生会超常发挥取得较好成绩;有些就会发挥失常,这与个体压力有很大关系。适度压力有助于个体应对刺激,过于强烈或持久的压力,就可能导致生理、心理功能的紊乱,出现忧虑、焦躁、愤怒、沮丧、悲观、抑郁等消极的情绪,使个体的思维狭窄、自我认可降低、自信心减弱、注意力分散、记忆力下降。

5. 压力的阶段

1956 年,汉斯・薛利把适应压力的过程分为三个阶段:警觉阶段、对抗阶段和衰竭阶段。

(1)警觉阶段。当个体觉察到危险的瞬间,立即启动大脑的应激反应机制,持续分泌大量的激素和神经递质,组织和激发身体的相应器官,提高对危险刺激的注意,使集体处于高警觉状态,激发身体能量,准备投入战斗。

(2)对抗阶段。当有机体对外界威胁的警觉反应,使整个机体的能量被调动起来后,个体会采用相应的行为方式来解决面临的问题,使被打破的机体内稳态恢复平衡。

(3)衰竭阶段。指有机体通过对抗反应,动用身体的大量能量去应对威胁或挑战,这些刺激被解除,同时机体也消耗了很多的能量。但是,如果个体的应对未能解除压力状态(消除压力源),个体会再次处于高警觉状态,分泌大量的压力激素,消耗大量的精力,造成机体精力衰竭,形成病变或死亡。

二、大学生压力

中国青年报社、中青校媒联合丁香医生共同发布的《2020 中国大学生健康调查报告》显示,当代大学生普遍感觉压力很大,只有极个别大学生对压力没有感觉。他们的主要压力来源于学业成绩、人际关系、性格、亲密关系和就业。

现在“00”后已走进大学校园,“00”后生活在世界“百年未有之大变局”的时代,世界日趋全球化的背景下,社会对人才的要求也越来越高,竞争也越来越激烈。从大学生特有的生理和心理发展特点看,他们正处于由青年向成人的过渡阶段,由于自身独立性不完全,对家庭和学校依赖性较大,对社会理解有限且过于理想化,难以适应环境变化,自我认识动摇不定,在内心形成一系列的冲突和矛盾,在学习成绩、学习能力、人际沟通、感情问题、毕业就业等方面存在心理压力是必然现象。

1. 学习压力

学习是人类的重要品质,只有通过学习才能提升自己的综合素质,适应社会发展,促进身心发展。进入大学后由于校园环境、学习方法、考核评价方式等都发生了改变,大学生在学习过程中易产生压力。当前大学生表现在学习方面的压力主要有以下四种。

(1)竞争压力。能够进入大学学习的学生,大多数在中学时期都是佼佼者,进入大学后还想保持中学时代的优秀,不辜负老师和父母的期望。也正因为此原因,他们常常存在着被其他同学超越的危机感和恐惧感。在这种情况下,一部分学生通过刻苦学习,成绩依旧很好,偶尔还敢于挑战自己,并且充满自信;还有一部分学生因为成绩下降而变得非常敏感,产生自卑感,造成睡眠不足,学习兴趣下降,学习效率不高,各种紧张症状随之产生,心理上的压力也越来越大,性格变得极端、敏感、狭隘、偏执。

(2)学习效率压力。大学课程较多,中学死记硬背的学习方法在大学不适用。一部分学生学习方法不正确,虽花费了大量时间学习,但学习效率很低,给自己带来沉重的心理压力。一部分学生由于不喜欢所选的专业,对学习没有兴趣,天天在不愉快中进行学习,感觉很苦恼。又如,考证热让一部分学生盲目从众,随波逐流,最后发现自己考的这些对自己工作没有用时,变得更沮丧。

(3)考试压力。在学习评价上,大多数学校以最终考试成绩为主要依据。许多学生在面对考试时,依旧会产生不同程度的应激反应,其中紧张、睡眠、饮食、焦虑等症状比较多。“考试综合征”等随着压力的产生而出现。

(4)亲朋期望压力。父母的期望、亲人的希望都是大学生无法摆脱的压力。这种压力是无形的,也是沉重的。它可能会激发大学生奋斗的斗志,也可能会成为压倒骆驼的最后一根稻草。

2. 社会压力

(1)知识压力。我们所处的社会,就如《未来的冲击》一书中所说:“未来的社会的根本特征就是高变化性,在这里一切具有短暂性、多样性和新奇性,知识迅速产生又迅速老化 。”今天的知识如原子裂变式地增长,学科与学科之间界限不断突破,渗透和融合不断进行,大量的边缘学科和交叉学科不断涌现。到目前为止,仅自然科学的类别就已超过2000门。现在全世界每年有80多万种不同的书籍问世,如果每天读一本,需要2000多年才能读完;要读完一年的刊物、报纸、网络信息等,又要耗费几千年!

联合国教科文组织曾经做过一项研究,结果发现:信息通信技术带来了人类知识更新速度的加速。在18世纪时,知识更新周期为80~90年,19世纪到20世纪初缩短为30年,20世纪六七十年代,一般学科的知识更新周期为5~10年,而到了20世纪八九十年代,许多学科的知识更新周期缩短为5年,而进入21世纪时,多数学科的知识更新周期已缩短为2~3年。

在知识更迭日益加快的今天,本科生毕业两年内,硕士研究生毕业三年内,博士生毕业四年内,如果不及时补充新知识,其所学的专业知识将全部老化。因此,当代的大学生会经常提出一些问题,我现在学到的知识已经过时了,我学习有什么意义?我学到的知识如何才能与社会发展的需要相匹配?怎样才能在未来的社会激烈竞争中生存和发展?我们提出创造性教育,要培养学生在技能、思维、解决问题的能力上下功夫，强调学生要有创新意识，合作精神，解决问题、积极探究的科学精神。培养方向和方式的变化，必然会给学生带来学习知识的压力。这些都是在对人才层次提出新要求。

(2)人才规格压力。《国家中长期教育改革和发展规划纲要(2010—2020年)》提出"全面提高普通学生综合素质和创新人才培养模式"，《中国制造2025》提出要从"制造大国"迈向"制造强国"，等等。

我国正处在历史转型时期，新旧秩序的交替，经济发展方向的转变，对人才的要求愈发全面。培养的人才不仅要具有丰富的科学理论知识，更要掌握获取知识的途径和方法，还需具有进行科学创新的批判性思维；还要能成为一个世界公民，能与不同文化的人进行交流，成为国际性人才。这些对人才的要求，给正在成长的大学生也会带来心理压力。

大学生是一个具有社会属性的公民，还会受到教育质量与公平、环境污染、经济发展等各方面影响；社会生活中的人际关系、社会政治、风俗习惯、宗教信仰等，这些也会给大学生带来一定的社会压力。

(3)人际交往压力。当代大学生处在新的时代，喜欢进行充满挑战性的活动尝试，试图通过微信、QQ、知乎等多种媒介去了解社会，了解世界，以多种方式来增强师生、生生、朋友间的互动话题，来满足自身的社会需求。不过也存在有些同学不知道如何与人去交往，不掌握交往的方式方法，经常忽略对方感受，缺乏与人互动等，导致学生性格孤僻、心理失落、身心受损，严重的会出现人际交往障碍，直接影响大学生活，给自己带来人际交往的压力。

经济带来的交往压力也是不能忽视的。例如，为了减轻家里的负担，一些大学生会在课余时间进行勤工俭学，同学邀请自己参加集体活动，存在想去也不想去的矛盾，给同学间的正常社会交往带来内在的压力。

3. **情感压力**

情感是大学生活中不可绕开的一个话题，一直都是大学生出现心理危机的高发点。有一句话在校园里一直在流传，"大学不谈一次恋爱就没有上过大学"，这让一部分学生开始跃跃欲试。恋爱是男女双方相互沟通感情的行为方式，是人际关系最亲密的一种社会行为。由于大学生对于爱情的理解不够全面，对爱情的认知存在偏差，常常会出现以下心理压力：

(1)理想爱情的现实压力。每个大学生都希望自己在大学能够收获属于自己的纯洁的爱情，不希望爱情中掺杂有任何的物质，是真挚的感情让他们彼此在一起。可他们发现，现实与自己内心追求的完美无瑕的爱情不一样，对方也不是自己期望的白马王子或白雪公主，理想的爱情被现实物质和双方的性格、爱好、态度等所影响，甚至造成分手。有些同学通过恋爱感觉到理想的爱情在现实中是不存在的，失败也会给自己带来感情的伤害和失落，认为自己在恋爱方面很无能而产生自卑感。

（2）恋爱与学业冲突的压力。大学生的首要任务是学习，但有些学生在恋爱时就忘记了自己的任务，认为爱情是自己大学的全部，看电影、吃饭、购物等成为生活的主体，一直活在自己“浪漫 ”的爱情世界里，浪费时间，荒废学业。从考试不及格到留级、甚至不能正常毕业才发现后果自己已无法面对，无法向父母解释；还有些学生因为恋爱耽误功课，特别是一些专业课落下无法听懂；还有些同学在失恋后，认为自己没有人爱，无法走出受挫的伤害，一直生活在懊悔和痛苦中，严重影响到自己的身心健康。

4. 就业压力

2020 年的高校毕业生多达 874 万人，这是继 2014 年高校毕业生人数突破 700 万之后的一个新高度。毕业生人数在年年攀升，就业难也似乎成了常态，“史上最难就业季”也喊了好几年，给人的感觉就业是“没有最难，只有更难”。

2020 年，受席卷全球的新冠肺炎疫情影响，经济下滑，毕业生人数增加，社会提供的岗位数量减少，使大学生对就业问题更加关注。在以双向选择与自主就业为主导的形式下，如何在就业市场合理进行准确定位，找到自己满意的工作是现实的困难。大学生的期望值很高，却不能客观分析自己，高估自己的能力，在就业选择上也盲目追求城市、环境，而忽略自身能力和社会需求。一些学生怕吃苦，嫌交通不便，工资低，不想下基层，不想去经济落后的地区或者农村工作；在择业过程中，一些学生这山望着那山高，自己想要什么工作最后都没有目标；还有部分学生，由于自身在交往沟通的能力上有所欠缺，导致与用人单位产生误会或者矛盾，最终导致求职失败。

另外，有些学校的职业生涯课程与学生的现实需求不匹配也可能导致学生在就业时遇到困难；还有些学生不关注就业信息，错过各种选择机会，也是就业压力大的原因之一。

以上出现的个人、学校和社会问题，会增加大学生的就业压力，大学生易产生苦闷、失望、自责、挣扎等情绪，当周围“不如自己”的同学都成功就业时，更会加重学生的不良情绪，联想到毕业即失业更容易导致学生出现心理、生理上的压力。

第二节　挫折与心理健康

挫折既是人生前进道路上的障碍,又是人生走向成熟与成功的必经环节。不经风雨难见彩虹。生活中的挫折与磨难不可避免也不可怕。天下无难事,只要肯登攀。正确地面对挫折,创造条件战胜挫折。古今中外,逆境成才的例子很多,如越王勾践卧薪尝胆,左丘失明写成《左传》,司马迁受宫刑而后著成《史记》,当代保尔——张海迪身残志更坚……

一、挫折的内涵

在现实的生活中,普通话不流利的你遭遇同学的嘲笑,心中产生了自卑,使自己变得越来越沉默不语;在发展党员时认为自己足够优秀符合条件,可结果没被党组织批准,自己感觉很委屈;在宿舍中与同学发生了不愉快,导致相处不融洽,害怕开学,害怕住宿舍;当自己的朋友提出分手,感觉好像失去了一切……当你面对这些生活中的经历和感受时,挫折心理就产生了。对于大学生而言,挫折既是打击也是成长的途径,正确地认识我们所遇到的挫折并正确对待,是我们通向成功的必经之路。

1. 挫折:人生遭遇

挫折是指一种情绪状态,是指一个人在某种动机的推动下,为实现目标而采取的行动遭遇到无法逾越的困难障碍时,产生的一种紧张、消极的情绪反应。挫折由挫折情景、挫折认知、挫折反应三个方面所构成。

(1)挫折情景:指对人们有动机、有目的的活动造成的内外障碍或干扰的情景状态或条件,构成刺激情景的可能是人或物,也可能是各种自然、社会环境,如在学校竞选干部失败、生活中别人的挖苦讽刺、人为的不公正等都是造成挫折的情景因素,是产生挫折的重要条件之一。

(2)挫折认知:指对挫折情景的知觉、认识和评价,既可以是对实际遭遇到的挫折情景的认知,也可以是对想象中可能出现的挫折情景的认知。不同的人对相同的挫折情景所产生的主观心理压力也不尽相同,个人的知识结构也会影响其对挫折情景的知觉判断。这是因为每个人的生长环境及所受到的教育并不相同,因此对待事物的看法也不同。这种不同会体现在对于相同问题的不同认知上。如同一个班上的学生同去竞聘一个单位,有的同学就有自信心,有的同学会因怯场而发愁。

(3)挫折反应:指主体伴随着挫折认知,对于自己的需要不能得到满足而产生的情绪反应,如愤怒、焦躁、躲避或攻击等。

挫折情景、挫折认知、挫折反应这三个因素中,挫折认知是核心因素。一般说来,当挫折情景、挫折认知和挫折反应三者同时存在,便构成了典型的心理挫折。如果缺少挫折情景,只有挫折认知和挫折反应这两个因素,也可以构成心理挫折,这是因为主体认知不当的缘故。通常挫折情景越严重,挫折反应就越强烈;反之,挫折反应就会较轻微。但如果个体主观上将严重的挫折情景认知和评价为不严重,其反应就会比较轻微,反之如果将并不严重的挫折情景认知和评价为严重事件,那么也会引起强烈的情绪反应。巴尔扎克曾说过:“世上的事情,永远不是绝对的,结果完全因人而异。苦难对于天才来说是一块垫脚石,对于能干的人是一笔财富,而对于弱者是一个万丈深渊。”

2. 挫折—攻击理论

有关挫折理论的研究,提及得较少。范仲淹在《岳阳楼记》中写道:“不以物喜,不以己悲,先天下之忧而忧,后天下之乐而乐。”在近代我们都是引进西方的心理学研究成果,近年来发生的一些社会反响巨大的挫折事件,引发了一些心理学工作者和教育工作者对挫折的研究和关注。相比较而言,有关挫折的研究,在西方一直是研究的热点,我们主要关注挫折—攻击理论。

20 世纪 30 年代末,社会心理学家 J. 多拉德和米勒在实验的基础上提出,攻击行为往往是挫折的结果,理论基础是弗洛伊德在早期著作中提出的挫折与攻击相联系的基本思想。J. 多拉德和米勒在 1939 年出版的《挫折与攻击》一书中说:“攻击行为的发生总是预先假定了挫折的存在,反过来,挫折的存在总是导致某种形式的攻击。”他们曾进行过“剥夺睡眠”的实验,结果表明,当被实验者被剥夺睡眠 24 个小时且不允许自己活动和不给吃早点后,他们往往采用不友好的语调相互谈论,或提出一些非难性问题攻击实验者。如果直接的攻击可能带来消极的后果,那么攻击的目标就可能转向其他客体,这一现象称为“攻击的转移”。攻击的转移也就是攻击的矛头不是指向引发挫折的根源,而是指向其他的、无关的对象。例如,学生受到老师的无端指责后,感觉到心里面很不好受,又不敢直接向老师开炮,会在路上看到垃圾筒后踢上几脚,或者在教室的桌椅上留下自己的“课桌文化”,等等。米勒认真分析攻击行为这一特点后认为，攻击的转移可以理解为刺激的泛化。

J. 多拉德和米勒总结了挫折与攻击的两条原则：首先，攻击行为的产生与挫折感的强弱、遭受挫折的次数、对攻击行为后果的预期有关；其次，受挫折在遭受挫折后采取何种攻击形式与教养有关。

二、大学生挫折

当代大学生面临着复杂的社会环境，虽然在生理上已基本成熟，但是由于缺乏社会经验，他们在心理发展、人格发展、为人处事上还未达到完善的程度，难免会遇到挫折，从而产生挫折心理，对待挫折的态度将直接关系到能否顺利发展和成长。那么大学生在校易遭遇到哪些困难？又会产生什么样的挫折心理呢？

1. 环境适应挫折

从跨入大学校门的那一刻起，就面临着从中学生向大学生转变的问题。进入大学前，我们把大学生活想象得非常美好，校园风景优美、学习轻松、同学之间亲如兄弟姐妹、生活自由等。进入大学后，学长们会告诉我们要努力学习专业知识、多参加学校的集体活动、多参加社会实践等，要全面发展才能适应未来工作的需要，还要学会适应大学的学习方式、生活方式、人际交往方式等各种人生课题。面对诸多的适应问题，许多大学生往往缺乏心理准备，很多问题使他们困惑迷惘，导致情绪低落、急躁烦闷、无所事事，内心的苦闷无处诉说，或无法调节其焦虑苦恼。尤其刚入学，有的学生很长一段时间不能适应大学生活，不习惯要自己去独自面对一切，感觉到很无助；不能适应自主的学习方式；不能适应没有约束的生活方式，自己不知道如何去安排时间和生活，也许已经付出了最大的努力，可仍感觉到学习吃力且学习效率不高，心里倍感焦虑不安。

2. 人际关系挫折

这种类型的挫折主要表现在同学之间或同学与老师之间的矛盾。因为互相之间缺乏充分的信任和理解，便认为自己受到了别人的蔑视、诽谤、嫉妒、冷漠、猜疑，由此产生强烈的挫折。这类挫折往往是由于同龄人之间缺少忍让、宽容引起的，也有与老师相处不佳而引起的。

大学生普遍具有强烈的交往意识，渴望提高能力，希望扩大交往范围，渴求平等，寻求理解，却往往不能正确进行自我评价。大学生来自五湖四海，每个人的家庭背景、经济条件、成长经历、生活习惯、兴趣爱好等不尽相同，突然生活在一起，必然有一个相互了解适应的过程，有时候在旁人看来微不足道的小事，就可能挑起事端伤了和气，甚至情绪激动导致矛盾激化。有的同学一旦交往失败，就认为同学难相处，朋友难找，于是关闭自己的心灵之窗，把自己局限在很小的圈子内。长期这样很容易产生孤独之感，引发心理问题。

3. 恋爱情感挫折

大学生正处在青春发育的高峰期，随着身体发育的成熟，在心理上渴望得到异性的认可，对爱情充满期待，也希望在收获学业的同时收获自己的爱情。一项对上海市 12 所高校毕业生恋爱成功率的抽样调查发现，大学生恋爱的失败率高达 40%，只有 10% 的学生最终建立了稳固的恋爱关系。企业家李开复在对大学生的信中也曾说，大学生谈恋爱成功率只有 10%，这些人婚后离婚率又占 50%，也就是说 95% 的人要受到伤害。

恋爱关系不仅是一种人际关系，更是一种重要的亲密关系。大学生与他人建立恋爱关系的过程是否顺利，影响着他对自己价值的评价。大学生一旦失恋，不仅会失去情感上的依恋对象，而且会使自尊心受到巨大的伤害。有些大学生会因此而否定自己，对自己能否被爱、被认可产生怀疑。通常表现为：

（1）单恋的困惑。单恋即单相思，指爱对方而不能获得对方爱的回应。单恋一般发生在性格比较内向的同学身上，当发现自己被一异性深深吸引，由于缺乏自信或者知道对方不爱自己仍然自作多情；有的误解对方言行的含义，错把友谊当爱情。如果大学生常把单恋不成功的原因归为自己，极易产生强烈的自卑感，有的甚至自杀。

（2）失恋的困惑。恋爱被否认或中断恋爱关系的行为即为失恋，这对正处于浪漫情怀中的大学生如晴天霹雳，其痛苦是深沉而剧烈的，可能在一个短暂的时间内引起难以压抑的冲动，甚至失控、反常。在大学生的心理问题中，因恋爱挫折导致心里苦闷的比例较高，有的学生甚至产生心理障碍，如果得不到合理的心理疏导，极有可能造成不良后果。

4. 学习目标挫折

学习目标挫折主要指大学生追求的学习目标未能实现而产生的挫折心理。学习目标挫折包括两层含义，一是部分大学生因为高考时未能考取名牌大学而产生的失落感和自卑感；二是个人的学习目标定得过高，实现不了而出现挫折心理。主要表现为以下几点：

（1）对所学专业缺乏兴趣。

（2）学习方法不当。

（3）自我期望值过高。

(4)考试焦虑。考试焦虑是焦虑的一种表现,是指在一定的应试环境下受多种身心因素所制约,以担忧为特征,通过不同程度的情绪性反应所表现出来的一种心理状态。过度的考试焦虑主要表现为考前精神紧张、精神不振、肠胃不适、不明原因的腹泻、多汗、失眠、记忆力减退、注意力不集中、学习效率下降等。

第三节　压力、挫折与应对

处于象牙塔中的大学生由于自身能力、知识和经验的不足,过度的压力会给自己带来情绪和心理上的困扰,遇到挫折是正常和必然的。如何学会管理压力和应对挫折,对大学生而言具有非常重要的意义。

一、压力管理方法

掌握一些应对压力管理的方法,有效缓解压力,增强大学生面对压力时的承受力。

1. 正确认识压力

按照对学生的影响程度,压力可分为轻度压力、中度压力和高度压力。轻度压力比没有压力要好一些,但时间长了适应了轻度压力,人易变得懒散。中度压力对于大多数学生来说是合适的,学生在适当的压力下会变得积极、主动、有朝气且充满活力。高度压力会让大学生感到不能正常的生活和工作,感觉很难受、很烦躁、无精打采,却又不知道如何来应对压力,在情绪和行为上会出现一些异常。

因此,大学生要对压力有正确的认知,不夸大压力,也不要低估自己的能力,应充分利用自己在大学中的优势,通过学习来增强应对压力的能力,也可以请求老师和同学帮助自己来应对压力。同时,大学生要对当前的大学生活有一定的预判,通过分析、观察、判断等来做好压力的应对。

2. 识别压力信号

压力一旦变为高度压力或者产生消极作用,身体就会发出信号。信号的作用是提示人们要合理认知压力,采取适当的方式应对压力。

压力信号分为预警信号和警报信号两种。预警信号是预示着自己没有应对或超出自己应对能力的一种信号。警报信号是自己身心已在压力下出现问题，需要认真对待并调整自己的身心状态，如表6－1所示。

表6－1

	预警信号	警报信号
情感方面	没有安全感，急躁，乱发脾气，有敌对情绪，无精打采，易激怒，空虚无聊，觉得自己无能，失败，对未来充满焦虑	情绪极不稳定，偏执，冷漠，沮丧，绝望，没有自信，迷失自我
智力方面	易走神，注意力不集中，健忘，白日梦，不能做决定，犹豫不决	迷乱，判断错误，有强迫观念，丧失决策能力
生理方面	心悸，胸部疼痛，眩晕，紧张，出汗，体重下降/增加，气短，尿频，头痛，背痛，腹泻，消化不良，出虚汗，胃肠疼痛，失眠或嗜睡，烦躁，四肢僵硬，发抖，颈肩僵硬，疲劳	长期高血压，心脏病，胃溃疡，长期感觉到疲劳，体重迅速增加/下降
行为方面	无法发挥自己全部的能力，易冲动，拘谨，不合群，抽烟和喝酒没有节制，暴饮暴食，使用镇静剂，服用安眠药	酗酒，无故旷课增多，经常出错，有危险的行为，服用兴奋剂，长期愤世嫉俗，开始穿奇装异服

3.减压放松方法

放松是指身体或精神由紧张状态朝向松弛状态的过程。压力来临时，紧张不断积累，压力体验逐渐增强，此时持续数分钟的放松往往比一小时睡眠的效果还好。比较常用的放松方法有游泳、做操、散步、听音乐等。通过放松有意识地控制自身的心理和生理活动，可以降低机体唤醒水平，增强适应能力，调节因压力反应而造成的心理生理功能紊乱。放松的方式很多，如全部放松、渐进放松、直接放松、想象放松、静坐放松、呼吸放松、肌肉控制放松等。

对于压力采用放松训练之外，还可以采用以下方法：了解自己，制订与自己相符并可行的目标；学会工作和休息有机结合，培养业余爱好；加强有规律的体育锻炼，增强压力的应对能力；建立个人的社会支持系统，寻求心理帮助；改变不合理认知，建立积极心理反应和情绪反应；恰当处理压力的应激源，消除应激因素阻止应激状态的产生。

4.有效学习计划

大学生学业与活动之间会产生冲突，每天疲于应对学校或社会的各种活动,造成学习时间常常不够,甚至耽误学习,也没有时间发展兴趣爱好。很多学生常常天天在忙碌,却还没有达到要求,自己也很失落,因此应做一个学习计划来减轻时间带来的冲突,合理安排自己的时间。

大学生在做有效的学习计划时需注意以下几点:根据自己的学习情况,合理规划学习的近期、中期和长远目标;每项任务在内容上要具体,数量要适当,时间分配要恰当;每周检查学习计划,比对计划,及时总结,查找原因,及时调整;分清学习的轻重缓急,重点工作和紧急工作应先做;计划中要留出时间进行体育和休闲活动;积极做好时间管理,合理规划时间任务,提高工作效率;利用自己的生物钟,善于运用碎片时间,尽最大可能发挥时间的效能。

二、压力挫折应对

人生不可能一帆风顺,大学生在生活和学习中总会遇到这样或那样的困难和挫折。毕业求职的失意、学业上的苦恼、恋爱的失败、人际关系的不畅通等,都会给大学生带来痛苦和烦恼。在面对这些挫折和心理冲突时,要及时调整心态,主动采取切实有效的方法和行动,从容面对,最终战胜挫折。

1. 正确认识挫折

首先,应该认识到挫折的两重性,即挫折一方面对人有消极的影响,如挫折会影响个体实现目标的积极性,降低个体的创造性思维,损害个体的身心健康;另一方面也有积极的作用,如挫折能增强个体情绪反应的力量,增强个体的容忍力,提高个体对挫折的应对能力。因此,辩证地看待挫折的两面性,就能够变不利因素为有利因素,化消极因素为积极因素,促使挫折向积极方面转化。其次,还应学会对客观事物、挫折情景的正确认识。例如,一些事本算不上什么挫折,却被"认真"当作挫折;一些虽可称得上挫折,其实可能是日常生活中"鸡毛蒜皮"的小事。

(1)认识挫折产生的必然性。人生道路本来就布满荆棘,对于挫折的发生要有充分的思想准备,不必感叹命运的捉弄,要学会及时分析原因,吸取经验教训,从而不断地提高自己对挫折的应对能力。

(2)理性认知挫折的普遍性。人的一生不如意的事经常发生,很多同学认识不到这一点,对别人的顺利和幸福很关注、很在意,甚至达到嫉妒的程度;但对别人的不幸却麻木不仁、不闻不问。有这种心理陋习的人,一旦自己遇到不幸,感觉就异常强烈,因为在他们眼里别人过得很幸福、很快乐,只有自己才倒霉、命苦,进而心灰意冷、悲观失望。

(3)正确认识挫折的积极意义。挫折可能是弱者的坟墓,使人在成长的道路上夭折;也可能是磨炼强者的火炉,使人百炼成钢。

(4)建立“失败”的正确观念。大学生对失败比较敏感,害怕失败,害怕挫折。因此,大学生首先应对“失败”有科学的认识,建立“失败”的正确观念。正确认识到每一次失败都使我们获得了更多的知识与经验,便于我们再进行时,能够进一步地接近成功。“吃一堑,长一智”,挫折使大学生学会反省、思考、总结、探索、创造,再面对挫折之时,能泰然处之。

(5)能够认识到“失败也是我所需要的”。巴尔扎克说过:“不幸,是天才的晋身之阶,信徒的洗礼之水,能人的无价之宝,弱者的无底之渊。”也就是说,在现实生活中,在充满荆棘的人生道路上,只能脚踏一个个失败和挫折,才能走向成功。大学生要想成为社会所需要的人,就要勇于面对挫折,战胜困难,使挫折成为我们人生的催熟剂。

2. 学会正确归因

心理学家韦纳对人们失败的原因进行了研究,认为在一般情况下,失败是由客观因素(包括任务难度和机遇)和主观因素(人的能力与努力)造成的。把失败归因于主观因素,会使人感到内疚和无助;把失败归因于客观因素,会产生气愤和敌意。

大学生应当正确分析自己成败的归因模式,特别要注意避免韦纳指出的两种错误的归因模式。例如,有的大学生总是把学习失败归因于外在因素,认为自己运气不好或埋怨老师的命题和评分,而不是去努力克服困难或改变失败的处境。有的学生认为成绩不好是由于自己学习不努力造成的,一味地自责让自己很有压力。以上两种归因,都不可能找出造成挫折的真实原因。因此,大学生首先要学会客观了解信息,客观冷静地分析自己失败的原因,避免归因的片面性,实事求是地做出客观、准确、符合实际的归因,从而有效地应对挫折。

3. 调整抱负水平

抱负水平是指一个人在从事某种活动之前,对自己所要达到的目标的期望值。一个人对目标期望值越高,他的抱负水平就越高;反之,其抱负水平就越低。抱负水平是一个人对自己所要达到的成就的一种愿望,与其实际的成就并不完全相符。抱负水平并不是越高越好,适度的抱负水平,是避免挫折和失败,获得自信与成功,使个体得以顺利发展的重要因素。所以,根据个人的实际情况确定适宜的抱负水平非常重要。

(1)影响抱负水平的因素。影响一个人抱负水平高低的因素有很多,主要因素有以下几个:个体成就动机的高低。我们在前面已提到过成就动机,它是推动人们从事某项工作以达到某种理想结果的力量。成就动机的高低因人而异,相应地,抱负水平的高低也因人而异。成就动机高的人追求成功心切,因而其抱负水平也较高;成就动机低的人在逃避失败与追求成功的二者中更偏重于前者,因而其抱负水平也就较低。

过去成败经验的影响。过去的成败经验会直接影响到一个人目前的抱负水平。过去有着较多成功的经验,则会增强一个人的自信心,使他对未来的成功有着更多的信心与期待,从而形成较高的抱负水平。如果过去失败的次数较多,则会使人对自己的能力产生怀疑,对自己信心不足,总怕自己会遭到更多的失败,为了逃避失败,个体便会确立一个较低的抱负水平,力求在这个水平上获得成功。

外部环境的影响。抱负水平的确立不仅受个体自身因素的影响,还受外部环境因素的影响。父母、老师及朋友的期望,个人所处的团体乃至所生活的社会的风气等外部因素,都会直接影响到个体抱负水平的高低。长辈的期望高,个体便会确立较高的抱负水平以满足这个期望;团体或社会若形成一种追求高目标的氛围与风气,则处于其中的个体也会形成一个较高的抱负水平。

影响抱负水平的因素有许多,这里只简单介绍了几个因素,它们对抱负水平都有着重要的影响,且它们之间彼此相互依赖,共同对抱负水平的高低产生影响。

(2)确立适宜的抱负水平。心理学研究表明,学生抱负水平的高低与变化受个人的学习成败经验的影响。对经历早期失败、缺乏学习信心、丧失成功希望、自暴自弃、害怕挫折的个人,要注意创设条件,帮助他们获得好成绩、取得进步,使他们体验到成功的满足与快乐,从而提高学习的自信心与抱负水平,鞭策自己努力奋斗,发挥潜能,获得成就感。在遭遇挫折时,也能经受得住,并善于从失败中吸取教训,获得成功。对盲目自信、自我评价过高而经常体验到挫折感的个人,要引导他们客观分析自己,全面、辩证地认识、评价自己,提出切实可行的、经过努力可以达到的目标,即适宜的抱负水平。学生只有通过追求这种既包含成功希望,又有可能遭到失败的目标,才能培养起自己对挫折的容忍力,并克服一定的困难和障碍,超越挫折,获得成功。

(3)授人以渔的耐挫方法。古人云,给人点石成金,不如教人点石成金术;授人以鱼不如授人以渔。下面介绍几种耐挫方法。

转移法:当学生思想压力过重时,要引导学生转移精神上的压力,缓解焦躁的情绪。例如,与自己认为知心的人倾诉,到学校的心理中心宣泄室发泄自己的不愉快,写日记等。

名言警句调节法:针对自己的个性找一些名言、警句、格言,以提醒自己,在自己情绪不好时能控制自己、勉励自己。

调整目标法:引导学生要进行积极的自我分析、自我反思、自我剖析、敢于实事求是地找出自己的不足,正视现实中的自我与理想的自我,确立符合自身的现实目标,在成功之后再向自己新的目标攀登。

团体活动法:如通过团体活动增加同学对团体力量的体验,体会到自己是集体中不可缺少的一分子,增强成员的集体荣誉感,增强自信心,提高耐挫能力。

思考主题:压力何以应对

1. 什么是压力?压力有哪些表现?
2. 大学生的压力从何而来,压力之下身心有哪些反应?
3. 压力对我们的健康有什么影响?
4. 我们该如何有效应对压力?

心理测验:应对方式量表

填表方法:此表每一个条目有两个答案:“是”“否”。请根据自己的情况在每一个条目后选择一个答案,如果选择“是”,则继续对后面的“有效”“比较有效”“无效”做出评估。在每一行的○里打√,表示你的选择。

题号	题目	是	否	有效	比较有效	无效
1	能理智地应付困境	○	○	○	○	○
2	善于从失败中吸取经验	○	○	○	○	○
3	制订一些克服困难的计划并按计划去做	○	○	○	○	○
4	常希望自己已经解决了面临的困难	○	○	○	○	○
5	对自己取得成功的能力充满信心	○	○	○	○	○
6	认为“人生经历就是磨难”	○	○	○	○	○
7	常感叹生活的艰难	○	○	○	○	○
8	专心于工作或者学习以忘却不快	○	○	○	○	○
9	常认为“生死有命，富贵在天”	○	○	○	○	○
10	喜欢找人聊天以减轻烦恼	○	○	○	○	○
11	请求别人帮助自己克服困难	○	○	○	○	○
12	常只按自己想的做，且不考虑后果	○	○	○	○	○
13	不愿过多思考影响自己的情绪的问题	○	○	○	○	○
14	投身其他社会活动，寻找新的寄托	○	○	○	○	○
15	常自暴自弃	○	○	○	○	○
16	常以无所谓的态度来掩饰内心的感受	○	○	○	○	○
17	常想“这不是真的就好了”	○	○	○	○	○
18	认为自己的失败多是外因所致	○	○	○	○	○
19	对困难等待观望，持任其发展的态度	○	○	○	○	○
20	与人发生冲突，认为多是对方性格怪异引起	○	○	○	○	○
21	常向引起问题的人和事发脾气	○	○	○	○	○
22	常幻想自己有克服困难的超人本领	○	○	○	○	○

续表

题号	题目	是	否	有效	比较有效	无效
23	常自我责备	○	○	○	○	○
24	常用睡觉的方式来逃避痛苦	○	○	○	○	○
25	常借娱乐活动来消除烦恼	○	○	○	○	○
26	常想些高兴的事自我安慰	○	○	○	○	○
27	避开困难以求心中宁静	○	○	○	○	○
28	为不能回避困难而懊恼	○	○	○	○	○
29	常用两种以上的办法解决问题	○	○	○	○	○
30	常认为没有必要那么费力去争取成败	○	○	○	○	○
31	努力去改变现状,使情况向好的一面转化	○	○	○	○	○
32	借烟或借酒消愁	○	○	○	○	○
33	常责怪他人	○	○	○	○	○
34	对困难常采用回避的态度	○	○	○	○	○
35	认为“退一步自然宽”	○	○	○	○	○
36	把不愉快的事埋在心里	○	○	○	○	○
37	常自卑自怜	○	○	○	○	○
38	常认为这是生活对自己不公平的表现	○	○	○	○	○
39	常压抑内心的愤怒与不满	○	○	○	○	○
40	吸取自己或他人的经验去应付困难	○	○	○	○	○
41	常不相信那些对自己不利的事	○	○	○	○	○
42	为了自尊,常不愿意让人知道自己的遭遇	○	○	○	○	○
43	常与同事、朋友一起讨论解决问题的办法	○	○	○	○	○

续表

题号	题目	是	否	有效	比较有效	无效
44	常告诫自己“能忍者自安”	○	○	○	○	○
45	常祈祷神灵保佑	○	○	○	○	○
46	常用幽默或玩笑的方式缓解冲突或不快	○	○	○	○	○
47	自己能力有限，只有忍耐	○	○	○	○	○
48	常怪自己没出息	○	○	○	○	○
49	常爱幻想一些不现实的事来消除烦恼	○	○	○	○	○
50	常抱怨自己无能	○	○	○	○	○
51	常能看到坏事中有好的一面	○	○	○	○	○
52	自感挫折是对自己的考验	○	○	○	○	○
53	向有经验的亲友、师长求教解决问题的方法	○	○	○	○	○
54	平心静气地淡化烦恼	○	○	○	○	○
55	努力寻找解决问题的办法	○	○	○	○	○
56	选择职业不当，是自己常遇挫折的主要原因	○	○	○	○	○
57	总怪自己不好	○	○	○	○	○
58	经常看破红尘，不在乎自己的不幸遭遇	○	○	○	○	○
59	常自感运气不好	○	○	○	○	○
60	向他人诉说心中的烦恼	○	○	○	○	○
61	常自感无所作为而自暴自弃	○	○	○	○	○
62	寻求别人的理解和同情	○	○	○	○	○

第七章 求助与帮助——支持心理教育

【安慰剂效应】

——相信有效即疗愈,预期无效则恶化——

原义:安慰剂效应(我将受到安慰)指病人虽然获得无效的治疗,但却“预料”或“相信”治疗有效,而让病患症状得到舒缓的现象。有人认为这是一个值得注意的人类心理—生理反应,但亦有人认为这是医学实验设计所产生的错觉。安慰剂效应于1955年,由毕阙博士提出,亦称“受试者期望效应”。

反安慰剂效应(我将受到伤害),病人不相信治疗有效,可能会使病情恶化。反安慰剂效应可以使用检测安慰剂效应相同的方法检测出来。例如,一组服用无效药物的对照群组,会出现病情恶化的现象。这个现象被认为是由于接受药物的人士对于药物的效力抱有负面的态度,因而抵销了安慰剂效应,出现了反安慰剂效应。这个效应并不是由所服用的药物引起,而是基于病人心理上对康复的期望。

应用:心理咨询安慰剂效应指心理咨询者在咨询中向来访者提供“安慰剂”,使来访者由于期望而促进心理障碍减轻或病情好转的心理现象。心理咨询“安慰剂”包括咨询环境、咨询者形象、咨询者言语和非言语技术的建构。心理咨询与临床医学“安慰剂”的不同在于,它更强调咨询者本身的形象、对来访者的引导和心理咨询环境的建设,对个体认知改变、心理适应和发展甚至比药物“安慰剂”作用更大。

第一节　心理咨询:助人成长的艺术

一、心理咨询的概念

1. 心理咨询定义

英文 counseling 一词,国内译为“心理咨询”。

(1)国外定义。《美国精神病学语汇表》定义为“心理咨询是一种谈话和讨论的治疗方法,其中供咨询者向求询者就一般或特定的个人问题提供建议或辅导”。英国《精神病学词典》定义为“心理咨询是一种征询和讨论的过程,其中咨询者向求询者就一般的或特定的个人问题提供建议或辅导”。

(2)国内定义。心理咨询是指运用心理学的方法,对心理适应方面出现问题并企求解决问题的求询者提供心理援助的过程。需要解决问题并前来寻求帮助者称为来访者或者咨客,提供帮助的心理咨询师或专家称为咨询者。来访者就自身存在的心理不适或心理障碍,通过语言文字等交流媒介,向咨询者进行述说、询问与商讨,在其支持和帮助下,通过共同的讨论找出引起心理问题的原因,分析问题的症结,进而寻求摆脱困境解决问题的条件和对策,以便恢复心理平衡、提高对环境的适应能力、增进身心健康。

(3)广狭定义。“广义心理咨询”包括心理咨询和心理治疗,有时心理检查、心理测验也被列为心理咨询的范围;“狭义心理咨询”不包括心理治疗和心理检查、心理测验,只局限于咨访双方通过面谈、书信、网络和电话等手段向来访者提供心理救助和咨询帮助。

2. 心理咨询特征

美国《哲学百科全书》也认为,心理咨询有以下几个方面的重要特征:

(1)主要着重于正常人。

(2)对人的一生提供有效的帮助。

(3)强调个人的力量与价值。

(4)强调认知因素,尤其是理性在选择和决定中的作用。

(5)研究个人在制订总目标、计划以及扮演社会角色方面的个性差异。

(6)充分考虑情景和环境的因素,强调人对于环境资源的利用以及必要时改变环境。

3. 咨询治疗不同

(1)工作任务不同:心理咨询的任务主要在于促进成长,强调发展模式,帮助来访者发挥最大的潜能,为正常发展消除路障,重点在于预防。而心理治疗多在弥补病人过去已经形成的损害,解决和改变发展结构障碍。

(2)对象情景不同:心理咨询遵循教育的模式,来访者多为正常对象,主要涉及日常生活问题,一般在学校、单位、心理咨询机构等情景中开展工作。心理治疗的对象是心理异常的病人,是在临床和医疗情景中开展工作。

(3)工作方式不同:心理咨询应用多数需要介入来访者的生活环境,与来访者的家庭、亲友取得联系,应用更多的日常生活设施(如电话咨询等),设计和组织学习小组和各种团体活动。而心理治疗的形式则更多为成对会谈。

(4)问题取向不同:心理咨询具有现实指向的性质,多涉及意识问题,如有关职业选择、培养教育、学习辅导等。除此之外,心理治疗涉及内在的人格问题,更多的是与无意识打交道。

二、心理咨询的功能

1. 认识内心冲突

心理咨询可以帮助求助者认识到自身的问题主要是由尚未解决的内部冲突引起的。很多寻求咨询的人往往认为他们的问题是由于他们自身之外的因素造成的。这时咨询者采取的重要步骤就是让求助者认识到,大部分心理问题的发生是源于自己尚未解决的内部冲突,外部环境只不过是一个舞台,冲突便在这个舞台上展开。人们所遇到的压力问题、适应问题、人际问题等,正是其内部冲突的外部表现,要解决问题,最重要的是使自己在某些方面有所改变,以使问题有所缓解。并且,在咨询过程中,求助者将逐渐认识到,只要改变了自己的内部冲突,不仅问题得到了解决,同时自己也变得更加坚强。

2. 积极面对现实

心理咨询可以帮助求助者更加有效地面对现实问题。前来咨询的人在应对现实问题时,往往采取一些无效防御反应,如逃避、理想化及过分责备他人等。但他们同时还认为自己对现实的认识是清楚的,解决问题的办法也是正确的,而事实上这些方法无助于他们解决现实问题,只会让他们陷入更大的困扰或症状当中。通过咨询可以帮助求助者更加全面、客观地认识自己和外部世界,并采取积极有效的方式去解决所面对的问题,引导求助者回到现实中来,对现实体验敞开胸怀，勇敢地去承受现实中的合理痛苦。只有学会将过去的经验、现在的行动和对未来的理想境界统一起来，投身现实去做切实的努力，才能坚实地走向未来。

3. 引导自我探索

心理咨询可以帮助求助者探索和发现真实的自我。关于自我的问题，在求助者当中不外以下三种类型：①有些人能明确认识自己但却要制造假象给别人看；②有些人认为已经认清了自己，但实际上并非如此；③还有些人则对自己感到迷惑不解，不知自己到底是什么样的人。通过咨询，求助者可以真正地认识自己的需要、价值观、态度、动机、个性特征等，根据自己的心理状况设计自己的行为，从而尽可能快地成长并获得最大程度的进步。这也就意味着，咨询不仅可以帮助求助者认清自己，而且让他们根据这个真实的自我促使人格完善。

4. 建立良好关系

心理咨询可以帮助求助者建立良好的人际关系。真正的心理咨询师必须心理健康，并且全心全意地关心和帮助求助者，同时具备丰富的心理咨询专业知识和助人技巧。求助者在现实生活中，可能有些人关心他们，但却不一定持久，或者并不一定在心理上比他们健康，而且可能缺乏专业的知识和助人技巧。换句话说，尽管咨询师不一定十全十美，但他们应该比求助者所接触的所有其他人更有能力提供一种健康的和有益的相互关系。而且，这种相互关系中的许多特征在其他关系中不常遇见。求助者经过咨询师的帮助，能够把他与咨询师的关系以及发展关系的经验，成功地应用于其他人际交往之中。

5. 增加心理自由

心理咨询可以帮助求助者增加心理的自由度。大多数求助者至少在一个相当重要的方面缺乏心理自由。例如，很多人从来不敢承认自己有过失或缺点（让别人知道自己存在不足的自由），或者是不愿意让别人失望（使别人失望的自由），以及不能容忍自己存在互相矛盾的情感（允许矛盾情感同时存在的自由）等。通过咨询，求助者可以发现他们到底在哪些方面缺乏自由，进而增加这种自由，当人们都能觉察自己复杂的感情并能够接纳的话，他们就会逐渐理解自己前后矛盾的行为，并在解决问题的道路上迈出重要的一步。

6. 纠正错误观念

心理咨询可以帮助求助者纠正某些错误观念。许多前来咨询的人头脑中都存有不同性质、不同程度的错误观念，正是这些错误观念导致了他们的心理问题和适应困难。求助者常确信他们十分清楚自己需要什么和正在干什么，而实际上并非如此。心理咨询帮助人们面对那些以前认为“无法解决”的问题；帮助人们坦诚面对沉重的许诺；促使一个人不再自我欺骗。咨询促使求助者有生以来第一次有机会审度其思想观念的准确性，看到这些固有观念怎样导致许多本来可以避免的困境，并帮助他们以更准确地现实观念来置换它；帮助求助者获得对自己做出有利的决定的自由。而有了这个自由，就更有能力做出清醒的、明智的选择，来加速自身的成长，并在生活中获取更大的满足。

7. 做出有效行为

心理咨询可以帮助求助者做出新的有效行为。新的有效行为，是过去未曾尝试过的，且行为给需要带来满足，如友好关系的体验、成就感等。启发、鼓励和支持求助者采取新的有效行为，可以是公开的和直截了当的，包含明确的建议和具体的指导，也可以是含蓄的、间接的或暗示性的。只要鼓励求助者采取导致欲望满足的有效行为，就可以减少烦恼。

现代社会迅速发展，人际交往和人们的需求日趋复杂，从而对人们的社会适应提出了日益增长的要求。人们需要被理解、被关注，需要相互支持，也需要知识、指导和准确理解现实的能力。总之，人们需要心理的成长和发展。心理咨询适应了这种要求，通过咨询，人们获得理解的体验，对现实的认知得到发展，行为得到指导，从而获得精神成长的经验积累，个人潜能释放，工作学习将更有成效。同时，心理咨询促进了心理健康水平的发展，不但有利于身体健康，而且由于良好行为的不断增加，社会文明程度也进一步提高，人们的生活质量也将大大提升。

第二节　心理咨询：大学生成长辅导

一、大学生心理咨询的内容

1. 高校心理咨询

（1）咨询对象：高校心理咨询的主要对象是大学生，它是经过专业训练的心理咨询师运用心理学的原理和方法，对在校学生的学习、适应、发展、择业、情感等问题给予直接或间接的指导、帮助，并对有关心理障碍或轻微精神疾患进行诊断、矫治的过程。

(2)咨询目的:大学生心理咨询面向全体学生提供心理辅导。除了为有心理疾病的学生进行咨询和治疗外,更多的是帮助心理困惑的学生实施有效调节,提高他们的心理素质,充分开发潜能,促进健康成长。高校心理咨询主要解决大学生的心理健康困扰,目的是提高大学生心理健康水平,更好地适应学校、自我成长和长远发展。

2. 常见心理困扰

(1)适应困扰:新生进校后的适应困难,如环境改变,远离父母,独立生活,角色转换,学习内容和学习方法的改变。毕业离校前有适应社会的困难,如将要进入社会前的忐忑不安,对将要从事的工作不了解或不满意,将与同窗好友离别等。

(2)学习困扰:学习困难,成绩不好或没有自己期望的那样好;动力不足,专业不满意,学习方法不当;考前焦虑,考试不及格,面临重修、补考、留级、退学等学习挫折;考试作弊心理;学习障碍成绩波动过大、厌学等。

(3)恋爱困扰:失恋,热恋中的行为不当,恋爱遭家长反对,单相思、暗恋等。

(4)人际困扰:与老师关系不佳,与同学关系不合,孤僻、争吵、打架、被欺骗等。

(5)工作困扰:社会工作和学习发生冲突,辛勤工作却得不到理解承认,感到自己有负众望,工作得不到同学的支持;组织活动不成功或未达到预期目的,或结果没有自己期望的那样好;竞选学生干部失败;等等。

(6)情绪负性:情绪忧郁,沮丧,失望,无助,等等。

(7)躯体健康:患病,睡眠障碍,疼痛,等等。

(8)意外事件:交通事故,失窃,受伤,受辱,被人误会,等等。

(9)性的困惑:手淫,婚前性行为的把握,等等。

(10)求职择业:职业与性格不匹配,缺乏应试技巧,毕业心理准备不足,等等。

(11)精神问题:各种类型的精神障碍,如抑郁症、精神分裂、焦虑症、强迫症等。

(12)其他问题:家庭经济困难,家庭成员不和或父母离异,家庭成员患病或死亡,家庭遭到灾难,厌食或贪食,心理危机,等等。

二、大学生心理咨询的类型

大学生心理咨询的类型按照不同的标准可有不同的划分。

1. 按咨询性质划分

(1)发展性咨询:咨询对象是无明显心理冲突,基本适应环境和健康人群。咨询内容针对成长中不同阶段出现的心理困惑和心理问题进行心理辅导,如求学择业问题、职业适应和发展问题,等等。咨询目的是引导求助者更好地认识自己,扬长避短,充分发挥潜能,提高学习和生活质量。

(2)健康性咨询:咨询对象在现实生活中有各种烦恼和压力,有明显的心理矛盾和冲突,在新生入学后对环境适应不良而焦虑,因学习成绩上不去而苦恼,因单恋或失恋而不能自拔、过度自卑等。咨询目的是排除心理困扰,减轻心理压力,提高适应能力。

(3)障碍性咨询:咨询对象患有某些心理疾病,影响正常的学习和生活,求治心切,如焦虑症、抑郁症、强迫症等。咨询目的是帮助有心理障碍的来访者挖掘病源,找到对策,克服心理障碍,恢复心理健康。需要注意的是,心理问题严重到心理障碍的程度,必须要接受系统的心理治疗,配合药物,心理咨询只是辅助手段。

2. 按咨询人数划分

(1)个体咨询:这是一对一的心理咨询模式。个体咨询可以选择面谈咨询,也可以通过电话、信函等途径进行。由于这种咨询没有他人在旁,咨询对象一般顾虑较少,可以毫无保留地表达自己内心的真实思想,倾吐内心的秘密,所以它是心理咨询中最常用的类型。

(2)团体咨询:相对个体咨询而言,团体咨询的人没有固定的标准,但人数太多不利于讨论,如人数超过 20 人,可分为小组进行。团体咨询是一种在团体情境下提供心理帮助与指导的咨询形式,即由咨询人员根据求助者问题的相似性或求助者自发组成课题小组,通过共同商讨、训练、引导,解决成员共同的发展或共有的心理问题。团体咨询既是一种有效的心理治疗,也是一种有效的教育活动。如根据大学生的人际交往、情绪管理、学习等不同心理问题,可以开展时间长度为 8 ~ 10 周的小组咨询。

3. 按咨询对象划分

(1)直接咨询:直接咨询是通过咨询师与来访者的直接交往,使问题得以解决。直接咨询有助于咨询师对来访者的问题准确了解和对症下药。

(2)间接咨询:间接咨询是由咨询师向当事人的家长、朋友、老师等了解其心理问题,并通过他们实施指导。这种咨询的效果取决于如何正确地处理好咨询师与中介人的关系,使咨询师的意见为当事人接受并合理实施。

三、大学生心理咨询的形式

1. 门诊咨询

来访者直接到专门的心理咨询机构咨询，它是个体咨询中最常见也是最主要的形式。来访者可以充分详尽地倾诉，使内心的负面情绪得到及时的宣泄和舒缓。咨询师可以对来访者进行直接观察，了解当事人的心理状态，有助于对来访者的个性、心理健康状况、心理问题的严重性进行了解和评估，并做出准确的诊断。

2. 电话咨询

利用电话给咨询对象以聆听、劝告和安慰的心理咨询方式。通过电话架起心理沟通的桥梁，当一个人由于一时的冲动而采取某种冒险行为的时候，当他苦恼甚至痛不欲生的时候，如果拨通了心理咨询电话，就可以得到意想不到的关怀和温暖，在心理上得到舒展和慰藉，甚至会把一个人从死神手中拯救出来。

3. 信件咨询

针对咨询对象即来信人描述的情况以及提出的问题，咨询师以通信的方式进行疏导教育的一种形式。书信咨询可以打破地域的限制，避免当面咨询可能带来的尴尬局面。但由于双方不能直接面谈和对话，因而不利于深入了解情况，咨询师只能给些原则性的疏导意见，很难深入具体的指导；此外，受来访者文字表达能力的限制，咨询师有时无法把握来访者问题的关键，影响咨询效果。

4. 网络咨询

咨询对象通过网络与咨询者交谈的咨询方式，可以利用 QQ、微信、BBS 等快速的网络通信方式开展咨询。这种咨询方式与书信咨询方式类似，但较书信方式迅速及时。目前，网络咨询受文字表达和理解能力的限制，咨询效果同样受到影响。但随着网络多媒体技术的发展，语音与图像的应用，使网络咨询有了重大的突破和发展。

5. 宣传咨询

通过校园心理知识小报、广播、LED 等大众传媒形式对群体的典型心理问题进行解答。这种咨询形式在我国高校比较普遍。如许多高校都开设了心理健康咨询专栏或专题节目，在大学生听众的来信中，选择典型心理问题在校园心理知识小报、广播栏目等渠道作答或请专家给予答复。事实证明，一个好的专栏或节目往往受到众多群体的关注，这也是其他方式的咨询所不能及的。

6. 现场咨询

高校心理健康教育机构的专业教师深入到同学中，为广大咨询对象提出的各种问题给予解答的一种形式。在我国,由于心理咨询服务尚未构成合理的组织体系,高校的心理咨询人员严重不足,为了满足人们的需要,专业人员适当地开展现场咨询是非常必要的。如在新生入学后不久、重要考试前夕、就业前夕等关键时刻开展现场咨询较为合适,这样可以满足众多同学的共同需求。

第三节 心理咨询:大学生何以求助

一、大学生心理咨询的意义

1. 形成正确自我意识,培养健全人格

大学生只有正确认识和评价自身优缺点,才能更好地适应大学的学习和生活。相当多的大学生不能客观、全面、正确地评价自己,经常出现自我意识偏差。有些大学生由于自我感觉良好而过高评价自己,容易出现自负心理;还有一些大学生由于自轻自贱而过低评价自己,容易导致自卑心理。心理咨询能指导大学生认识和检查自己人格发展的合理性,使其正确认识自我、接纳自我,恰当地表达自己的情绪,为大学生提供认识自我和悦纳自我的机会。借助心理咨询,大学生可以澄清自己的需要、态度和动机,了解自己的长处和短处,对自己形成正确的认识,积极调整自我,提高环境适应的能力。

2. 增强自我调适能力,提高心理素质

心理素质是个体在遗传的基础上,通过后天教育和环境影响形成的较为稳定的基本心理品质和心理能力,是影响大学生学习和生活的重要心理品质。当今社会,新旧观念的相互撞击、社会竞争的加剧、生活节奏的加快、生活方式的多元化及价值观念的巨变,都对大学生的心理和行为产生较大的冲击和压力。对于大学生来说,大学生活中有太多的不如意,环境适应不良、考试失利、评优失败、人际冲突、恋爱受挫等原因均会引发紧张、焦虑、抑郁、自卑、愤怒等负面情绪。心理咨询可以帮助大学生调整认知方式,改变思维模式,全面客观地认识自己以及面临的问题,尤其是通过教会大学生自我调适的方法来帮助其及时疏导和宣泄不良情绪,缓解心理压力,恢复心理平衡,以此改善其应对方式去解决所面临的问题,在此过程中使心理素质不断提高。

3. 提升心理健康水平，促进自我成长

心理咨询可以使大学生及时了解自己身心发展存在的障碍、缺陷及其他困扰问题，可以帮助大学生客观地认识自己，优化心理品质，预防和缓解心理障碍和心理问题。心理咨询可指导大学生进行自我心理调适，消除心理困惑，自觉培养坚韧不拔的意志品质，增强承受和应对挫折的能力，提高心理健康水平，更好地适应社会生活。

助人成长是心理咨询和心理健康教育的主旋律。心理咨询可以促进大学生的心理成熟，增强其自主性和自我完善。心理咨询会使大学生将个人不愉快的经历，当作自我成长的良机，使大学生积极地看待个人所经受的挫折与磨难，帮助大学生从困惑和迷茫中挣脱出来，从危机中看到生机，从困难中看到希望，辩证地看待生活中的喜怒哀乐，总结经验以增强生活智慧，更好地应对今后生活中可能出现的挫折，促进大学生健康成长。

4. 影响团体态度行为，促进全面发展

通过大规模的课堂教学以及课外的心理素质训练和指导，可以影响团体的态度和行为方式。比如，在学校心理咨询中，学校心理咨询工作者依据一定的心理学原理对广大咨询学生实施科学的学习指导和行为指导，如运用有关职业或专业信息与测量工具对毕业生进行升学指导和就业指导。

二、大学生心理咨询的特点

1. 非正规心理咨询的特点

帕特森认为非心理咨询的特点如下：

(1)心理咨询并非信息的提供，尽管在咨询过程中有信息的提供。

(2)心理咨询并非是建议地提供。

(3)心理咨询不是通过劝导的方式去改变人的态度和行为(牧师心理学)。

(4)心理咨询不是通过威胁、警告等方式改变人的态度(犯罪心理学)。

(5)心理咨询不是对工作和行为的分派(人事心理学)。

(6)心理咨询不是会话，尽管会话是咨询的一个重要过程。

2. 帕特森心理咨询的特点

帕特森在此基础上提出了心理咨询的特点：

(1)心理咨询关注的是来访者主动和自愿的行为变化。

(2)心理咨询的目的是为来访者自主的行为变化提供条件。

(3)和其他所有关系一样，这种关系对来访者有一定的限制。

(4)促使来访者行为变化的条件是通过会话的过程提供的(虽然不是所有的会话都是咨询,但是咨询要通过会话的过程完成)。

(5)心理咨询过程的倾听是一个重要部分,但并非所有倾听都是咨询。

(6)咨询者理解来访者(与对其他人的理解有区别,这种理解是质的理解,是通过有关理论和知识的理解)。

(7)心理咨询是在私人环境中进行的,讨论也是秘密进行的。

3. 大学生心理和心理特点

大学生正处在青年中期,这个时期,身体还在继续成长发育,各种器官和机能趋于成熟,世界观在逐步形成。思维、记忆、情感、意志、兴趣、能力、气质、性格处在形成和发展的旺盛时期。心理发展水平一般情况是“正在迅速走向成熟而又未真正完全成熟”。

大学生主要的心理特点:精力旺盛,朝气蓬勃,情绪情感强烈;富有理想,积极向上;自我意识逐渐成熟,不断进行自我探索,但容易产生自我意识的矛盾;逻辑思维的独立性与判断性增强,但容易出现固执己见的现象;闭锁性所导致孤独感与强烈交往需要的矛盾;独立性与依赖性矛盾;强烈求知欲与识别力差的矛盾;情绪与理智的矛盾;愿望、幻想与当前现实的矛盾;性生理与性心理发展不平衡的矛盾;强烈的性意识与正确对待异性关系的矛盾;等等。

4. 大学生心理咨询的特点

大学生心理咨询必须以大学生为对象和出发点,必须根据大学生的生理特点和心理特点,结合实际情况,以帮助大学生的健康成长为最终目标。因此,大学生心理咨询就是专业人员运用理论知识和技术,通过咨访关系,给大学生以心理上的帮助,使其健康成长的过程。

大学生心理咨询的特点,从总体上来说,是帮助正常人群在生活中化解各类心理问题,克服各种心理障碍,矫治不良行为,理顺人格结构,纠正不合理的认知模式和非逻辑思维,学会调整人际关系,深化自我认知,端正处事态度,构建健康的生活方式,强化适应能力等,最终达到一个目的,即提高个人心理素质,使其健康、愉快、有意义地生活下去。

三、大学生心理咨询的目标

大学生心理咨询的目标,其具体内涵有如下四个方面:

1. 使求助者能正确认识自己的主客观世界

作为一个心理咨询师,当你面对一位求助者,企图通过改善他的认知去帮助他的时候,第一任务就应当是帮助他认清自己的主客观世界。帮助他认识到自己尚未解决的内部冲突,意识到主客观世界的相互作用以及人的积极适应能力和潜力,使他认识自己的主客观世界,从而既心理健康,适应社会,又能最大限度地发挥自己的潜能。

2. 纠正不合理的欲望和错误观念

求助者经常确信自己的动机和需要是正确的、合理的,认为自己十分清楚需要什么,但实际上并非如此。他们的心理问题往往是由这种盲目自信和错误观念造成的。

3. 帮助求助者学会积极面对现实

人们需要面对现实的勇气,而逃避现实并不困难,他们只要用全部时间回味过去、计划未来,现实问题就可以被排挤出局。为此,心理咨询师的重要任务之一,就是帮助求助者回到现实中来。

作为心理咨询师,可以非常肯定地告诉来访者,对于我们的生存有真实意义的仅仅是我们的此时、此地。因此,我们应当对求助者说:"过去的是历史,未来的是希望,只有现在,才是真正属于你并可把握的。"所以,心理咨询应该让求助者意识到以下三点,三者必备,但各有轻重。

(1)不同反应方式各有各的用途。

(2)保持理性,才能有条不紊。

(3)接纳七情六欲,才有生活质量,才能帮助人们恰当地应对现实。

4. 指导求助者构建合理的行为模式

合理的行为模式由若干具体有效的行动组成,所以,心理咨询师应当按计划行事,逐个地协助求助者实施每个有效行动。比如,要建立合理的社会交往行为模式,必须实施以下若干有效行动:和蔼诚恳地接待他人,平心静气地与人交谈,耐心地倾听别人,真实地表达自己,理解别人,善于原谅他人,名利面前善于退避,危难时刻能挺身而出,对他人无私援助,对自己恪守勤俭……合理的社会交往行为模式一旦形成,他的反馈信息就可以使你坚定地相信自己有能力自律,进而确立满意的自我评价、合理的自我接纳以及在道德水平上的自我肯定。与此同时,也满足了自己的社会需求,清除道德冲突,维持持久的心理平衡,并且建立了维护心理健康的良好社会支持系统。

思考主题:困扰何以求助

1. 大学生常见的心理困扰有哪些?
2. 维护大学生心理健康的途径是什么?
3. 结合身边案例,谈一谈大学生如何关注心理健康。

心理测验:心理弹性问卷

测验说明:本量表是测试你的抗逆力水平的,请仔细阅读题目并认真作答。

题号	题目	从来没有	偶尔有	有一些	经常有	总是有
1	我可以适应变化					
2	我有亲密可靠的朋友					
3	有时我的运气非常好					
4	不管发生什么事情,我都可以应对					
5	过去的成功经验可以使我自信地面对新挑战					
6	我可以轻松看待任何事情					
7	我能应对不断增加的压力					
8	生病或经历困境后,我可以使自己尽快恢复					
9	我认为事情的发生都是有原因的					
10	做什么事情我都会全力以赴					

续表

题号	题目	从来没有	偶尔有	有一些	经常有	总是有
11	每人都能实现自己的目标					
12	当事情看似毫无希望时，我也不会放弃					
13	我知道可以从哪里获得帮助					
14	面对压力，我目标明确思路清晰					
15	在解决问题的过程中，我更喜欢起带头作用					
16	在失败面前我永不低头					
17	我认为自己很坚强					
18	我可以做出别人难以确定的抉择					
19	我可以控制不愉快的情绪					
20	我不得不凭直觉做事					
21	做事情时，我目标明确					
22	我的人生在我的掌控之中					
23	我喜欢挑战					
24	我为了实现自己的目标而努力					
25	我为自己所取得的成就而骄傲					

第八章　咨询与团体心理辅导——疗愈心理教育

心理咨询让我获得的成长

“逐渐的，我也有了观察自己、理解自己的能力。我觉得这也是一种英雄之旅。”

“我坚持做心理咨询已经一年了，这一年里我从一个自卑到骨子里，低落到尘埃里的人，变成了一个收获自信，乐于和别人打交道，兴致勃勃地参加各种活动的人。现在的我就是一年前理想中的自己。”

“三年前，本来抱着找一个人生导师的心理去找心理咨询，但是咨询师用自己的行动表明，她不能当我的导师，我自己才是我人生的真正主宰者。”

“面对自己是一件不容易甚至还会带来痛苦的事情，但如果能主动去找一个专业人士来帮助自己，你会发现一个不曾感受到的空间，那是一个私密的、温暖的、安全的地方，让你能够静静地试着去感受自己，去感受那个被自己掩藏起来的受伤的自己，试着去接纳，允许他的存在。”

“心理咨询让我知道爱自己才是一切美好生活的前提。爱自己是接纳自己的一切，好的坏的都是组成我们人生的一部分。接纳自己只是一个普通人的现实，注定有很多东西得不到。尽管现在也不是什么人生开挂，但是一切已经不一样了，我从未像现在这样爱过自己。”

第一节　心理咨询学派

心理现象和心理困扰是如何形成的？不同的心理学流派从不同角度对心理困扰的形成进行了解释。每个心理流派都有其合理的一面，但也只是从一个角度解释了心理障碍。不同心理学流派对心理障碍的解释，就如同盲人摸象一样，每个人摸到的都是大象，但又都只是大象的一部分。

一、精神分析：潜意识加工

精神分析学派的创始人是奥地利精神病学家和临床心理学家弗洛伊德(1856—1939)。他认为人的心理和行为表现实质上是更深层的内心世界冲突的结果。弗洛伊德把意识分为意识、潜意识和前意识三个水平。意识是人们可以意识到的部分；潜意识是人们无法觉察到的东西；前意识介于意识和潜意识之间，指不在意识范围但是可以通过回忆记起来的内容。

弗洛伊德的晚年在潜意识概念的基础上提出了人格说，把人格分为本我、超我和自我三部分。本我是指原始的自己，包含生存所需的基本欲望、冲动和生命力。本我是一切心理能量之源，本我按快乐原则行事，它不理会社会道德，外在的行为规范，它唯一的要求是获得快乐，避免痛苦；本我的目标是求得个体的生存，它是无意识的，不被个体所觉察。自我是指“自己”，是自己可意识到的执行思考、感觉、判断或记忆的部分，自我是寻求“本我”冲动得以满足，而同时保护整个机体不受伤害，它遵循的是“现实原则”，为本我服务。超我，是人格结构中代表理想的部分，它是个体在成长过程中通过内化道德规范、文化环境的价值观念而形成，主要在监督、管束自己的行为。超我的特点是追求完美，所以它与本我一样是非现实的。超我大部分也是无意识的，超我要求自我按社会可接受的方式去满足本我，它所遵循的是“道德原则”。自我是意识的结构部分，它处在本我和超我之间，自我大部分的能量消耗在对本我的控制和压抑上。

潜意识是人们内心想法的主体，决定了人的绝大多数的日常行为。因为潜意识中包含着很多对意识而言比较恐怖的想法，如对儿童时期创伤经历的记忆、父母的虐待行为等，当这些想法要通过意识表达出来时，人们就会感到非常焦虑。因此，自我就通过压抑或抵抗的方式来处理自己的情绪体验。在正常情况下，本我、自我和超我是处于相对平衡的状态中的，如果这种平衡遭到破坏，就会产生神经症。

精神分析是以帮助个人获得洞察力和掌握无意识冲突为目标的心理疗法。如果这些无意识的冲动和冲突没有得到直接表达，他们就会通过各种症状间接地表达出来。心理治疗的目的是帮助个体获得洞察力和对这些无意识欲望或冲突的有意识的觉察，从而释放情感并最终掌握它们。精神分析的治疗方法主要包括自我联想、梦的分析、移情等。

1. 自由联想

自我联想就是让来访者自由诉说心中想到的任何东西，鼓励来访者尽量回忆童年时期所遭受的精神创伤。弗洛伊德认为，浮现在脑海中的任何东西都不是无缘无故的，都是具有一定因果关系的，借此可探索到潜意识中的症结，并将来访者的童年经历与其现实情况建立联结，从而让来访者理解自己的问题所在。

自由联想法的具体做法：让来访者躺在一个比较安静与光线适当的房间内，戴上眼罩，躺在沙发床上随意进行联想。治疗师则坐在病人身后，倾听他的表达。事前要让病人打消一切顾虑，想到什么就讲什么，治疗师保证对谈话内容保密。

2. 梦的分析

弗洛伊德认为，“梦是通往潜意识的最佳途径之一，梦是冲突欲望的象征，做梦的人为了避免被人察觉，所以用象征性的方式以避免焦虑的产生”。梦是潜意识的活动，在这种潜意识的活动中，主要内容是被压抑的愿望，并非直接表达在梦中，而是通过扭曲行为象征的形式出现。对于反复出现的梦，以及情绪感受特别强烈的梦都是值得关注的。通过梦，我们可以更多地了解自己的潜意识，了解更真实的自己。

3. 移情

移情，通俗地讲，就是感情的迁移，即把对过去生命中一些重要人物的情感转移到目前所遇到的人，或者，曾想从一些重要人物身上获得却未能如愿的情感需求，希望从目前的关系中得到满足。在精神分析理论中，移情是来访者把童年时对重要他人的情感转移到咨询师身上。比如，来访者不喜欢女性咨询师，可能就是童年不喜欢母亲的一种移情。借助移情，把来访者早年形成的情节加以重现,重新“经历”往日的感情,进而帮助其解决这些心理冲突。

二、行为主义:正强化改变

行为主义心理学的创始人华生有一段名言:给我一打健康的婴儿,以及适合我培育他们的环境,就能把他们训练成任何我想要的样子,让他们成为医生、律师、艺术家、企业家,甚至乞丐小偷。从这段名言中可以看出,行为主义非常重视后天的学习对人的影响。华生认为,有些成年人的情绪障碍可以追溯到他们在婴儿和青少年时期所建立的条件反射作用的结果。

1. 小阿尔伯特的实验:一切的行为都是习得的条件反射

这是一个有关情结起源的著名实验。在实验中,被试是一个名叫阿尔伯特的九个月大的孤儿。

实验第一步:华生的团队先是把小白鼠、兔子、狗、面具和白色羊绒棉等动物和物品,一样一样拿到小阿尔伯特面前,然后通过观察发现,小阿尔伯特有着很强的好奇心,会去主动接近它们,触摸它们。也就是说,小阿尔伯特原本并不会因为这些毛茸茸的动物和物品感到害怕。

实验第二步:华生的团队试着在小阿尔伯特的身边用铁锤敲击铁棒来发出巨大的声响。这个时候小阿尔伯特会表现得非常恐惧,还会因为受到惊吓而大哭。由此可确定,因巨大声响而产生的恐惧反应,是无须学习就会发生的,属于“无条件刺激”。

实验第三步:华生的团队把小白鼠再次放到小阿尔伯特的面前,然后等着小阿尔伯特正要伸手去抚摸小白鼠时,突然在他的身后敲击铁棒,发出让他感到恐惧的巨大声响。小阿尔伯特被吓坏了,开始哭了起来。

这样的操作分两周时间重复了七次,也彻底改变了小阿尔伯特。在那之后,小阿尔伯特对小白鼠产生了极大的恐惧,哪怕不再出现铁棒的声音,只是看到小白鼠,他就会号啕大哭,然后转过身去,拼命向前爬,甚至差点从实验室的桌子上摔下去。而且这种后天习得的情绪还会发生“泛化”,当研究人员把小白鼠换成狗、兔子、棉花甚至是圣诞老人的面具之后,小阿尔伯特依然会表现出恐惧。毛茸茸的,尤其是白色的毛茸茸的东西,都会让他感到害怕。

这个实验证明:人类所有行为都起源于学习和条件反射。这在很大程度上留给心理学界一笔巨大的财富,它令人信服地说明,情结行为可以通过简单的刺激—反应手段成为条件反应。行为主义也强调认知的作用,认为人的行为是对内部力量和外部力量共同决定的,如信念、理想等内部因素和奖励、惩罚等外部因素都会对人的行为起作用。

2. 系统脱敏疗法:消除刺激与负性反应间的条件反射

在行为主义学派中,对心理困扰进行治疗的方法主要是根据行为学习及条件反射理论,消除和纠正异常行为并建立一种新的行为,如放松技术、系统脱敏疗法、厌恶疗法。其中系统脱敏的基本原理是将焦虑刺激与放松反应多次结合,紧张焦虑和身体放松反应是相互抑制的,于是就逐渐削弱了原来焦虑刺激与焦虑反应之间的联系。通过让来访者逐渐接触可能引起焦虑反应的情境,并逐步增加次数,由少到多、由远到近,逐步减轻来访者对焦虑刺激的敏感性。

3. 在想象中进行系统脱敏训练

(1)放松训练:深呼吸三分种。

“闭上眼睛,深深地吸气,慢慢地呼气,尽量让身体放松下来,你的身体的每一个部分都感到放松,非常放松,你感到很舒服……”

在来访者处于放松状态时,让来访者接触到能够诱发焦虑的事件。

(2)在想象中进行脱敏:以异性人际交往恐惧为例。

从最低级的焦虑情境开始,当你能够清楚地想象出那个场景的时候,请举起你的一个手指示意。当来访者示意时,要求他报告此时的不舒服等级。

要求来访者一边保持这一想象,一边做深呼吸,当来访者基本放松下来,对此情景的想象恐惧下降到五级以下,就可以进行下一个等级的训练。进行第二等级的想象训练,直到恐惧情绪下降,再进行第三等级的想象训练。通过多次想象中的脱敏训练,咨询者就可以帮助来访者在现实层面进行脱敏训练,方法还是要坚持深呼吸,放松身体,直到恐惧情绪下降为止。行为疗法适用于恐惧症、强迫症、焦虑症、厌食症等心理障碍。

三、认知学派:信念力修通

在生活中,对于同一个事件,不同的人会有不同的看法。认知学派认为,事件发生后,影响个体行为和情绪的原因不是事件本身,而是个体对情境所做出的评价,这些评价受个体的信念、假设、思维方式等认知因素的影响。

1. ABC 理论:负性情绪和行为是对负性事件不合理的解读导致的

ABC 理论是认知行为疗法的基础。个体生来就具有理性和非理性两种倾向,那些非理性的东西表现为非理性思维,也就是不合理思维,正是它引发了个体的情绪困扰和行为问题。艾里斯认为情绪障碍 C(consequence)不是由于某一刺激事件 A (activating event)引起的,而是由个体对这一事件的解释和评价

B（belief）所引起的，简称ABC理论。艾里斯将导致人们心理障碍产生的不合理认识归为人们对自己、对他人、对周围环境及事物的绝对化要求和信念。而这些不合理信念又被韦斯勒归纳为三个特征：绝对化的要求、过分概括化和糟糕至极。合理情绪疗法的治疗技术概括为ABCDE技术，即当事人有了情绪困扰C（consequence）之后，先请他自行反省目前生活中有什么事件A（activating event）影响了他的情绪，鼓励当事人自行检验分析，自己对事件的评价中有没有不合理性或不合逻辑的认识B（belief），引导当事人用合理的认识与不合理的认识辩证，达到以合理的认识取代不合理的认识，这一过程称为D（dispute），最后以新的情绪和行为E（effect）来适应生活。

2. 贝克认知疗法

贝克认知疗法的模型成熟于20世纪70年代的美国，他最初提出这种认知疗法是从治疗抑郁症开始的。在治疗过程中，他注意到抑郁症患者头脑中总是存在着大量的消极观念，这些错误观念导致他们消极看待自我与外部世界，贝克推测抑郁症可能就是由此引发的，于是提出对认知进行干预的治疗模型。它与艾利斯的合理疗法不同在于，它不强调教授当事人理性思维，而是强调干预双方共同合作，采用言语质询和行为实验等方法检测当事人虚假的认知假说，从而纠正原有的认知曲解。

四、人本主义：同理心助人

人本主义认为每个人都是自己生活的主动建造者，可以自由地改变自己，如果不能改变，是因为身体上有限制；它重视此时此地，鼓励人们按照生活的本来面貌去生活，不应该成为过去的牺牲品；它认为没有人比你自己更了解自己；它对人的未来有着积极的观念，认为当人们眼前的需要满足后，就会不再感到满意，而要积极地寻求发展，寻求自己更满意的状态。

人本主义学派主要代表人物有罗杰斯、马斯洛和罗洛·梅等，主要理论观点有：

1. 人性观

认为每个人都是有价值的，每个人总体上都是积极的，都有自我实现的倾向，都有成长的潜能。每个人都可以自我改变。

2. 自我概念理论

罗杰斯认为人的自我概念是由大量的自我经验、体验堆砌而成，是个人对自己的主观看法。在自我概念中，人有两种评价过程。一种是有机体的评价过程，这个过程可以真实地反映自我实现的倾向。第二种是价值条件化的过程，这是建立在对他人评价的内化或对他人评价的内投射的基础之上，不能反映个体的实现倾向。这也就是个体为了取得他人的积极评价，把他人的评价当作自己的评价，压抑了自我的真实感受。价值条件化的作用使人在自我概念中获得的经验和体验不一致，导致产生心理失调，以人为中心的疗法是一种非指导式心理治疗。罗杰斯不同意传统的精神分析治疗把当事人当作病人看待，他强调人有自我改变的能力。因而，他并不注重任何具体的治疗技术，而注重建立一种相互信任的治疗关系，注重咨询师对当事人的态度。

当事人中心疗法的基本要义：心理治疗时以接受治疗的当事人为中心，重视他的人格尊严，将心理治疗过程视为在心理咨询师与当事人之间所设置的一种自我成长的教育机会。在实施心理治疗时，罗杰斯特别强调，要想使个人中心治疗有效，咨询师在态度上必须具备三个条件：

(1)真诚：咨询师必须以真诚的态度对待当事人，使当事人感到他言谈恳切，表情自然，从而创造良好的治疗情境。

(2)同感：咨询师聆听当事人陈述后，能够像当事人自己那样感受他的内心世界并表达出来，使他觉得自己的问题受到重视。

(3)对当事人所陈述的一切，要无条件地接纳，不做任何批评，使他可以无拘无束地向咨询师倾诉。

第二节　个体心理咨询

一、心理咨询：助人的艺术

心理咨询是利用科学的方法进行助人的一系列完整的策略。心理咨询是生命的艺术，由于个体生命的独特性，面对不同的来访者心理咨询的策略也会因人而异、因事而异。心理咨询的最终目标是助人自助，咨询师帮助来访者提高自主面对事情的判断力，增强来访者的自主性，促进心理成熟和自我成长。在心理咨询的过程中来访者和咨询师建立咨访关系，帮助来访者重新认识自己，但是却不能帮助来访者做决定。

二、咨询过程:心与心对话

心理咨询专家杰弗里·科特勒认为心理咨询过程分为判定问题、探索问题、理解问题、采取行动和检查总结五个阶段。有关心理咨询的过程国内学者的看法分为两大类,一类认为心理咨询的过程包括构建关系、诊断定位、劝导帮助和检查巩固四个阶段;另一类认为心理咨询的过程包括判定问题、探索问题、理解问题、反馈跟进四个阶段。为了使读者能够较好地理解,我们从开始阶段、指导与帮助阶段、巩固与结束三个阶段对心理咨询的过程进行详细说明。

1. 开始阶段

心理学家沃尔斯曾说:“不好的开头会阻碍有效的沟通,如果开头实在不佳,也就意味着咨询关系的结束。”

(1)开始阶段需要完成的任务:建立良好的咨询关系。心理咨询是人与人之间有效的互动过程,建立和维持良好的咨询关系是贯穿心理咨询过程的重要工作,在心理咨询的开始阶段,建立相互信赖、协调一致的关系是最紧迫、最重要的任务,我们可以通过营造气氛、端正咨询态度、明确咨询设置、宣泄情绪、讲述心事等方式推动良好咨询关系的发展。

(2)协助来访者宣泄情绪。心理咨询要深入下去,咨询师必须在心理咨询的开始阶段让来访者将积郁的情绪宣泄出来,不仅有助于来访者平静地面对问题本身,而且能够提高来访者对咨询师的信任程度。所以,咨询师在倾听来访者诉说时不仅要了解来访者遇到的事件,更要了解此时此刻来访者的情绪状态以及背后的想法。

(3)掌握来访者的资料。

①资料搜集途径:摄入性谈话记录、观察记录、访谈记录、心理测量、问卷调查。

②资料的内容:个人成长史,个人健康史,家族健康史,个人生活方式及受教育情况,对自己家庭成员的看法,社会交往状况,目前的生活、学习、工作情况,自我心理评估,近期生活中的遭遇,求助目的与愿望,有无精神症状,自知力如何,自身心理问题发生的时间、痛苦程度以及对工作与生活的影响,与心理问题相应的测量和实验结果。

(4)对资料进行分析、评估、鉴别和诊断。

①资料分析:排序,按出现时间的先后顺序将所有资料排序;筛选,按可能的因果关系,将那些与症状无关的资料剔除;比较,所有的症状按时间排序,再

按因果关系确定主症状和派生症状;分析,分析与症状有关的资料,找出造成问题的主因和诱因。

②综合评估:将主诉、临床直接或间接所获的资料(含心理测评结果)进行分析比较,将主因、诱因与临床症状的因果关系进行解释,确定心理问题的由来、性质、严重程度,确定其在症状分类中的位置。

③鉴别:症状定性、症状区分、症状确定、症状诊断。

④诊断:根据划分心理正常与异常的三原则——主观世界与客观世界的统一性原则、心理活动的内在协调性原则、人格的相对稳定性原则进行诊断。

2. 指导与帮助阶段

本阶段分为制订咨询目标、确认咨询方案、实施指导与帮助三个方面,具体如下:

(1)制订咨询目标。在深入探索问题之后,无论是来访者还是咨询师都对问题有了一定的认识和把握,咨询师需要和来访者共同协商、制订咨询目标,之所以要制订咨询目标,一方面是因为目标就是动力,有了明确的目标来访者就有了明确的方向,愿意主动参与咨询过程,这对于咨询师和来访者双方关系的建立是有利的;另一方面是因为目标是评估的依据,只有明确了目标才能考量来访者在咨询前后的成长和变化,有助于来访者和咨询师把握咨询的进度,提高咨询效果。

通常咨询目标分为以下几类:

①内部目标与外部目标:内部目标是指来访者本人对自己提出的目标,而外部目标主要是由其他人对来访者提出的目标。

②中期目标和终极目标:心理咨询的终极目标实质上就是它的根本目标,即帮助来访者解决心理问题,增强身心健康,提高适应环境的能力。

③一般性目标与特殊性目标:一般性目标对不同来访者一般是相似的,而特殊性目标都较为具体。

④矫正、发展和预防的目标:矫正目标是帮助某些个体在某种变化背景中与周围的人以同样的方式行事。发展目标是着眼于提高人们心理能力,培养加强来访者身上的优良品质,也被称为增长目标。预防目标是为了减少人们对较正式治疗的需要而设立的。

(2)确认咨询方案。咨询方案是心理咨询实施的完整计划,它是心理咨询进入实施阶段的必要条件。方案的制订必须根据当前求助者心理问题的性质、采用的治疗方法、咨询的期限、咨询的步骤、咨询中要达到的目的等具体情况来定。

(3)实施指导与帮助。经过前几个阶段的推进,咨询师与来访者之间的关系稳定发展,不仅对问题有了清晰的认识,而且来访者对自身问题也逐步有了解决的信心,并与咨询师协商了咨询目标,接下来就是进行心理咨询的行为导向和实施指导。在这个阶段中咨询师要协助来访者探索行动策略、筛选出最符合来访者价值观和环境的策略备用,咨询师还要在来访者行动过程中及时予以评估、反馈、鼓励、支持,这样才能推动目标达成。

①协助来访者挖掘自身资源和助力。例如,来访者若是一个爱钻牛角尖的人,面对问题找不到出路,一直停留在困扰中无法自拔,咨询师就需要协助来访者掌握打开思维禁锢的方法。

②协助来访者自我肯定。在咨询中来访者往往容易陷入自我否定的状态之中,因此咨询师要引导来访者进行自我肯定,帮助缺乏自我肯定的来访者认识到自己的需求;协助来访者理清自己的非理性信念,如妨碍自我肯定和拖延。

③协助来访者是用行动契约。心理咨询师在心理咨询过程中,帮助来访者用行动契约进行自我指导,实现自我成长是一个直接有效的方法,在执行的过程中,契约可以严格且明了的规定来访者应该做的,并规定成功和失败的奖励和惩罚。

3. 巩固与结束阶段

(1)回顾和评估。心理咨询师对来访者最初确定的咨询目标、咨询方法,以及咨询过程中出现的问题和进展等内容进行回顾性总结。主要针对达到既定咨询目标的咨询结果进行评估;对来访者已取得的进步进行评估,咨询师应该具体分析来访者所取得的成绩,给来访者提出需要改进的地方,鼓励来访者的自我意识和自立精神。这样不仅有助于来访者加深对自身成长的认识,同时也对即将结束的心理咨询过程有个良好的过渡,形成独立成长的意识。

(2)巩固效果。

①咨询者指出来访者的进步,说明已完成既定的目标。

②咨询者与来访者共同回顾与总结咨询的过程(每一次咨询都要有始有终)。

③巩固已有的进步,直到来访者将已获得的经验和观念应用到生活中。

(3)追踪与反馈。为了了解来访者能否运用已获得的经验适应环境,进而了解整个咨询过程是否成功,心理咨询师必须对来访者进行追踪调查或多种方式的回访。追踪调查应在咨询基本结束后的数月至一年内进行。一般采用访谈、通信、问卷的方式进行,然后对咨询效果进行评价。

(4)转介。在咨询时,咨询师如发现自己与求助者有明显不相适宜之处,或发现自己确实不善处理时,就应以高度的责任感和良好的职业道德,尽快将求助者转介给其他更加合适的咨询师,或及时中止咨询,推荐其去寻找更有效的帮助。

第三节 团体心理辅导

一、团体辅导:神秘的圆圈

团体辅导(以下简称团辅)是在团体情境下进行的一种心理辅导形式,它是以团体为对象,运用适当的辅导策略与方法,通过团体成员间的互动,促使个体在交往中通过观察、学习、体验,认识自我、探讨自我、接纳自我,调整和改善与他人的关系,学习新的态度与行为方式,激发个体潜能,增强适应能力的助人过程。

在团体辅导中,参与者愿意尝试各种选择性的行为,探索自己与他人相处的方式,学习有效的社会技巧。团体成员之间能相互察觉,并获得其他成员在团体中对其察觉的反馈,使之经由别人的观点来审视自己;培养成员的信任感与归属感,从对团体的信任到信任周围的其他人,从对团体的归属感扩延到对学校、社会的认同感与归属感。团体辅导有助于营造平等氛围,提升教育互动性、针对性和实效性,可用来满足各种特殊群体的需要。

二、团辅特征:群体的动力

相对个别辅导而言,团辅有其特有的优势,主要体现在团辅可以帮助他人改变自己对他人的观念及改变自己的情感和行为等。心理辅导教育家格莱丁曾说:“在帮助那些有着类似问题和困扰的人时,团体辅导是一种经济而有效的方法。心理辅导教师如果把自己可以胜任的工作仅仅限于个别辅导的话,他也就限制了自己可以提供服务的范围。”因此团辅与个体心理辅导相比,有其显著的特征。

1. 团辅的影响力大

团辅是一个多向沟通的过程,团体成员在团体中相互影响,互相支持,集思广益,共同解决问题,增强了成员解决问题的能力和信心,团辅以其特有的影响力促进成员的改变和进步。但同时也要注意到,团辅如果操作不当,也可能出现负面影响。

2. 团辅的效率高

相对于个别辅导一对一的帮助指导,团辅中领导者带领的团体成员是多个,提高了辅导的效率,节省了辅导的时间和人力,体现了一定的经济性。同时,随着心理辅导的快速发展,社会对心理辅导人员的需求剧增,导致供远小于求,因此团辅可以缓解辅导人员不足的矛盾,有效地满足社会的需求。

3. 团辅的后续效果好

在团辅中,团体成员在模拟化的社会情境中习得人际交往的经验,为自己后续的情感、行为方面的改变提供了指导,容易迁移到后续的日常生活中去,因此其后续效果比较良好。

4. 团辅的适应范围广

团辅除了对人际关系适应不良的人特别适用之外,对于自我评价不足、缺乏信任、过分依赖或者武断的人也非常适用。

尽管团辅有其显著的特点和优势,但是我们也必须看到其存在着一定的局限,主要包括在团体情境中,个人深层次的问题不易暴露,个体差异难以照顾周全,个别成员可能会受到伤害,对领导者要求高,不称职的领导者会给成员带来负面影响以及团辅并非适合于任何人,有社交障碍或者极端内向、害羞、自我封闭的人不宜参加团辅。

三、团辅功能:教育与发展

人类具有社会属性,人类的行为都具有社会的意义,因此在团体中的学习具有重要价值。在团体中,可以让一个人更了解自己,也可以让一个人改变自己,从而实现自我。因此,团辅有其功能所在,总体来说包括以下几个方面:

1. 教育功能

在团辅的过程中,团体成员彼此间交流互动,主动学习社会规范、生活态度及人际关系技巧等,这都非常有助于团体成员通过自我评估进行自我教育,促进其自我改善以在团体中实现自我。这些都是团辅教育功能的体现所在。

2. 发展功能

团辅过程中成员彼此互动,相互影响,可以帮助改善成员不成熟的偏差态度和行为,促进其心理的健康发展并健全其人格。学校里面的团辅通过对学生进行引导和启发,使得学生的自我需要得到满足,从而促进其增进自我了解与接纳,改善人际关系,掌握社交技巧和方法,养成积极应对问题的态度。

3. 预防功能

团辅是预防心理问题发生的最佳途径。在团辅过程中既可以解决团体遇到的问题,同时团体中的成员也可以在团辅中得到启发和教育,加深对自己的了解与认识,辨明是非,并且通过团体成员间的交流,提升自身独立处理问题的能力,以达到预防自身心理问题的发生或降低自身心理问题发生的概率。

4. 治疗功能

团辅的过程也是团体成员进行社会互动的过程,团辅的主题和设置的场景均来源于日常现实生活,成员在精心模拟的接近日常生活的情境中自我学习如何处理自己当下面临的认知、情感或者行为方面偏差所带来的问题,以达到自我疗愈的目的,这便是团辅治疗功能之所在。

四、团辅分类:疗愈与成长

团辅种类多种多样,根据不同的标准,如团体的目标、性质、功能、成员及时间等,可将团辅进行不同的分类。

根据所依据的理论和方法不同,团辅可分为心理分析团辅、行为主义团辅、当事人中心团辅、完形学派团辅、交互分析团辅、理性情绪团辅、现实治疗团辅和心理剧团辅等八大类型。

根据团辅的性质和功能不同,团辅可分为成长性团辅、训练性团辅、治疗性团辅和自助性团辅。

根据团辅的结构化程度,团辅可分为结构式团辅、非结构式团辅和半结构式团辅。

根据团辅开放的程度和成员的构成不同,团辅可分为开放式团辅、封闭性团辅、同质性团辅和异质性团辅。

根据团体成员年龄和发展阶段的不同,团辅可分为儿童团辅、青少年团辅、大学生团辅和成人团辅。

五、团辅方案:活动与呈现

(一)相亲相爱一家人

(1)营造轻松开放的氛围,使同学放松身心,收获好心情。

(2)拉近同学之间的距离,增强同学之间的信任,使每位同学都能积极地融入集体。

(3)增进同学们对团体的归属感,以及增强团体的凝聚力。

(4)使同学们感受团结的力量,体会集体的温暖,在以后的学习中继续发扬合作精神,如表8-1所示。

表8-1

活动名称	目标	活动内容	时间
一、导入	介绍活动主题、活动目的,让同学们对此次活动有大致了解并订立此次活动团队契约	导入	5分钟
二、热身活动——风雨变奏曲	(1)活跃气氛,让学生放松身心 (2)打乱学生所站位置,便于之后活动的顺利展开	跟随领导者节奏进行变换	10分钟
三、有缘认识你	让大家快速熟悉彼此的姓名,活跃气氛	名字+动作,让彼此快速认识	10分钟
四、同心圆	帮助同学们加深对彼此的了解与认识	在活动中与不同的人相遇相识	20分钟
五、靠近我,了解我	使同学们在互动交流中体验人际沟通		25分钟
六、信任之旅	让同学们体验团结与合作的力量,从而增强集体凝聚力	盲行:单盲和双盲	40分钟
七、团体结束	促进成员更好地认识自己	分享、表达	10分钟

(二)战“疫”心理团体辅导方案

1. 共同战“疫”

活动方式:线上,利用腾讯会议等线上直播平台。

活动目标:了解时事,改变现状,充满信心从现在做起。

活动参与对象:各团支部。

活动准备:一张白纸、一支笔。

活动模块:

(1)“我很优秀”。参与活动的每一名同学做一个简单的自我介绍,介绍自己有哪些优点或闪光点,可以举一个小事例说明。

(2)疫情故事。从疫情爆发到现在,相信大家都看过、听过很多故事。请同学们分享自己的、身边人的或新闻上的故事,再谈谈自己的感受。只要是自己有感触的,大大小小的故事都可以。

(3)疫情对我生活的影响。疫情让本来可以在校学习、生活的我们只能待在家里,除了这个共同的影响外,对大家还有怎样的影响呢?

(4)“负面偏差与三件好事”。在现实生活中,人类的本性会倾向于对坏的信息更加注意,这称为“负面偏差”。心理学家总结出规律:坏比好更强大。大家可以列举自己生活、学习中存在的“负面偏差”与三件自己认为对自己有益的好事进行自我反思。

(5)从现在做起。很多问题的解决办法就是付诸行动,请同学们给自己制订一个详细的计划,并按照计划去行动吧!

2. 我的生命线

活动方式:线上,利用腾讯直播等网上直播平台。

活动目标:通过画生命线的方式理解生命的“长度”与“宽度”,引发同学们对自己生命中三个阶段(过去、现在、未来)的思考,从而更加深入地了解、探索自己。

活动参与对象: 各团支部。

活动准备:一张白纸,两支不同颜色的笔。

活动模块:

(1)简单介绍:团体成员先进行简单的活动介绍。

(2)绘画:成员们开始画自己的生命线,一支笔用来画生命中自己认为积极的事,另一支笔画生命中自己认为消极的事。

(3)分享:团体之间进行分享。

(4)总结:成员自我分析、总结。

3. 与家人的温情时刻

活动方式: 线上,利用腾讯视频等网络直播平台。

活动目标: 通过与同学伙伴之间分享自己与家人的照片、视频等,回忆温情时刻,促进家庭关系。

活动参与对象: 各团支部。

活动准备:每位同学可以提前准备好自己想要分享的与家人的值得纪念的照片、视频等(最好分为童年、青少年、青年三个阶段的资料)。

活动模块：

(1)简单介绍。团体成员先进行简单的活动介绍,说明目的。

(2)分享。成员们开始分享,说明自己为什么选择这些照片或视频,这些照片或视频中有什么有趣的、值得纪念的故事等。

(3)总结。成员们交流感受,选出成员们觉得最值得纪念的照片。

思考主题:何为心理咨询

1. 什么是心理咨询?
2. 心理咨询四大流派的主要观点及代表人物?
3. 心理咨询的一般过程是什么?
4. 什么是团体辅导?团体辅导有什么作用?

心理测验:大学生心理健康调查表

指导语:请仔细阅读下面每一道题,根据自己看完题后的第一感觉进行作答,答案没有对错之分,只要选择与自己相符的答案就可以。在作答过程中请不要漏题,谢谢参与。

题号	题目	计分	
1	食欲不振	A. 是	B. 否
2	恶心,胃难受,肚子疼	A. 是	B. 否
3	容易拉肚子或便秘	A. 是	B. 否
4	关注心悸和脉搏	A. 是	B. 否
5	身体健康状况良好	A. 是	B. 否
6	牢骚和不满多	A. 是	B. 否

续表

题号	题目	计分	
7	父母期望过高	A. 是	B. 否
8	自己的过去和家庭是不幸的	A. 是	B. 否
9	过于担心将来的事情	A. 是	B. 否
10	不想见人	A. 是	B. 否
11	觉得自己不是自己	A. 是	B. 否
12	缺乏热情和积极性	A. 是	B. 否
13	悲观	A. 是	B. 否
14	思想不集中	A. 是	B. 否
15	情绪起伏过大	A. 是	B. 否
16	常常失眠	A. 是	B. 否
17	头疼	A. 是	B. 否
18	脖子、肩膀酸痛	A. 是	B. 否
19	胸疼憋闷	A. 是	B. 否
20	总是朝气蓬勃的	A. 是	B. 否
21	气量小	A. 是	B. 否
22	爱操心	A. 是	B. 否
23	焦躁不安	A. 是	B. 否
24	容易动怒	A. 是	B. 否
25	想轻生	A. 是	B. 否
26	对任何事都没有兴趣	A. 是	B. 否
27	记忆力减退	A. 是	B. 否
28	缺乏耐力	A. 是	B. 否
29	缺乏决断能力	A. 是	B. 否
30	过于依赖别人	A. 是	B. 否
31	为脸红而苦恼	A. 是	B. 否
32	口吃，声音发颤	A. 是	B. 否

续表

题号	题目	计分	
33	身体忽冷忽热	A. 是	B. 否
34	注意排尿和性器官	A. 是	B. 否
35	心情开朗	A. 是	B. 否
36	莫名其妙地不安	A. 是	B. 否
37	一个人独处时感到不安	A. 是	B. 否
38	缺乏自信心	A. 是	B. 否
39	办事畏首畏尾	A. 是	B. 否
40	容易被人误解	A. 是	B. 否
41	不相信别人	A. 是	B. 否
42	过于猜疑	A. 是	B. 否
43	厌恶交往	A. 是	B. 否
44	感到自卑	A. 是	B. 否
45	杞人忧天	A. 是	B. 否
46	身体倦乏	A. 是	B. 否
47	一着急就出冷汗	A. 是	B. 否
48	站起来就头晕	A. 是	B. 否
49	有过昏迷或抽风	A. 是	B. 否
50	人缘好，受欢迎	A. 是	B. 否
51	过于拘泥	A. 是	B. 否
52	为犹豫不决而苦恼	A. 是	B. 否
53	对脏很在乎	A. 是	B. 否
54	摆脱不了毫无意义的想法	A. 是	B. 否
55	觉得自己有怪气味	A. 是	B. 否
56	别人在自己背后说坏话	A. 是	B. 否
57	总注意周围的人	A. 是	B. 否
58	在乎别人的看法	A. 是	B. 否

续表

题号	题目	计分	
59	觉得别人轻视自己	A. 是	B. 否
60	情绪容易被破坏	A. 是	B. 否
61	迄今为止,你是否感到在自身健康方面有问题	A. 是	B. 否
62	是否曾经觉得心理卫生方面有问题	A. 是	B. 否
63	迄今为止,你是否曾经接受过心理卫生的咨询和治疗	A. 是	B. 否
64	你是否有健康或心理卫生方面想要咨询的问题	A. 是	B. 否

后　编

职涯发展心理教育

第九章　交往与交流——社交心理教育

相信很多人都看过一个电视剧，名字叫《隐秘的角落》。主人公朱朝阳的妈妈认为，“学生应该以学业为主，交朋友是进入社会才做的事”。但是，在徐徐展开的剧情里，观众们会发现，朱朝阳在班级里被欺负、嘲笑时的老成、隐忍和不快乐，以及他在认识严良和普普之后的轻松、感动和开心。人际交往的缺乏，让他渴望爱和尊重，所以当这两个被大人认为是坏朋友的小孩走进他的世界时，他敞开了门。

人际关系是一个神奇的东西，它会让我们感受到快乐或者不快乐。每个人都渴望人际交往，在人际交往中，个体获得的被认可、被接纳、被尊重、被爱的感受，是与人的成长需求紧密相关的。

有很多来到咨询室的大学生都是带着人际困惑而来，他们因此而烦恼，“我为什么总是很在意别人的想法?”“在人群里我感觉到被忽视”等种种困惑，会使得有些同学试图逃离人际关系，“我想逃离人际关系”“我只要学习好就行了，别人对我不重要”。但是，我们会发现，人际关系无处不在，个体根本无法逃离。

有位哲人说过:“没有交际能力的人，就像陆地上的船，永远到不了人生的大海。”个体的成长离不开人际交往。通过人际交往，个体可以获得有关周围世界的知识，形成完整的个性人格，内化社会规范，学习知识经验，担任社会角色，逐渐成为一个完整的社会人。

人是社会化的动物，社会心理学认为人的社会化从一出生就开始了，并伴其一生。社会化其实就是个体与所处的环境、情境以及其中的人和事进行互动与适应的过程。这个过程离不开人际交往和互动，是个体由自然人发展为社会人，形成健全人格、需求幸福的必经过程。

第一节 解读人际关系

人际关系是人们在人际交往过程中产生的社会关系的总和。这些关系包括亲属关系、朋友关系、同学关系、师生关系、雇佣关系、战友关系、同事关系、上下级关系等,在我们的日常生活中不可避免。这些关系会对人们的心理产生影响,使人和人之间发生各种各样的联系,形成或近或远的距离,进而滋生出不同类型的情感,这些情感可以是接纳、喜欢、爱慕、崇拜等,也可以是反对、讨厌、拒绝、仇视等。因此,从心理学上来说,人际关系也可以被定义为:人们在社会交往中形成的心理上的情感、联系或者距离。所以,人际关系与我们是否快乐紧密相连。

一、人际关系的重要性

人际关系是个体在社会中生存、成长、实现自我的重要载体,也是个体保持身心健康、快乐、获得支持和幸福的源泉。

1. 人际关系满足个体基本需要

我们先来看三个实验。

社会心理学家沙赫特做了一个实验:他以每小时 15 美元的酬金,邀请志愿者做一个看似简单又来钱快的实验,先后有 5 位志愿者参加。实验要求志愿者要进入一个与外界完全隔绝的小屋,屋里除提供必要的物质生活条件外,没有任何社会信息进入。他想通过观察,得知人在与世隔绝时,即被剥夺了社会交往时的反应。一开始,志愿者觉得应该很简单,但是结果却让人深思。参加实验的志愿者中,1 个人在屋里只待了 2 小时就出来了,3 个人待了 2 天,最长一个人待了 8 天。这位待了 8 天的人出来后说:“如果再让我在里面待 1 分钟,我就要疯了。”

也有心理学家曾做过另外一个“交往剥夺”的实验,结果也发现被试在百米深的洞穴中,单独生活了 156 天以后,精神面临崩溃状态,神情呆滞,冷漠无情,举止失常。

动物学家哈罗也以恒河猴为实验对象做过类似的“社交剥夺”实验。具体做法是将猴子的喂养工作全部自动化,隔绝猴子与其他猴子或人的沟通。结果,与有正常沟通机会的猴子相比,缺乏沟通的猴子明显缺乏安全感,不能与同类进行正常的交往,甚至本能的行为表现也受到严重影响。

因此,我们可以看到,长期与人际交往隔离、与人和社会隔离,会严重影响到一个人的身心健康,以至于丧失一些基本能力。社会心理学家阿伦森曾说过:“不能在社会中生活的个体,或者因为自我满足而无须参与社会生活的个体,不是野兽就是上帝。”可以说,人际关系就像吃饭、喝水、睡觉一样,是人的一种需要。

那么人类的需要到底是什么呢? 当一个生命呱呱坠地,他的需求就产生了。婴儿带着本能的吮吸反射来到人世间,他的第一个需要就是吃饱,这个需求满足之后,还会有更多的需求。例如,在成长的过程中,他会认识家人、伙伴,进入幼儿园、学校、社会,他会不断地与人交往,需要被接纳、尊重、认可,不断实现自我认知和人格完善,等等。这些都是人的需要。

因此,就个体而言,人际关系是一种时时刻刻、必然存在的需求,人们既从一出生就无法逃离人际关系,也会从一出生就需要人际关系。无论怎样,人际关系都和每个人的生存、生活深深地链接在一起。

2. 人际关系促进个体身心健康

良好的人际关系有利于身体健康。一项发表于《美国科学院学刊》的研究报告指出,人际关系对身体健康的影响不容小觑,特别是在心脏病、高血压、癌症的发病率方面,其作用甚至不亚于饮食和休息。在一项研究中,研究人员通过对 122 名健康的年轻人进行跟踪观察发现,能保持积极向上的心态,与他人相处良好且没有竞争关系的状态,更容易让人保持身体健康,避免生病。不仅如此,良好的人际关系还会延长人的寿命,在年龄、性别、经济收入和日常生活习惯基本相同的条件下,有密切社会联系的人,寿命较长;那些缺乏密切社会联系的人,比起有密切社会联系的人,有 3% ~30% 的机会更容易死亡。

下面是心理健康的十条标准:

(1)充分的安全感。

(2)充分了解自己,并对自己的能力做适当的估价。

(3)生活的目标切合实际。

(4)与现实的环境保持接触。

(5)能保持人格的完整与和谐。

(6)具有从经验中学习的能力。

(7)能保持良好的人际关系。

(8)适度的情绪表达与控制。

(9)在不违背社会规范的条件下,对个人的基本需要做恰当的满足。

(10)在集体要求的前提下,较好地发挥自己的个性。

可以看出,拥有良好的人际关系,是心理健康的重要影响因素。诚然,人际关系是个体获得安全感、充分了解自己、与现实环境接触、完善人格、不断学习、调适情绪、满足需求、展示个性的重要载体,和心理健康息息相关。

3. 人际关系提高主观幸福感

良好的人际支持,有助于帮助个体舒缓压力和形成积极自我认知。近年来,越来越多的研究显示,亲密的和可信任的关系,是压力的有效缓冲器。一个人在遇到事件的打击时,如果拥有他人的关心,有强有力的社会支持,那么,他的抗压能力就会提高,就能更好地抵抗压力,不致造成压力后的不良反应。因此,良好的人际关系、良好的社会支持系统可以使压力事件的强度相对降低,不好的社会支持系统,其作用相反。

自我是心理学的古老课题。自我,亦称自我意识或自我概念,是个体对自己存在状态的认知。其主要包括对自己生理状态、心理状态、人际关系及社会角色的认知。米德认为,我们所隶属的社会群体是我们观察自己的一面镜子。个体的自我概念很大程度上取决于个体认为他人是如何“看”自己的。因此,良好的人际互动是个体形成积极自我认知的重要来源。

更多的研究也发现,良好的人际关系能够使人快乐。哈佛大学针对“什么会使我们保持健康快乐”做了一项调查。从 1938 年开始的 70 多年里,研究者跟踪记录了 724 人,从少年到老年,每年持续性地询问和记载他们的工作、生活和健康状况等。研究者们得出结论:好的人际关系可以使人们更快乐和健康。该项目的负责人罗伯特说:“我们的研究发现:过得最好的人是那些依赖于家庭、朋友、团体间人际关系的人。”他还发现,孤独的人的健康状况到中年就会走下坡路,脑功能会减退,而且会比那些不孤独的人寿命更短。与那些有较少社会联系的人相比,与家庭、朋友、团体有更多社会联系的人会更开心、身体更健康、寿命也更长。并且,好的人际关系不只是保护我们的身体,还保护我们的大脑。当人在 80 多岁时,如果可以真实感觉到自己依赖另一个人,那么,他的记忆会保持得更加清晰和长久;反之,记忆则会较早衰退。

二、人际关系的心理机制

1. 人际关系的三种心理成分

人际关系包含认知、情感和行为三个方面的心理成分。

(1)认知成分。认知成分是人际关系形成的基础,是指个体对人际关系的认知和理解,即人际交往双方之间的相互评价以及对双方关系的理解。认知成分是人际关系得以形成的理性条件,个体正是通过这些了解,才更好地认识自己和他人,辨识和调适自己的人际关系。例如,这个人是怎样的一个人,适不适合与其交往,等等。人际关系的发展、变化,往往是由认知成分的定义和改变而引起的。

(2)情感成分。情感成分是指人际关系的双方对彼此在感情上的好恶程度、心理感受以及对交往现状的满意程度,外在表现为积极或消极的情绪状态和情感体验。情感成分是评判人际关系的主要指标,决定人际关系的亲疏远近以及稳定程度。从这个意义上说,人际关系就是人与人之间情感上的关系,表现为对交往的对象产生好感或厌恶,对别人的行为接受或排斥,与他人积极交往或退避三舍甚至封闭自己等。人们在评价自己与他人的关系,或者自己的人际关系是否良好时,参照的就是情感上的体验这个标准。

(3)行为成分。行为成分指人际关系的主体双方表现在人际交往中的外在行为,即人际交往双方在打交道的过程中,为了沟通、表达等而采取的行为动作、举止手势、语言表情等,是人际关系得以产生、进行的载体。行为是心理活动的真实反映,我们往往能从个体之间的言语互动、肢体动作,判断出来他们之间的人际关系如何。因此,行为成分是一个比较灵敏的、可观测的人际关系指标。

人际关系的三个心理成分互相联系、相互制约。理想的人际关系应该是相互理解、情感融洽、行动协调。在不同的人际关系中,不同成分所占比重有所不同。例如,在家庭关系中情感成分多一些,在工作关系中认知成分比较突出,而在服务性行业中动作成分则较为重要。

2. 人际关系与动机

(1)满足亲和动机,克服孤独恐惧。亲和动机是促使人们进行交往和集群的原始动力。社会心理学认为,亲和本能形成于人的婴儿时期。新生婴儿受饥渴生理本能的驱使,产生对母亲的依恋。每当母亲给婴儿喂奶时,婴儿便能够把母亲形象与温暖、舒适、安全等美好感受联系在一起。婴儿受到无数次的爱抚，就无数次地与愉快的情境联系起来，通过这种条件反射的知觉过程，他逐步学会了依恋母亲，再把这种依恋逐步泛化到其他人身上，希望有人陪伴的动机就成了某种“习惯”而被固定下来，使人的一生都渴望建立良好的人际关系。

每个人都有孤独感，一种称之为人类“存在的孤独”，是人对自身孤立性的认识。当人际关系缺乏或人际关系不和谐时，人就会感到孤单和不安全。人们长期忍受孤独感的折磨会造成身体和心理的不健康，而治疗孤独感，克服孤独恐惧的唯一方法就是与他人积极交往，建立良好的人际关系。前面提到过的哈佛大学持续70多年的关于“什么会使我们保持健康快乐”的研究项目负责人罗伯特曾指出：“社会联系真的对我们有益，而孤独是有毒的。”人是社会性的动物，需要在与人的互动接触和建立联系中，获得帮助、发展情谊、得到认可。人们害怕离群索居、没有朋友，这种深深的孤独感既来自人们原始的生存需要，又来自人们不断社会化、渴望高品质生活和个体发展的需求。所以，亲和动机是一种重要而又极其复杂的动机，是人们建立人际关系，寻求生存、安全、情感、认可等资源的动力。

（2）满足赞许动机，获得人际支持。赞许动机是指人们在生活、工作或群体中，能够努力取得成绩或作出贡献，以得到鼓励和称赞的一种心理需求。它来源于人们希望在同伴或自己所在的团体或组织中获得理解、尊重、认可、信任、鼓励、支持、赞扬等的一种心理需要，是社会心理学家用来解释社会行为的一个重要动机。如果个体能够在人际交往中满足赞许动机，即被同意、被支持、被允许、被赞扬，那么他就能够充分地感受到被包容、被支持和被爱的感觉。因此，赞许动机对于个体积极建立良好人际关系的驱动和强化作用是显而易见的。

（3）满足成就动机，追求幸福体验。成就动机是人们追求个体价值的最大化，或者在追求自我价值的时候，通过一定的方式达到最完美的状态。成就动机是一种内驱力，能够影响人的行为活动和思考方式，并且持续作用。高成就动机者不会满足于随波逐流，总会用心选择自己的目标，并且通过各种途径、做出各种努力去实现目标。因此，成就动机显著影响着人们的交往行为，成就动机强烈的人，为了达成自己的预定目标，更乐意与人交往、与人合作、获取帮助、追求成功、满足自我需要。

据统计资料表明：良好的人际关系，可使工作成功率与个人幸福达成率达85%以上；一个人获得成功的因素中，85%决定于人际关系，而知识、技术、经验等因素仅占15%。例如，某地被解雇的4000人中，人际关系不好者占90%，不称职者占10%；大学毕业生中人际关系处理得好的人平均年薪比优等生高15%，比普通生高33%。

第二节　盘点人际关系

人际关系是一个人正常、快乐学习和工作的重要基石。良好的人际关系对于每个人都是极其需要和重要的，没有一个人愿意生活在无人响应的荒岛，没有一个人不喜欢被认可、被尊重、被支持、被帮助和被爱。那么，时刻围绕在我们周围的人际关系到底是什么样子的呢？从哪些角度来了解它呢？

一、人际吸引因素

人际吸引是产生人际交往的前提，是人际交往双方之间互相注意、欣赏、倾慕等心理上的相互靠近和渐生好感，进而彼此接近以建立情感链接的过程。影响人际吸引的因素有五种：

1. 熟悉与邻近程度

1986年，心理学家扎琼克关于交往频率对人际吸引影响做了实验研究。实验方法是把12张陌生照片分成6组，5组以不同的频次呈现给被试，1组不呈现。最后让被试按照自己的喜欢程度将照片进行排序，结果发现：被试倾向于把看到的频次多的照片排在更喜欢的位置。由此可见，见面的频次、交往的机会增加确实会导致人际吸引，距离接近、比较熟悉、经常见面，也是建立良好人际关系的必要条件。

较之于其他条件相当的人，人们倾向于与自己熟悉的或者空间距离邻近的人产生更多的人际互动。这是因为，熟悉和邻近这两个因素有物理空间距离近、接触机会多、交往成本低、彼此易了解等优势，使得人际交往双方更容易、更有机会增进了解、拉近距离、发展亲密的人际关系。我们经常说的远亲不如近邻、发小、闺蜜、青梅竹马皆是如此。

2. 相似性

心理学家纽科姆做过一个实验：让互不相识的17名大学生住在同一间宿舍里，对他们的亲密化过程进行了为期4个月的追踪研究。结果发现，在见面初期,多是住在附近的人成为好伙伴,后来,态度的相似性逐渐成为人际吸引的主要因素。由此可见,人们之间的相似性增加时,人际交往的吸引力也在增加。

社会心理学家柯尔等在关于最好朋友的研究中发现,个人所指出的最好的朋友大都是与自己同等地位的人。一般来说,他们在教育水平、经济条件、社会价值等方面都很相似,这也就是我们经常所说的"门当户对""物以类聚,人以群分",相似性使我们更容易有共同语言,产生"志同道合"的感觉。由此可以看出,人们往往喜欢和那些与自己在某个或某些方面相似的人进行交往。这些相似的方面有很多种,如因为信念、价值观及人格特征等的相似;因为兴趣、爱好等相似;因为家庭背景、社会地位等方面的相似;还有因为工作岗位、年龄、经验等相似。

3. 互补性

当人际交往双方在某些方面互补时,人际吸引的程度会增加。互补性可以看作是相似性的特殊形式,都是出于个体的需要。例如,支配型的男性通常与顺从型的女性更容易在夫妻关系中相处;脾气急躁的人往往喜欢和脾气温和的人交朋友。

心理学家调查研究发现,在 25 对结婚 30 年以上的夫妻中,夫妻之间需求的互补性是婚姻关系得以维持的基础。在对已建立恋爱关系的大学生的调查中也发现,对于短期伴侣来说,推动人际吸引的动力主要是相似的价值观,而驱使长期伴侣发展的动力,则主要是需要的互补性。

4. 外貌特征

日常生活中,我们会发现,容貌、体态、服饰、举止、风度等外貌特征在人际吸引中也发挥了很重要的作用,尤其是在人际交往的初期。好的外貌特征会给人良好的第一印象,产生"晕轮效应",使人更容易认为这个人还具备了其他一系列较好的品质。戴恩及其同事在一项研究中,让大学生被试对 3 张外表吸引力不同的照片的主人公在 27 项特质上打分,并预测其未来的幸福程度,结果发现,大多数被试对外貌好的人给予了较高的评价和预测。

社会心理学家兰迪的实验也印证了这一点,实验让被试分组看一篇短文,第一组收到的短文配有一个有魅力的作者照片,第二组的作者照片没有魅力,第三组没有照片只有短文。结果发现,同样的文章,当被认为是有魅力的作者所写时,得到的评价更高,文章本身的质量并不好时尤其如此。外貌对于人际吸引和评价的影响可见一斑。

5. 能力

才能一般会增加个体的吸引力,人们往往更愿意欢迎、靠近和接纳有才能的人。这或许是因为人们敬佩和钦慕有才能的人，并且认为与能力强的人在一起，能够得到更多的支持和资源，古人说的“近朱者赤，近墨者黑”就是这个道理。

同时，也有研究发现，如果一个人的才能太“咄咄逼人”，对别人形成较大的压力，让他们感受到渺小、无能和挫败的话，那么这些有才能的人，就不会那么地吸引人了。艾略特·阿伦森的研究表明，实际上，在人群中，那些各方面能力都很强，但偶尔会犯些小错误的人比那些完美无缺的人更受欢迎，这就是著名的“仰巴脚效应”。这说明，比起那些完美无缺的人，稍微有点小瑕疵的优秀人士会让我们认为瑕不掩瑜，更为可爱和敢于接近。例如，现在很多明星就是因为在一些真人秀之类的综艺节目上，突然被大家喜欢，“大火”起来。这是因为，他们在综艺节目上，呈现出了自己一些真实的、可爱的生活细节，让观众觉得比原来的明星光环，多了一些更真实的、可接近的东西。

二、人际交往困扰

大学生需要经历从中学生的角色转换到大学生的角色，人际交往的宽度、深度、复杂程度都有很大不同；并且，大学生都处于青年时期，思维活跃、需求多样、自主性强，因此，大学生进入大学后面临的第一个难题就是人际交往。近年来，由于人际交往问题引起的一系列不良的校园事件，也总是成为社会关注的焦点。

大学生人际交往的问题按照从轻到重的程度，可以分为交往缺乏、人际冲突和社交恐惧。

1. 交往缺乏

交往缺乏，也可以称为交往平淡，表现为缺少知心朋友，与他人交往平淡，遇到烦心的事情、无法解决的困难等需要人际支持的情境时，不知道可以找谁去诉说和寻求帮助。这种情况在大学生中屡见不鲜，经常有来访学生表示“没有知心朋友”“人际关系说不上好也说不上不好，比较平淡”“静下来时总是感觉到莫名的孤独”等。有一项调查结果表明：大约有65.85%的大学生有一定程度的孤独感，而4.19%的大学生有较深的孤独感。

形成交往缺乏的原因有如下几种情况：

第一种情况是不当的家庭教育。

不当的家庭教育是人际交往缺乏的一个原因，家庭结构、父母观念、家族期待等原因，使得原生家庭对个体的人格特征产生了深远的影响。有些家庭对孩子的培养目标单一、学习期待过高、情感链接薄弱、亲情互动缺乏、家庭关系纠结等，使得一部分学生在成长过程中，对于自己、他人和社会的认知和期待陷入误区和困扰；有些家庭对孩子过度溺爱、骄纵，使孩子养成自我为中心的性格，缺乏内省、辨别、理解、欣赏、宽容、谦让、担当与合作的能力；有些家庭对孩子的教育观念不当，使得孩子只知索取、不善付出，不习惯、害怕与陌生人或不熟悉的人主动交往；等等。在这样环境下长大的孩子，或多或少都会存在人际交往缺乏的情况。

第二种情况是交往能力欠缺。

由于大学升学压力大，好多学生把主要精力都放在学习上面，人际交往的范围窄、程度浅，且交往的对象相对单一。到了大学以后，不少学生发现，与不同的同学接触和交往，都会产生各种不适应，遇到一些人际交往上的困难或冲突时，也不知道该如何应对和化解，加上方法欠妥、能力不足或个性、心理方面的原因，导致一些学生把人际交往看作是一种负担，变得不愿意去主动交往、拓宽交往范围，变得冷漠、疏远，造成交往平淡和缺乏。

第三种情况是易受到网络媒体的影响。

随着互联网与人类生活的嵌入度越来越高，大学生的生活、学习越来越离不开网络。网络以其便利性、隐秘性、间接性吸引着越来越多的恐于交际的大学生。他们更愿意将大量的精力和休闲时间用于网络，而不是真实互动的人际关系。比起向身边的人诉说心事或寻求支持，他们更愿意发个朋友圈，对他们来讲，网络更安全、更简单。这些一方面表现出了这部分学生对于人际支持的需要和渴望，另一方面也表现出了他们对于人际交往的否认和回避。

调适人际交往缺乏需要正确的方法，不可擅意为之。具体方法有如下几种：

第一，意识到人际交往的重要性，增强人际交往主动性。

大学阶段是个体社会化的重要阶段，是大学生由学生角色进入到社会角色的演练期。在这里，大学生既要学习科学文化知识，又要练习社会生活技能，即人际交往能力、社会实践能力和改革创新能力等。因此，大学生应该在大学阶段，积极参加社会实践、集体活动，主动与他人互动、交往，不断地增长社会实践经验和能力，扩展人际范围，获取人际支持和成长性资源。这不仅是大学生不断发展和完善自我的发展需求，也是获得人际支持、寻求情感链接的心理需求。

第二，增强人际交往技能，提高人际交往的能力。

掌握必要的人际交往技能，是建立良好的人际关系的前提。“话有三说，巧说为妙”“换位思考”“良言一句三冬暖，恶语伤人六月寒”等这样一些注重沟通技巧的俗语，会让我们在人际交往的过程中获益不少。关于说话的技巧，散文作家朱自清在《沉默》一文中说：“你的话应该像黑夜的星星，不应该像除夕的爆竹——谁稀罕那彻宵的爆竹呢？”言不在多，希言则贵。会说话的人说的话就是让人听了感觉舒服，即便你在批评别人，在给别人提意见，也要用能让人欣然接受的方式，这就是人际交往的技巧。掌握一定的人际交往技巧，有利于增强大学生在人际交往中的自信心和积极性、主动性。

第三，寻找和建立适合自己的交友圈和交友平台。

相信每一个大学生都有自己的长处和财富，只是有的同学暂时没有遇到合适的群体和场合去展示自己。因此，不要苛求自己在所有的场合和人群都表现得突出和游刃有余，可以甄选一些自己感兴趣的交友情境，如利用大学里的学生社团、集体活动、住宿方式等，寻找志趣相投、相互吸引的群体，促进自己更快更好地融入群体、锻炼自己、寻找朋友。

2. 人际冲突

人际冲突是一种对立状态，表现为两个或者两个以上相互关联的主体之间的紧张、不和谐、敌视、对立、争斗甚至破坏、报复的状态。冲突主要是因为生活背景、教育程度、年龄经历、文化习俗和利益需求等方面的差异，从而导致冲突双方在价值观、知识、立场、观点、沟通方式等方面的不协调，因此增加了彼此对抗的可能性和合作的难度。严重的人际冲突不仅会影响双方人际关系，更有甚者还会发展到伤害自我或危害他人的程度。

人际冲突在我们日常生活中屡见不鲜，有显性冲突，如争执辩论、拍桌叫骂、肢体冲突等；也有隐性冲突，如我们经常会发现在日常生活中，某两个人彼此互不理睬、互相冷战、暗自较劲或者逐渐疏远。

大学生人际冲突种类主要分为以下几种：

（1）因认识观念、行为习惯不同引起的冲突。大学生由于来自不同的地方，在价值取向、观点看法、生活方式、行为习惯、地域文化等各个方面都有可能存在差异。这些差异在长期相处的过程中，如果处理不好，就会造成人际冲突的隐患或者产生人际冲突。

（2）因沟通方法不当引起的冲突。由于双方沟通不及时，沟通方式不当，信息交流不畅、不完整、歪曲等而造成双方误会和隔阂，引起人际冲突。缺乏沟通或方法不当是引起沟通不当的主要原因。

（3）因个性差异引起的冲突。大学生非常关注自我，注重个体需求，由于个性差异和人格特质的不同而引起人际冲突的情况也屡有发生。另外，一些人际关系敏感，在人格方面有偏执、强迫等倾向的人也容易与别人发生冲突。

(4)因情绪因素引起的冲突。在大学生中，情绪因素也是引起人际冲突的常见原因。遇到冲突时，以自己心情好不好为借口，自己喜不喜欢为评判标准，不能理智地对待他人。这种非理性的处理问题的方式更容易引起冲突。

以上只是冲突的分类，在现实生活中，我们见到的更多的是多种因素综合起来的冲突。

有效化解人际冲突的方法也是至关重要的，具体做法有以下几种：

(1)理智看待。虽然人际冲突对人际关系有很大的负面影响，但是当冲突出现时，我们若能够通过智慧去有效化解的话，冲突有时也能起到正面的作用。冲突能够提供一个机会，使交往双方能够澄清自己的看法，有机会讨论问题产生的症结；冲突也给我们发出了警示，帮助我们进一步认识自己在做事方法、个性发展方面的不足，使我们产生认识自己、改变自己的动力。我们也要认识到，人际冲突是人际交往中的普遍现象，一旦产生了任何程度的人际冲突，我们都拿出"理智""尊重"的态度，积极处理当下的事情，以免过度累积负性情绪，"积非成是"或产生难以消除的误解与隔阂，日后很难消除和弥补。

(2)换位思考。每个人都拥有自己的个性特点和不同需求，因此我们要能够换个角度来思考问题，尊重对方，理解差异。

(3)学会沟通。学会使用正确的方式和技巧，能够使我们在应对人际冲突时起到"事半功倍"的效果。

由于生活阅历有限、处事经验不足，需要学习和掌握人际沟通的方法和技巧。并且，无论什么程度的人际冲突，积极的、有效的沟通都是解决问题的良好开端。

(4)寻求帮助。在遇到自己没有办法解决的人际冲突，或者在人际冲突中，自己的情绪、情感和身心状态都受到严重影响的时候，要懂得适时求助他人。

3. 社交恐惧

1. 大学生中的社交恐惧

社交恐惧症也叫社交焦虑症，是一种对任何社交或公开场合都感到强烈恐惧和忧虑的精神疾病。患者对于一些有陌生人或者会被观察的社交、表演场合，有着显著且持久的恐惧。甚至有些患者对于参加聚会、打电话、到商店购物或询问权威人士都感到困难。

而在大学生中，我们经常会看到的社交恐惧或焦虑的表现是这样的：程度轻一些的主要是指有些大学生在人际交往的过程中，害怕到公开场合发言、演讲、表演等，或者碰到某些或某个人的时候，会表现出超出常人的紧张或不知所措；严重的表现为心跳加快、肢体发抖、脑子一片空白等症状。这些都是社交恐惧或社交焦虑的现象，还不能称之为社交恐惧症。

2. 应对社交恐惧

我们要理性对待社交恐惧，既不能把其看成只是因为内向、胆子小、经验不足所引起的而置之不理，也不要把其看成是难以逾越的障碍。可以通过以下几个方面来进行调适：

第一，循序渐进，建立自信。很多社交恐惧的大学生都是因为对自己不够自信，担心自己表现太差。所以，要寻找自己的优点、长处，时常给自己积极地心理暗示，从内心正视、接纳和欣赏自己。可以循序渐进，试着进入到自己恐惧和逃避的情境中，采用系统脱敏法，从一小步一小步做起，每达到一个小目标就及时肯定自己，增加自己的自信心和应对经验。

第二，心临其境，勇敢面对。通过假想，利用暴露疗法，培养自己面对恐惧情境的力量。找一个安静、独立的地方，假想一个空间，与自己恐惧的情境一样，模拟可能会发生的场景，不断练习重复发生症状的情节，并不断鼓励自己勇敢地面对这样的情境，从假想的演练中接受和适应焦虑紧张的心情、模拟应对的方法、增加心理韧性，鼓励自己勇敢面对焦虑和恐惧。

第三，寻求帮助，进行治疗。如果社交恐惧持续时间过长，严重影响到了正常的学习生活，就需要寻求医生帮助，接受治疗。通过药物治疗、心理治疗或行为训练，可以起到良好的治疗效果。

第三节　经营人际关系

人际关系学大师戴尔·卡耐基就说过："成人教育应该是一门社会关系学方面的学问"。因此，对于当代大学生来说，经营好人际关系，是获得全面发展和实现自我价值的第一步。

一、增强人际吸引

大学生要加强对自己的了解，从自己的个性特点、行为习惯，结合个人学习目标、人生信仰、交往目的等来调整自己的状态、行为和交往。培养良好的心理品质、提高个人修养与亲和力，使自己成为一个人格完善、行为得体、独立自信、受人欢迎的人。

1. 建立良好的自信

心理学研究表明，自信乐观的人大都具有良性的自我表象和自我认识，“我是一个受欢迎的人，我喜欢与人交往”，这样的心态会使人以开放的方式走向人群。他们心地坦然，很少有先入为主的心理防御，因而言谈举止轻松自在、潇洒自如。在这类人面前，很少有人会感到紧张或不自在，即使一些防御心理较强的人也会受其感染而变得轻松、开放起来。大学生之间的交往，许多时候都是为了轻松愉快、相互支持而产生的。试想一下，谁愿意与一个缩手缩脚、唯唯诺诺的人交往？与这种人交往，不光自己特别累，还要时刻照顾对方的自尊心，担心会不会给对方造成伤害。因此，在大学生群体中，乐观自信的人拥有更大的吸引力。

建立良好的自信有三个途径：一是要善于表达自己的优点，却不过分夸大。所以我们在与人交往的时候，要建立良好的自信，要勇于向别人展示自己的优点和长处，大方地接受别人的夸奖。但要记住凡事都要有个度的问题，我们勇于向别人展示自己的优点，但不是执着于向别人炫耀自己的优点，以获得优越感。要让别人觉得你是一个自信的、有能力的人，同时也是一个谦虚上进的、乐于助人的人。二是可以运用积极暗示，以减少或消除不良的自我认识。大部分不自信的人，并不是因为技不如人，而是在自我认知上产生了偏误，认为自己不好或不行。因此，运用适当的积极的自我暗示，发掘自己身上的闪光点，有利于修正自我认知，促进自信。三是不断学习，增进知识和能力。自信是循序渐进地建立的，当一个人因为自己的成绩和优秀表现不断地被身边的人看到和称赞时，他会慢慢地获得更多的良性反馈和正向的自我评价，建立良好的自信。

2. 培养优秀的心理品质

心理品质在人际交往中起到人际吸引、获得对方认可、调整自身情绪和心态的作用。

拥有良好的心理品质的人往往都会得到别人的尊重、理解和欣赏。这里的心理品质主要包括习惯、观念、信念等。

培养良好的心理品质就要求我们做到知、情、意统一。“知”是指认知、观念；“情”是指情绪、情感；“意”是指意志。对于大学生来说，就是要树立正确、理性的认知观念，尊重和理性看待自己和他人；管理好情绪、情感，做一个积极、乐观、豁达、宽容的人；锻炼自己的意志，做一个意志坚定、不怕困难、敢于应对挫折的人。

3. 不断提高能力修养

前面讲过，能力是人际吸引的重要因素。大学生文化水平高、自主观念强，其所交往的对象是否有知识、有修养、有魅力，是大学生人际交往过程中较为关注的因素。在大学生群体中，那些学识丰富、眼界开阔、胸怀志向和能力突出的人，更有人际吸引力。大学生要认真学习知识、积极进行实践，在知识学习和实践磨砺中，在待人接物、行为处事中，开拓思想、增长学识、陶冶品性、改造认知，提高个人能力和修养。

二、人际交往规则

1. 真诚原则

有人说，真诚是打开别人心灵的一把钥匙。真诚能够使人减少防御心理，产生安全感，是人际交往开始的前提。所以，在人际交往过程中，抱着真诚开放的态度去交流和接纳别人，带着真诚豁达的态度去应对和解决问题，是处理好人际关系的基础。一个把自己完全包裹或者伪装起来的人是不会有深入真诚的人际关系的。

2. 主动原则

主动传递的是一种友好的态度，主动表达善意和接纳能够使人产生受重视的感觉和愿意交往的愿望。主动向人打招呼和被人主动打招呼都会使人产生愉悦的感受，并且，在遇到人际关系冲突的时候，如果冲突一方能主动沟通和化解矛盾，那么很多误会都会很快解开。

3. 平等原则

平等是建立人际关系的前提，不平等的人际关系无法长久和深入。大学生个性鲜明、关注自我感受，平等和被尊重的需要在大学生中尤其突出。我们经常说的“己所不欲，勿施于人”“投之以桃，报之以李”都体现了平等原则。只有在关系平等、彼此尊重的关系中，既关注对方需求，又能满足自身需要，才能建立平等、自由、良好、长久的人际关系。

三、人际交往技巧

1. 发现别人的优点，学会尊重和赞美

有人说："世界上缺乏的不是美，而是发现美的眼睛。"只要你有一双欣赏的眼睛，在任何地方都能发现美的东西。在人际交往中，如果我们时刻有一双欣赏的眼睛来看待别人，发现别人的优点、肯定别人的成绩，那么人与人之间的距离便会不断拉近。

赞美别人是一种发自内心的尊重和欣赏。一是要真诚地赞美，毫无根据地吹捧或者笼统简单地应付，都会起到反作用，失去了赞美本来的意义。二是事出有因。看到并表达出来的别人的优点，是要切切实实在对方身上能够看得见的，而不是生搬硬套上去的。三是要讲到别人心里。当一个人完成某件事情或者出色地做好一件事情时，他一定有成就感和自豪感，因此，要善于观察对方心里期待和在乎的东西是什么。例如，一个孩子花费了半天时间，用泥巴捏好了一个小动物，要送给自己的妈妈，妈妈夸奖的却是："你真棒，玩泥巴的时候衣服都干干净净的。"虽然这句话是夸奖，也看到了孩子的优点，但这句夸奖并不是孩子所期待的。

2. 倾听别人的声音，学会关注和回应

有人说，"倾听是世上最美的动作"，倾听能够使人感觉到被关注、被支持。如何做到倾听是一种能力，也是一门艺术。在人际交往中，倾听既让对方感受到被尊重、乐于与其交往，又能使倾听者及时把握信息，了解更多的细节的经验，真正了解对方。另外，倾听也能给对方以情感支持，加深彼此的情谊。在倾听中，要注意做到共情性的倾听，具体来说就是，能够感受到对方话语里的情绪并做到接纳和反馈，能够辨识到对方话语里的需求并做到回应和支持，让对方在与你的交流中，真正地感受到被理解、被回应、被支持、被帮助。

3. 接纳别人的不同，学会包容和支持

前面提到了"共情"这个词语，"共情"是情商高的表现，是能够换位思考、包容接纳，并设身处地地替对方着想，保持对别人的尊重，保持自己的独立。每个人都有自己不同的爱好志向、行为方式，一是不能用自己的标准去衡量和要求别人，如"那么大点事情，他怎么就崩溃成那样了？也太脆弱了吧？"诸如这些反应，会将身边的人推远，使他们觉得被苛责、不被理解。二是不要试图通过争论来改变他人。同学之间常常争论，若是为探讨问题，这是有益的，但试图以此改变对方，则往往会适得其反。因为每个人都或多或少把自己看成是自我的

一部分。当你反驳他的观点时，便或轻或重地对他的自尊造成了伤害。所以，争论双方很难单纯地就问题展开争论，其间往往渗入了保卫尊严的情感。这种情况在年轻气盛、自我意识强的大学生中更为常见。因此，在人际交往中，要做到“求同存异”“得理也要让人”，这样才会让你的人际关系充满弹性。

思考主题：交往何以和谐

1. 什么是人际交往和人际关系？人际关系对大学生成长有何帮助？
2. 人际交往背后的心理机制是什么？
3. 建立良好人际关系的方法有哪些？你的经验和教训是什么？
4. 根据人际关系测验评估，分析你的人际交往有哪些困扰，如何克服。

心理测验：人际关系量表

指导语：这是一份人际关系行为困扰诊断量表，共 28 个问题，请你按照自己的实际情况，回答下列问题。如果符合你，请在“[是]”上画“√”，如果不符合你，请在“[否]”上画“√”。

题号	题目	计分
1	关于自己的烦恼有口难言	[是][否]
2	和生人见面感觉不自然	[是][否]
3	过分地羡慕和妒忌别人	[是][否]
4	与异性交往太少	[是][否]
5	对连续不断的会谈感到困难	[是][否]
6	在社交场合，感到紧张	[是][否]
7	时常伤害别人	[是][否]
8	与异性来往感觉不自然	[是][否]

续表

题号	题目	计分
9	与一大群朋友在一起,常感到孤寂或失落	[是][否]
10	极易受窘	[是][否]
11	与别人不能和睦相处	[是][否]
12	不知道与异性如何相处	[是][否]
13	当熟人对自己倾诉他的遭遇以求同情时,我常感到不自在	[是][否]
14	担心别人对自己有什么坏印象	[是][否]
15	总是尽力使别人赏识自己	[是][否]
16	暗自思慕异性	[是][否]
17	时常避免表达自己的感受	[是][否]
18	对自己的仪表(容貌)缺乏信心	[是][否]
19	讨厌某人或被某人所讨厌	[是][否]
20	瞧不起异性	[是][否]
21	不能专注地倾听	[是][否]
22	自己的烦恼无人可申诉	[是][否]
23	受别人排斥与冷漠	[是][否]
24	被异性瞧不起	[是][否]
25	不能广泛地听取各种意见、看法	[是][否]
26	自己常因受伤害而暗自伤心	[是][否]
27	常被别人谈论、愚弄	[是][否]
28	与异性交往不知如何更好地相处	[是][否]

第十章　爱情与婚姻——成家心理教育

爱情使人心的憧憬升华到至善之境。

——但丁

青青是一个温柔腼腆的女孩，高中时期喜欢同班的男生阿远，但由于高考失利，没能与阿远进入同一所大学，交友圈的不同以及距离的阻隔，使青青与阿远少了很多的共同语言，一段模糊的爱恋越走越远。

在朋友的提议下，青青加入了校内一个社团，在社团活动中，结识了小宇。小宇的性格与阿远很像，同样的阳光温暖，以至于在社团众多人中吸引到青青的注意力。在青青的有意接近下，她发现小宇和阿远很像，喜欢篮球，也喜欢张国荣。而在与青青的相处中，小宇也发现了青青温柔腼腆的一面，两个人自然而然地走到了一起。

然而好久不长，在与小宇的相处中，青青发现自己喜欢的不是阳光帅气、喜欢篮球、喜欢张国荣的男孩小宇。自始至终，自己喜欢的就只有阿远一个人。在万般纠结中，青青选择了与小宇分手。这样一段无疾而终的恋爱，不仅使小宇困惑，同样也使导致这种结局的青青感到愧疚与心虚——恋爱本应该是很美好的一件事情，可是为什么会成为现在这种情况呢？

事实上，青青和小宇所面临的困惑是很多青年人常会遇到的，当爱情降临到青年人身边时，什么是真正的爱情，如何正确对待爱情与追求爱情，如何处理恋爱过程中的问题，与爱情密切相关的性又该如何正确对待，等等，这些问题使恋爱中的大学生不知所措。因此，本章将从探索爱情讲起，探讨大学生的爱情与婚恋观。

第一节　探索爱情,解密爱情

斯蒂文生曾说过:“因为爱情进入了人的心里,是打骂不走的。它既然到了您的身上,就会占有您的一切。您既然已经爱上了,事情就只好如此,唯一的途径是想个最便宜的方法如愿以偿。”那么如何才能在爱情中如愿以偿呢？心理学研究发现,爱情其实是有规律可循的。

一、爱情的秘密:男女美好情感

爱情是个体与个体之间强烈的依恋、亲近、向往,以及无私并且无所不尽其心的情感。它通常是情与欲的对照,爱情由情爱和性爱两个部分组成,情爱是爱情的灵魂,性爱是爱情的附加属性,并不是必要存在的,情爱才是爱情的根本与核心。

1. 探索爱情

爱情是指男女之间基于一定的社会关系和共同的生活理想,在各自内心形成的对对方最真挚的爱慕、渴望对方成为自己终身伴侣的最强烈的情感体验,是两颗心灵相互吸引、达到精神升华的产物,是人类特有的一种高尚精神生活享受。

要注意的是,痴情的爱情只包含激情;空洞的爱情只包括承诺;浪漫的爱情包括亲密和激情;伙伴式的爱情包括亲密和承诺;昏庸的爱情包括激情和承诺;完美的爱情包含依恋、关怀和亲密。爱情往往通过伴侣之间的接吻、拥抱、爱抚以及性的行为表达出来。爱情最重要的表现是一个人对爱人无所不尽其心。

2. 爱情的心理学解析

人类作为一种社会动物,当遇到为之心动的人时,心潮澎湃,热情似火,身体也会随之发生变化,人的体内会释放出俗称“爱情激素”的后叶催产素。

社会心理学学者认为,影响约会成果的第一因素是外貌。社会心理学家艾里·芬克尔和保罗·伊斯威克发现,男女在择偶时的第一感觉其实差不多,他们最先考虑的都是身体和生理上的吸引力,其次考虑的是个人性格方面的因素,至于赚钱的能力,只能排在第三位。

3. 解密爱情

朵拉曾说:“尝过爱情味道的人,但愿从来不曾恋爱过。原来爱情不过是一道七彩的虹,美丽却适宜在远处,只能观赏,而且短暂,一会儿它就踪影不见了。你寻觅又寻觅,它始终不肯再度露面。”对于情窦初开的大学生来说,爱情是神秘的,也是难以认识到的。因此,把握自己的内心,审视自己的情感,辨别爱情的真伪,培养识别爱情的能力是十分必要的。大学生在准备迎接爱情的时候,应该懂得:

(1)爱情不只是对异性的好感。好感与爱情,是青年男女在交往中时常碰到而又难以区分的感情。但是好感并不是爱情,两者的区别是,爱情除了有感情的冲动外,还需要相互间的深入了解,人生观、价值观、志趣、理想等高度地一致,而好感却不一定有这些因素。好感是一种直觉性的感情,如果把爱的历程描绘为“好感、爱慕、相爱”三部曲,好感只是爱情的前奏,但它并不一定能发展为爱情。好感以直觉和印象为支点,而爱情则以心灵的融合为基础。

(2)爱情不是感情冲动。感情冲动常常是暂时性的,一时的感情冲动可以产生于任何一对男女之间,它是两性吸引的结果。感情冲动往往使人头脑发昏,忘乎所以,甚至做出不久便后悔的愚蠢举动,这是一种十分脆弱的情感,而爱情则是一种既炽热又深沉、既强烈又持久的情感,它随着时间的推移而生根、开花、结果,使恋爱着的双方变得更加可爱、完美。

(3)爱情不等于友情。爱情是友情发展的一种结果,而友情发展的结果并不全都是爱情。爱情是友情的延伸和继续,而不是友情的必然结果。泰戈尔曾说:“友谊和爱情之间的区别在于:友谊意味着两个人和世界,然而爱情意味着两个人就是世界。在友谊中一加一等于二,在爱情中一加一还是一。”

二、爱情的理论:三元要素组合

社会心理学家罗伯特·斯滕伯格提出爱情三角理论,认为爱情由三个基本成分组成:激情、亲密和承诺。其中,激情是爱情中的性欲成分,是情绪上的着迷;亲密是指在爱情关系中能够引起的温暖体验;承诺指维持关系的决定、期许或担保。这三种成分构成了喜欢式爱情、迷恋式爱情、空洞式爱情、浪漫式爱情、伴侣式爱情、愚蠢式爱情、完美式爱情等七种类型。

1. 激情:爱情的情感因素

激情是一种“强烈地渴望跟对方结合的状态”,是那种意乱情迷、刚刚坠入爱河时的感觉。通俗地说,就是见了对方,会有一种怦然心动的感觉,和对方相处，有一种兴奋的体验。性的需要，是引起激情的主导形式，其他自尊、照顾、归属、支配、服从也是唤醒激情体验的源泉。激情可以是积极的，也可以是消极的。积极的激情能激励人们克服艰险，攻克难关；消极的激情常常对正常活动具有抑制的作用或引起冲动行为。具有正确的思想认识、高尚的道德品质和坚强意志的人，一般能控制自己消极的激情。

激情的发展大致经历三个阶段：①由于意识控制减弱，身体的变化和表情动作越来越失去控制，细微的动作由于高度紧张而发生紊乱。人的行为服从于所体验着的情感。②人失去意志的监督，发生不可控制的动作和失去理智的行为，这些动作在事后回想起来会感到羞耻和后悔。③出现在激情爆发之后，此时会出现平静和某种疲劳的现象，严重时会出现精力衰竭，对一切事物都抱着漠不关心的态度，有时还会精神萎靡，即所谓激情休克。

2. 亲密：爱情的动机因素

亲密是两人之间感觉亲近、温馨的一种体验。激情使男女彼此依靠，亲近到你中有我，我中有你，谁也离不开谁，也就是通常所说的灵魂伴侣或知己。简单说来，就是能够给人带来一种温暖的感觉体验。亲密主要包含十个基本要素：渴望促进被爱者的幸福；跟被爱者在一起时感到幸福；当他们在一起做事情时，他们都感到十分愉快，并留下美好记忆，对这些美好时光的记忆能成为艰难时刻的慰藉和力量；尊重对方；跟被爱方互相理解；与被爱方分享自我和自己的占有物；从被爱方接受感情上的支持；给被爱方以感情上的支持；跟被爱方亲切沟通；珍重被爱方。

3. 承诺：爱情的认知因素

承诺由两方面组成：短期承诺和长期承诺。承诺使男女双方愿意与对方相守，你就是我的唯一，在一生中，我们能给对方最大的承诺就是婚姻。其中，短期承诺指要做出爱不爱一个人的决定，长期承诺是做出维护这一爱情关系的承诺，包括对爱情的忠诚、责任心，是一种患难与共、至死不渝的承诺。但两者不一定同时具备，如决定爱一个人，但是不一定愿意承担责任，或者给出承诺；又或者决定一辈子只爱他/她，但不一定会说出口。

总之，亲密可以看作是来自关系中的情感性投入，激情可以看作是来自关系中的动机性卷入，承诺可以看作是来自关系中的认识性的"决定与承诺"。因此，亲密是"温暖"的，激情是"热烈"的，而承诺是"冷静"的。渴望爱情的大学生，只有理解了爱情的内涵，把握了爱情的真谛，才能获得真正的爱情——亲密、激情和承诺三要素俱全的完美的爱。

第二节　走进恋爱心理

恋爱是爱情的过程，爱情是恋爱的结果。爱情以婚姻为归属，社会属性在爱情中体现为一种相爱双方互相之间的承诺和责任。一个人自从性生理和心理发育成熟以后，一直到生命的终止，都会不同程度地面临爱情的问题。相遇、相知、恋爱、结婚……可以说，爱情贯穿着人的一生。而大学生作为尚处在象牙塔中的青年人，面对爱情、处理爱情的方法与已处在社会中、掌握更多社会经验的青年人存在必然差异。

一、大学生恋爱心理特点

根据2019年对贵州一所大学的调查研究显示，大学生的恋爱心理呈现以下主要特点：

1. 恋爱跟风心理

随着微博、微信、抖音等社交平台的盛行，在此类平台上“秀恩爱”已成为某些处于恋爱状态的大学生的重要生活内容。一部分学生想尽快摆脱单身状态，在不够了解彼此的前提下，盲目确定异性朋友，这是一种对彼此都不负责任的行为；另一部分学生经过努力，仍无法找到异性朋友，情绪苦闷，存在挫败感，甚至出现严重自卑等心理问题，极大地影响了生活和学业。

2. 情感寄托心理

学生在高中时期有父母陪伴，独自开始大学生活后，内心孤单，此时往往采取寻找异性朋友的方式来增加安全感。尤其是一些留守学生，更渴望有异性朋友的关心和呵护，能够相互扶持，共同努力，作为情感上的寄托。但部分大学生恋爱后，往往会过多倚重对方，除了恋爱对象，其他朋友不予交往，交际圈变得越来越狭窄，易影响学生的自我提高和发展。

3. 颜控诱捕心理

近年来，“颜控”成为一个新兴词汇，大学生在寻找异性朋友时，主观性强，往往把五官感受放在首位，忽略了异性内在品质、道德素养、家庭背景等因素的重要性。只重颜值的恋爱，往往无法长久，导致这部分大学生恋爱对象频繁更换，不利于大学生的成长和自我发展，也不利于高校的安全稳定。

4. 观念开放心理

随着西方文化的渗透和影视作品的影响，一些大学生认为只要真心相爱，什么都是可以无私奉献的，责任意识不足，恋爱道德弱化。在这种开放的观念下，大学生恋爱危险系数大，易造成严重的情感和身体伤害，也是爱情中的一个潜在隐患。

5. 思想不成熟性与恋爱不稳定性

思想不成熟与恋爱不稳定是当下大学生心理的又一突出表现。当代“00后”大学生的恋爱，呈现出较为明显的低年级化的趋势，有相当部分的大学生在大一就开始谈恋爱，有的甚至一进入大学校门就坠入爱河。而低年级的大学生，尤其是大一新生，人生观、世界观、价值观都尚不成熟，大部分还未对自己的人生进行清晰的规划，对待恋爱及恋爱中遇到的种种问题处理起来没有经验；与此同时，在与异性交往进而寻找爱情的过程中，往往容易陷入重外貌而轻内涵、重过程而轻结果、重享受而轻责任的误区。此外，绝大多数的大学生经济状况尚不独立，思想与情感状况也容易发生变化，处理情感纠葛的能力不足，造成了相当一部分大学生的爱情往往无疾而终，能最终走入婚姻殿堂的偏少。

二、常见的恋爱心理困扰

1. 单恋：一厢情愿的爱

单恋，也叫单相思，是指人与人之间只有单方面的爱恋思慕，若对方一直不回应，则只能以痛苦收场。单相思是一种进入爱情的准备阶段，也很有可能完全停留在这样的状态之中而无法得到必要的发展。单相思也是大多数人都经历过的一种心理状态。单相思算不得病，可过分的单相思会导致严重的心理失调，成为单思病。单相思分成两种情况：一种是不完全型单相思，即另一方也单相思你，只是与你一样未敢表达，只要任何一方捅破窗户纸即成两相思；一种是完全型单相思，即除非对方改变想法，否则不管耗去多长时间，投进多少精力，也无法改变单相思的局面，这种情况不如及早想开，以免徒增痛苦。

单恋是一种具有臆想性的恋爱情结和幼稚的行为方式，会令人沉浸在幻想的情爱中不能自拔，如果不及时纠正，可能严重影响人的知觉和理性判断，甚至影响心理健康。而暗恋通常是一种没有回报的爱，甚至被要求付出。暗恋者通常比其他恋爱来得痛苦，除了要忍受对方不知道的恋情之外，还要默默忍受暗恋所带来的种种痛苦。通常认为暗恋者付出的比正常的恋情多出好几倍，而通常这种付出都不会获得回报。暗恋的现象出现于广泛的年龄层，不论是青年、少年、中年还是老年。同样，暗恋的现象在男性与女性身上出现的概率相等。

2. 自卑：爱的信心不足

一些大学生总感到自己缺乏被爱的吸引力，为自己还没有恋人而感到自卑，认为自己对异性没有吸引力，别人瞧不起自己，不敢坦然与异性交往，更害怕在异性面前失误，只好用回避与异性接触的办法保护自尊心，并极力掩盖内心深处的痛苦与失落。自卑感是一种不能自助的复杂情感，有自卑感的人轻视自己，认为无法赶上别人。这种心理表现为对自己缺乏一种正确的认识，在交往中缺乏自信，畏首畏尾，随声附和，没有自己的主见，一遇到有错误的事情就以为是自己不好，导致失去交往的勇气和信心，或是对恋爱有误解且缺乏科学的认知，不敢去追求爱情。

3. 冲突：爱的趋避冲突

情感冲突是指人际关系双方在情感上相互排斥，丧失相互吸引，阻碍良好的关系建立的状况。情感是人积极活动的心理动力源泉，排斥性情感使两个人之间互无交往的意愿，难以彼此吸引和建立良好人际关系。已建立了良好人际关系的双方若在以后的交往中产生情感冲突，会给双方关系带来影响，导致关系淡化、中断，甚至反目为仇。

从心理学的角度分析，恋爱中的情感冲突可能源于两个方面：一是对自己缺乏信心；二是猜忌心比较严重，缺乏安全感。这些毫无根据的攻击起初带给人的是委屈和厌倦，后来就会变成侮辱而令人难以忍受。从主观愿望讲，情感冲突可能是出于恋爱之心，唯恐失去对方，但客观的效果往往与嫉妒者的愿望相反，恋人之间的感情不但不会因此而加深，反而会一步一步地走向疏远、厌倦，以致彼此憎恨。

4. 失恋：爱的丧失阴影

一般意义上，所谓的“失恋”是指一个痴情人被其恋爱对象抛弃。失恋引起的主要情绪反应是痛苦与烦恼，大多数人能正确对待和处理这种恋爱受挫现象，愉快地走向新生活。然而，也有一些人不能及时排除这种强烈情绪，导致心理失衡、性格反常，从而在心理上留下一定的创伤。

当一场爱情走到了尽头，一些失恋者由于失去了对方的爱情，其他情感又不能替代，就会产生极度的绝望感。走不出失恋阴影的失恋者往往有以下不良心理和行为特征：

(1)悲伤、痛苦、愤怒与绝望。失恋以后，首先会产生极大的悲伤和痛苦，随之而来的便是愤怒和绝望,也很可能产生鲁莽的行为,如自杀、殉情、报复他人等。

(2)强烈的报复心。这种情况通常发生在一些感情受到欺骗、玩弄的失恋者身上。他们为了宣泄自己的愤怒和不满,可能采取非理智的极端行为,甚至干脆以自己的沉沦来报复社会和他人。

(3)强烈的自卑感。有的失恋者因自尊心受挫会产生强烈的自卑感,有的甚至从此拒绝爱情,性格变得孤僻、古怪,严重者有自杀念头或行为。

(4)迁怒于他人或事。失恋后,有的人易将消极的情绪迁怒于人或事物中去,如易发脾气,对任何事都觉得不顺心,容易发怒,这种无端的迁怒常会导致行为偏激。

三、大学生恋爱心理策略

心理学家弗洛姆在《爱的艺术》中写到“爱是一种能力,也是一种艺术。只有掌握了爱的艺术,具备了爱的能力,才会正确地面对和处理爱情”。对大学生而言,大概没有什么事情比爱情谈论得更多而理解得更少了。恋爱的过程就是与他人建立亲密关系的过程,就是培养爱的能力的过程。具备爱的能力会引导一个人去真正爱他人,也真正地爱自己,能真正体验到爱给人带来的快乐和幸福。

1. 理性恋爱:结出爱的硕果

恋爱观是人们对于恋爱问题的总的看法和态度,是人生观在恋爱问题上的表现,受所处的时代、社会制度、社会经济地位和阶级地位的制约,打上时代和阶级的烙印,并随着文明的进步而发展。对于大学生而言,我们提倡树立科学的无产阶级的恋爱观。具体来说,有以下几方面的内容:

(1)提倡志同道合的爱情。大学生恋爱应把具有一致的思想、共同的信仰和追求放在首要地位,把心灵美好、情操高尚、心理相融作为择偶的第一标准。莎士比亚曾说:“爱情不是树荫下的甜言,不是桃花源中的蜜语,不是轻绵的眼泪,更不是死硬的强迫,而是建立在共同基础上的心灵沟通。”因此,在恋人的选择上,最重要的条件应该是志同道合,思想品德、事业理想和生活情趣等大体一致。马克思和燕妮的崇高爱情就是建立在志同道合的基础上的,正是因为如此,他们的爱情才经受住了艰难困苦的考验,被传为佳话。

(2)正确处理爱情与学业之间的关系。爱情是美好的,它是人生内容的重要组成部分,但不是人生的全部,它应该服从于学业,促进学业的发展。一个人只有学业取得成功，其爱情之花才会开得更加鲜艳芬芳。因此，大学生应该把学业放在首位，摆正爱情与学业的关系，只有爱情同学业相结合，爱情才有旺盛和持久的生命力。

(3)懂得爱情是一种责任和奉献。大学生在恋爱中应该懂得，爱不仅是得到，更重要的是一种责任和奉献。在社会生活中，人具有两方面的责任：一是个人对社会应尽的责任；二是个人对家庭、父母、孩子、朋友和爱侣的责任。第二个方面的责任属于私人生活的性质，是社会干预最为微弱的生活领域，主要依靠良好的道德修养和自觉的责任感来维持。正因为如此，它体现了一个人的人格魅力。大学生一旦进入爱的王国，就必须具有强烈的责任感和奉献精神，这样才能获得崇高的爱情。

(4)严肃认真，感情专一。爱情是两个个体之间的爱慕关系，这种关系包括自己特有的感情和义务，它只能存在于恋爱者两人之间，不容许第三者介入。而且，恋爱不是儿戏，双方要真诚相待、实事求是地对待自己，也实事求是地对待对方。无数事实证明，用欺骗手段骗取爱情，是不会幸福的。另外，双方一旦建立了恋爱关系，就要忠贞专一、一心一意，不能三心二意、见异思迁，搞三角恋爱、多角恋爱的行为是不道德的。

(5)互相尊重，共同进步。爱情是互爱的统一，相爱的双方，都有着自己独立的人格和精神世界，既不能完全依附对方，也不能要求完全占有对方。爱情与做人一样，理解、信任、诚实和宽容都是十分可贵的品质，爱情很多时候意味着付出，要相知、相敬、相让。

2. 爱的能力：学会爱与被爱

健康的恋爱关系是获得美好爱情的基础，建立和发展健康的恋爱关系需要具备爱的能力。爱的能力实际是一个综合的、表现在爱的过程中许多方面的能力。

(1)迎接爱的能力，包括表达爱的能力和接受爱的能力。一个人心中有了爱，在理智分析之后，要敢于表达、善于表达，这是一种爱的能力。一个人面对别人的示爱，能及时准确地做出判断，这也是一种爱的能力。大学生要具备迎接爱的能力，就应懂得爱是什么，要有健康的恋爱价值观，知道自己喜欢什么，需要什么，适合什么。

恋爱中的大学生有时会遭遇这种尴尬：自己所说所做的和内心所想所期待的恰恰相反——明明爱着对方，但表达的却是伤害对方的话语，做出的却是伤害对方的事情。或只是单相思不敢表达，这些都是爱的能力的缺失。表达爱的时候，要注意三点：一是必须在双方都有意的情况下进行；二是说出的话应该符合双方的心理特征；三是表达爱有各种方式，不能用固定模式去应对，最好根据情境创造性地发挥。

(2)拒绝爱的能力。当遇到自己不愿意或不值得接受的爱时，就应有勇气加以拒绝。拒绝爱要注意两个方面：一是在并不希望得到的爱情到来时，要果断、勇敢地说“不”，不能拖拖拉拉一直不给对方确定的答复，这样对双方都会造成伤害；二是要掌握恰当的拒绝方式，虽然每个人都有拒绝爱的权力，但是尊重真挚的感情是对他人的尊重，也是一种自珍，同时是对一个人道德情操的考验。如果不顾及对方的情面，甚至恶语讥讽，结果使对方的感情和自尊心受到伤害，这种方法是极为不妥的。

(3)发展爱的能力。爱情的发展是感情升温的过程，要使爱情长久保持新鲜感，需要多种能力的综合。爱需要两个人真正地关心对方，走进对方的心扉，以对方的快乐为快乐。要保持爱情常新，需要智慧、耐力、付出，同时又要保持自己的个性，有自己的追求与发展空间。有爱的能力的人不排斥对方，而是关心对方，尊重对方的选择和个人隐私。不断学习新的东西、善于交流、欣赏对方，这些是爱的重要源泉。

培养爱的责任，发展爱的能力，把阳光不仅放在爱的领域，也放在其他非性爱的领域。弗洛姆说过：“发展爱的能力，并不是非要具体到对某一异性的爱，可以是更广泛意义上的爱。我们的亲人、同学、朋友等，都值得我们去热爱——爱是对我所爱的生命，即人或物成长的主动关注。”发展爱的能力，就是要培养无私的品格和奉献精神，要培养善于处理矛盾的能力，有效地化解消除恋爱和生活中的矛盾纠纷，为恋人负责，为自己负责，为社会负责，才能创造出幸福美满的婚恋。

(4)承受失去爱的能力。失恋是爱情生活中的挫折和不幸，恋爱的双方不一定都能发展为夫妻。对于失恋的不幸，当事人应该理智地分析原因，自我反省、自我调适，做到失恋不失德、不失志、不萎靡不振、不轻生。

失恋的自我拯救方法：

一是倾诉。失恋者精神遭受打击，被悔恨、遗憾、愤怒、惆怅、失望、孤独等不良情绪困扰，应主动找朋友倾诉，释放心理负荷。

二是转移注意力。恋爱失败了，还有亲情、友情、学习和工作，用这些来弥补自己恋爱的缺失。恋爱上失败，很可能会在生活的其他领域获得收获，学会从其他方面来寻找成就和快乐。哲学家培根说过，一切真正的伟人，没有一个因爱情而发狂,因为伟大的事业抑制了这种软弱的情感。

三是疏通。冷静反思,找出原因,完善自我,友好地说一声再见。失恋的痛苦往往来源于不甘心自己的恋情如此短暂,不甘心付出了却没有结果。可在不甘心的背后,需要冷静地思考一下两人分手的原因,假如是因为对方的品行问题,是个"负心郎"或"薄情女",那么与这种人分手也罢,不值得痛苦;假如是因为双方的任性和赌气,则说明双方都不成熟,对爱情的看法还不是很清楚,即使这次不分手,到婚后也可能闹出更大的问题;假如是因为自己不是对方的理想伴侣而分手,那么这是正常的情感变化,应该尊重对方的选择,并清醒地认识到原来的那段纯真的感情已经一去不复返了,沉浸在过去的回忆里只能让痛苦带走所有的快乐,要大方地祝福对方幸福,因为强扭的瓜不甜。要坚信,这个世界上有"我爱的人",也有"爱我的人"。

3. 恋爱行为:遵守社会规范

(1)恋爱言谈要文雅,讲究语言美。交谈中要诚恳、坦诚、自然,不要为了显示自己而装腔作势、矫揉造作;不能出言不逊、污言秽语、举止粗鲁;要相互理解,不无休止地盘问对方,使对方的自尊心受损,否则只会令人厌恶,从而伤害彼此之间的感情。

(2)恋爱行为要大方得体。一般来说,男女双方初次恋爱,在开始时常感到羞涩与紧张,随着交往的增加会逐渐自然与大方。这个时期要注意自己的行为举止检点,有的人情感容易冲动,过早地做出亲昵动作,使对方反感,影响感情的正常发展。

(3)亲昵动作要高雅,避免粗俗化。高雅的亲昵动作发挥爱情的愉悦感和心理效应,而粗俗的亲昵动作往往引起情感分离的消极心理效果,有损爱情的纯洁与尊严,同时也有损大学生的形象,对其他人也是一种不良的心理刺激。

(4)恋爱过程中要平等相待。恋爱的双方是平等的,不管在恋爱的初始是谁先追的谁。不能老拿自己的优点和对方的缺点相比较,以此来炫耀和抬高自己、嘲弄贬低对方,也不宜想方设法考验对方或摆架子,这些都会伤害对方的自尊心,影响双方的感情。大学生的恋爱中,常会看见"弱势"的那一方百般忍受"强势"那一方的刁蛮任性或者大男子主义,最终因为不平等而分手。

(5)善于控制感情,理智行事。对于恋爱中引起的性冲动,一方面要克制和调节,另一方面要学会转移和升华。比如,参加各种文娱活动,多与恋人谈谈学习和工作,把恋爱行为限制在社会规范之内,不越轨,这是对爱情和双方的负责,可以保证爱情沿着健康的道路发展。

第三节 性爱婚姻家庭

爱情与性密切相关，在了解爱情之后，同样需要了解性——人们眼中既神秘又隐晦的行为，并在了解性的基础上正确对待性与爱。

一、大学生性心理特点

1. 成熟的性生理与不成熟的性心理

目前，我国在校大学生的年龄一般在18～23岁之间，在这一阶段，性的成熟与整个身体的发育已基本完成，但是性心理的发育并未达到成熟。这时期的大学生好像一台马力十足但方向盘和制动器并不灵敏的汽车。由于受传统伦理观念的影响，在我国性的问题一直被蒙上神秘的面纱，再加上我国很少在大学生中开展系统的性教育，大学生一直难以获得系统、完整、科学的性生理、性心理、性道德等方面的知识。

2. 性意识的强烈性与表现上的隐蔽性

大学生随着性机能的成熟，在青春期就出现的性欲望和性冲动此时会表现得更加强烈，这是身体发育中的正常生理和心理现象。虽然性的生物性需求时时渴望得到最直接的满足，但人是社会的人，性既具有自然属性，同时还有社会属性。社会道德和法律的要求，学校纪律的约束，使得大学生无法以社会认可的合法婚姻形式获得性的满足。性的生物性需求与性的社会性要求的矛盾，使得与性成熟相并联的性爱行为，往往只能表现得隐蔽曲折。这一矛盾也是造成大学生心理冲突的主要原因。

3. 性的社会性、道德性要求与性的压抑性、放荡性

大学生性机能的成熟使性的生物性需求更加强烈、迫切，时常伴有性梦、性幻想、自慰等行为，而大学生健全的性心理结构尚未确立，对各种性现象、性行为的认知评价体系还不完善，再加上性的社会性、道德性要求的约束，这些都使大学生性心理的发展处于多种矛盾的相互作用之中，并出现分化。不少大学生无法处理好这些矛盾，从而使性心理的健康发展出现了偏差。有的大学生对性冲动持否定、抵制的态度，采取压抑或放荡的方式。性压抑的结果

不仅会有碍性心理的健康发展，严重者还会导致性变态或性过错。与此相反，还有的大学生对性持无所谓或放纵的态度。近些年来，我国对外经济文化交流的不断增加，西方“性解放”“性自由”思想的侵蚀，使部分大学生的性意识受到错误强化而沉湎于谈情说爱之中，甚至发生性过失、性犯罪。

4. 男女大学生性心理的差异性

大学生的性心理因不同性别而有差异，一般来说，男女青年对异性追求的情感特点有所不同。男青年对爱情往往表现得外露、热烈，显得英姿勃勃，但有时过于粗犷。女青年对异性的爱慕情感往往表现得含蓄、娇媚，而略显得羞涩、被动。在表达方式上，一般是男生较主动，女生往往采取暗示的方式。此外，男生的性冲动易被视觉刺激唤起，而女生则易在视觉、触觉刺激下引起兴奋。

二、常见的性心理问题

1. 性体象的困扰

进入青春期后，男生和女生的体象发生了很大变化。男生希望自己身材高大，体魄强壮，音调浑厚，拥有男性磁力，以吸引女生；女生则希望自己容貌美丽，体型苗条，乳房丰满，音调柔美来显示女性魅力，以吸引男性。然而，当他们的体征不符合自己的期待时，就常常烦恼和焦虑。在心理咨询中常常见到一些男生因个子矮而烦恼，一些女生因体态胖而自卑，也有人因为对自己的生理发育不满意而感到焦虑。

2. 性别认同困扰

刘达临教授在对大学生的调查中发现，有一定比例的学生不喜欢自己的性别。其中，男大学生不喜欢自己性别的占 2.6%，女大学生不喜欢自己性别的占 15.6%，女生正好是男生的 6 倍。近年另一项关于大学生性心理的调查显示，90% 以上的男生对于自己的性别满意度较高，而有超过 1/4 的女生表示在可能的情况下愿意改变自己的性别。这一结果与“重男轻女”的封建传统观念有一定的关系。这种性别自贱的心理是不健康的，如果这种心理发展到严重的程度，就会对大学生的健康成长带来不利的影响。

3. 性的白日梦与性梦困扰

大学生对与异性交往的渴求不能直接实现时，性的白日梦就有可能发生。性的白日梦又叫性幻想。性幻想在某种特定因素诱导下，自编、自导、自演与性交往内容有关的心理活动过程。它可以幻想出在日常生活中不能满足的与异性一起约会、接吻、拥抱、性交等活动场景。白日梦是一种普遍的心理现象,但性幻想不能过头,如果成天沉溺其中,甚至把幻想当成现实,就会成为病态,有碍于青年的健康成长。

性的白日梦是人为的幻想,而性梦则是真正的梦。性梦是指在睡梦中发生性行为,人们通过梦的方式得到性冲动的满足,从而缓解性紧张。一些大学生由于缺乏对性梦知识的了解,常为自己有过性梦的经历而焦虑和自责,但性梦其实是青少年性生理、性心理较为普通的一种表现。

4. 手淫困扰

手淫是指用手或工具刺激生殖器而获得性快感的行为,它是青少年获得性补偿和性宣泄的途径。传统的性观念认为手淫是邪恶的,是有罪的,是不道德的。在这种传统的“手淫有害”论的影响下,一些青少年常常为自己的手淫行为而自责,甚至产生心理障碍。现代性医学认为手淫是一种自然的、正常的性行为,手淫是对性冲动的缓解。但是,过分沉溺于手淫,只靠频繁的手淫来缓解性紧张则是不健康的表现。

5. 婚前性行为困扰

对于婚前性行为,一些大学生认为只要双方愿意就可以发生,有的甚至相识不久就发生性关系,有的在校外租房同居。他们常常不能对自己的性冲动进行理性的控制,不能对自我和他人负起性行为后果的责任。尤其有些处在热恋阶段的大学生会认为只有双方在一起同居,才能突破双方感情的瓶颈,更能向对方表明自己的真心。

事实上,婚前同居会给男女双方带来很大的危害。首先,恋爱期间的性关系是不受法律保护的,如果有一方,尤其是男方,抱着一种猎艳心理的话,那么另外一方,尤其是女性,必然身体和心理都会遭受很大伤害,并且有一方还可以逃避法律的责任和义务。其次,婚前性行为鼓励临时的而不是持久的男女关系,把人与人之间的关系降低到动物水平,泯灭人的责任心和义务感。特别是有个别人频繁地更换性伴侣,完全把性和爱脱离开。最后,由于卫生知识的缺乏和居住条件的不良,同居的大学生往往不正确处理性卫生,很容易造成泌尿生殖系统的感染,导致各种妇科炎症的发生。这个时期的大学生正处在性驱力旺盛的时期,尤其是男性,容易冲动,不计后果,有时会不采取任何节育措施,最后还会造成其伴侣意外怀孕。

三、性心理的健康意识

1. 科学认知性爱本质

大学生应该对性有一个科学的认识。性是一门综合性的科学，包括性生理学、性心理学、性社会学、性伦理学、性美学等。大学生应学习和掌握性科学知识，避免性无知，消除把性仅仅看作是生物本能的片面认识。

2. 培养健康人格品质

奥尔波特认为，具有健康人格的人是成熟的人，而成熟的人有七条标准：专注于某些活动，在这些活动中是一个真正的参与者；对父母、朋友等具有显示爱的能力；有安全感；能够客观地看待世界；能够胜任自己所承担的工作；客观地认识自己；有坚定的价值观和道德心。“性是人格的完成”，性不仅仅决定于生物本能，一个人对待性的态度，反映了一个人的人格是否成熟。一个人是否有自尊和对他人是否尊重，都会在两性关系中充分体现出来。

3. 进行自我心身调节

每一个大学生都应该懂得：每个人都应该尊重他人的存在价值，每个人都应该以希望他人如何对待自己的方式去对待他人，每个人发展自尊与自重都应该建筑于良好的人格品质基础之上，即责任心、诚实、善良，并对自己的道德能力有信心。性欲是正常和健康的，而且是可以控制的。同时，正确对待性冲动、手淫、性梦等行为。对于性冲动，除了进行适度控制外，还可以采取一些积极的、富于建设性的、符合社会规范的方式，来取代或转移性欲。通过投入学习、工作和参加各种文体活动，以及男女正常交往等多种合理途径，陶冶个人情操。对于手淫、性梦等行为，要通过性知识的学习，克服手淫引起的心理困扰，且通过丰富多彩的精神生活和恰当的异性交往来平衡自己的性心理。大学生应通过追求高层次的需要和投身于学习、工作、社会活动来缓解自己的性心理紧张，减少性梦。

4. 注意异性交往分寸

文明适度地进行异性交往，可以满足青年期性心理的需求，缓解性压抑。异性交往有益于扩大信息、完善自我，对个人的恋爱婚姻及个人的成才发展也具有重要的作用。但大学生在同异性交往时要把握分寸，注意场合，规范行为，处理好“友情”与“恋爱”的关系。

在性行为上，男女大学生都要理智、负责和自我控制。男生要充分尊重、爱护自己的另一半，善于自我调节、把握好交往分寸；女生则要学会自我保护。巧妙拒绝另一半的性要求,需要注意以下两点:①理解性要求是正常的。因为性驱力最旺盛的时期是20岁左右,而大学生又恰好处在这个年龄段,他们有这种强烈的需要是可以理解的。这时要做的就是多关心他,帮他转移情绪,用“情”来安抚他的“性”,要告诉他自己虽然拒绝了他的性要求,但仍然是深爱他的。②学会彼此尊重。可以婉言拒绝对方的要求,向对方表明自己对婚前性行为的担心并简要地表明自己的态度,不要在这个事情上纠缠不休。

5. 学会自我预防保护

大学生应当维护自己自尊、自重、自爱的自我形象,做到举止大方、行为得体、作风正派、衣着打扮不轻浮;应当学会自我保护。晚上尽量不要单独外出,日常生活中应提高警惕,外出时留意周围环境。当面对异性的非分要求时,要勇敢地说“不”,以严厉的态度制止和反抗性骚扰,必要时向外界呼救或向公安部门寻求帮助;同时也要树立积极良好的心态。当受到侵害或困扰时,应及时纾解不良情绪,必要时积极进行心理咨询与治疗,避免不良情绪影响生活。

6. 性爱走向婚姻家庭

美好的爱情,使男女双方相爱——产生了“亲密”,所以有了红粉知己。

恋爱的过程,使男女性爱冲动——激发了“激情”,所以有了彼此吸引。

性爱的渴望,使男女婚姻相许——契约了“承诺”,所以有了婚姻家庭。

祝愿大学生拥有美好的爱情,组成完美的家庭,成就人生的大事。

思考主题:爱情是什么

1. 什么是爱情?斯滕伯格的“爱情三元素”内涵是什么?
2. 大学生常见的恋爱心理困扰有哪些?
3. 什么是健康的爱情心理?维护大学生性心理健康的途径是什么?

心理测验：亲密关系体验调查问卷

亲爱的同学：

以下陈述与你在恋爱关系中的感受有关。如果你尚未有恋爱经历，请根据与你最亲近的朋友的交往情况作答。每一陈述都有七个选择，即：(A)“非常不赞成”，(B)“比较不赞成”，(C)“有点不赞成”，(D)“不确定”，(E)“有点赞成”，(F)“比较赞成”，(G)“非常赞成”。请你仔细阅读问卷中的每一道题，然后根据实际情况作答。

回答时请注意：①请放心作答，测试结果将完全保密；②我们是对你在恋爱关系中的普遍经历感兴趣，而不仅仅是在目前关系中的表现；③答案无对错之分，请不要顾虑，也不要参考他人的答案，只需按第一反应回答；④每一条目都要回答，不要漏答或不答。

题号	基本信息						
1	性别	A. 男	B. 女				
2	年龄	A. 25 以下	B. 26～35	C. 36～45	D. 45 以上		
3	年级	A. 大一	B. 大二	C. 大三	D. 大四	E. 研究生	F. 已毕业
4	出生地	A. 城镇	B. 农村				
5	是否是独生子女	A. 是	B. 否				
6	恋爱状况(是/否恋爱过)	A. 是	B. 否				
7	累计恋爱时间长短(月)						

题号	题目	选择						
1	无论我的心情多么低落,我都不喜欢向恋人表露	A	B	C	D	E	F	G
2	我担心会被抛弃	A	B	C	D	E	F	G
3	和恋人亲密相处时,我感到很舒服	A	B	C	D	E	F	G
4	我很担心我的人际交往状况	A	B	C	D	E	F	G
5	正当恋人开始亲近我时,我感到不由自主地想逃避	A	B	C	D	E	F	G
6	我担心恋人不会像我在乎他(她)那样在乎我	A	B	C	D	E	F	G
7	当恋人很想亲近我时,我会感到不舒服	A	B	C	D	E	F	G
8	我非常担心会失去恋人	A	B	C	D	E	F	G
9	向恋人敞开心扉时,我感到不舒服	A	B	C	D	E	F	G
10	我常常希望恋人对我的感情和我对他(她)的感情一样强烈	A	B	C	D	E	F	G
11	我想亲近恋人,但我总是退缩	A	B	C	D	E	F	G
12	我经常有想与恋人融为一体的感觉,但这常常会把他(她)吓跑	A	B	C	D	E	F	G
13	当恋人与我太亲近时,我会紧张	A	B	C	D	E	F	G
14	我害怕独处	A	B	C	D	E	F	G
15	和恋人分享我的个人感受和想法时,我感到很舒服	A	B	C	D	E	F	G
16	我想与人亲近的强烈欲望有时会把人给吓跑	A	B	C	D	E	F	G
17	我尽量避免与恋人太过亲近	A	B	C	D	E	F	G
18	我需要大量被恋人所爱的保证,这样我才感到安心	A	B	C	D	E	F	G
19	我感到与恋人亲近是比较容易的	A	B	C	D	E	F	G

续表

题号	题目	选择						
20	我感到我有时会强迫恋人对我表示出更多的情感和责任	A	B	C	D	E	F	G
21	我感到要让我依赖恋人很困难	A	B	C	D	E	F	G
22	我并不担心会被抛弃	A	B	C	D	E	F	G
23	我不喜欢和恋人太过于亲近	A	B	C	D	E	F	G
24	如果我不能使恋人对我感兴趣，我就会感到不安或生气	A	B	C	D	E	F	G
25	我与恋人无所不说	A	B	C	D	E	F	G
26	我感到恋人对我不够亲近，达不到我对他（她）亲近的程度	A	B	C	D	E	F	G
27	我通常和恋人探讨我的问题和担忧	A	B	C	D	E	F	G
28	当我不与他人交往时，我就会感到有点焦虑和不安全	A	B	C	D	E	F	G
29	我感觉依赖恋人很舒服	A	B	C	D	E	F	G
30	当恋人不像我想的那样在我身边时，我感到很受挫	A	B	C	D	E	F	G
31	我不介意向恋人寻求安慰、建议和帮助	A	B	C	D	E	F	G
32	如果我需要恋人但他（她）却不在身边时，我感到很受挫	A	B	C	D	E	F	G
33	在我有需要的时候向恋人求助是很有用的	A	B	C	D	E	F	G
34	当恋人不赞成我时，感觉自己糟糕透了	A	B	C	D	E	F	G
35	我会因为许多事向恋人寻求帮助，包括安慰和宽心	A	B	C	D	E	F	G
36	当恋人有一段时间不在我身边时，我会感到很愤怒	A	B	C	D	E	F	G

第十一章 生涯与设计——立业心理教育

想要获得令人满意的职业生涯，就需要取得职业生涯的成功。传统观点将职业生涯成功界定为升职和高薪，道格拉斯·霍尔则认为职业生涯的终极目标是心理成功，指来自自我实现的一种成就感和自豪感，不论是在工作成就、家庭幸福或其他方面。为了达到心理成功，就需要确定人生中最重要的目标，并能为之不懈努力。

第一节 生涯规划理论

职业是指人们从事的相对稳定的、有专门类别的、有收入的工作，是对人们生活方式、经济状况、文化水平、行为模式和思想情操的综合反映，是人的社会角色中反映个体社会身份和社会地位的重要方面。职业生涯是有关工作经历的过程和结果，包括了从职业学习到职业劳动最后结果的全过程。职业生涯在人生周期中占据了重要的时间阶段，跨越了青年期和中年期，甚至有人延续到老年期仍处于职业生涯过程之中。职业提供了职业生涯期间及退休之后的生活来源和经济保障，是人们基本安全感的重要保障，同时职业也满足了人们归属感、爱的需求、潜能开发、成就感等精神生活方面的需求，是每个人生命历程中的重要内容。

良好的职业生涯规划有助于获得职业成功，而科学生涯规划需要职业生涯理论的指导。

一、职业生涯规划理念

1. 生涯基本主张

职业生涯发展管理专家唐纳德·舒伯根据多年来对生涯的发展、测评、自我概念、适应、成熟等领域的大量全面研究，提出了十二项基本命题，形成了生涯发展理论的基本主张和框架结构。

（1）生涯发展是一个连续不断、循序渐进且不可逆转的确定过程。

（2）生涯发展是一个有次序、具有固定形态的过程，因此每阶段的发展都是可预测的。

（3）生涯发展是一个经过统一调整的动态过程。

（4）一个人的自我概念在青春期以前就开始形成，至青春期较明朗，并于成人期由自我概念转化为生涯概念。

（5）从青少年期至成人期，个体实际的人格特质及社会的现实环境等，都会因年龄、时间的增长而增大对人的影响力。

（6）父母亲之间的互动关系，以及他们对职业计划结果的解释会影响到下一代对自己职业角色的选择。

（7）一个人能否由某一职业水平跳到另一职业水平，即是否有升迁发展机会，是由他的智慧能力、父母的社会经济地位、本人对权势的需求、个人的价值观、兴趣、人际关系技巧，以及社会环境、经济的需求状况等共同决定的。

（8）一个人会踏入某一类型的行业，也是由下列因素来决定的：个人的兴趣、能力，个人的价值观及需求，个人的学历，利用社会资源的程度，社会职业结构、趋势等。

（9）即使每一种职业对从业者都有特定的能力、人格特质及兴趣的要求，但在某种范围内，仍然允许不同类型的人来从事多种不同类型的行业。

（10）个人的工作满足感由是否能将能力、兴趣、价值观适当地发挥出来而定。

（11）个人工作满足的程度，决定于是否能将自我表现实现于工作中。

（12）对少部分人而言，家庭及社会因素是人格重整的中心，但对大部分人而言，工作是人格重整的焦点，即经过工作过程，理想自我与现实自我之间会逐渐整合。

2. 职业生涯规划

（1）职业生涯规划的含义。职业生涯，是指一个人一生工作经历中所包括的一系列活动和行为。职业生涯规划，是指在生涯发展历程中，对个人的各种特质或职业与教育环境资料进行生涯探索，掌握环境资源，逐渐发展个人的生涯认同，并建立生涯目标；在面对各种生涯选择事件时，针对各种生涯资料和机会进行生涯评估，以形成生涯选择或生涯决定；进而以择其所爱、爱其选择的心情，投入其生涯选择，承担生涯角色，以获得生涯适应与自我实现。

（2）职业生涯规划的意义。第一，做好职业生涯规划，可以分析自我，以既有的成就为基础，确立人生的方向，提供奋斗的策略；第二，通过职业生涯规划，可以重新安排自己的职业生涯，突破生活的局限，塑造清新充实的自我；第三，通过职业生涯规划，个人可以准确评价个人特点和强项，在职业竞争中发挥个人优势；第四，通过职业生涯规划，可以评估个人目标和现状的差距，提供前进的动力；第五，通过职业生涯规划，可以准确定位职业方向；第六，通过职业生涯规划，可以重新认识自身的价值并使其增值；第七，通过职业生涯规划，可以全面了解自己，增强职业竞争力，发现新的职业机遇；第八，职业生涯规划通常建立在个体的人生规划上。因此，应做好职业生涯规划，将个人生活、事业与家庭联系起来，让生活充实而有条理。

3. 职业满足人性

微软公司曾经使几百名员工成为百万富翁，然而这些人在经济独立之后仍然继续为微软工作。是什么原因让他们仍然能够聚在一起工作？他们每周要工作 60 小时，并且额外报酬微薄。从经济角度考虑，他们完全没有必要。答案其实很简单，因为公司犹如一个家庭，每个成员对其都有一种特殊的归属感，从而凝聚了他们愿意为此付出努力。可见职业生涯的设计应该着眼于人的高层次需要满足，如归属与爱的需要、尊重的需要和自我实现的需要。这正是马斯洛需要层次理论指出的。

麦克利兰也发现人们在生理基本需要得到满足之后，还会产生三种需要：成就、权力与友谊。高成就需要的人大多会自己解决问题，不喜欢依赖别人，以目标为中心，能制订切实可行的目标并努力达到，会渴望工作中得到好评和反馈并愿意承担责任。高权力需要的人喜欢竞争和控制，能影响他人并乐于与他人进行对比。高友谊需要的人则希望被人喜欢，喜欢与人相处并参加各种社会活动。

赫兹伯格发现有一类因素能够激励员工的职业生涯发展而其他因素则不会，因此他将之命名为激励因素和保健因素。激励因素诸如工作自主性、挑战性、责任感和成就等，它能增加人们工作的积极性和工作业绩。而保健因素则是为了消除当下不满状态的因素，如优美的环境等。

你喜欢什么类型的职业呢？如果根据他们三人的观点，从人的全面发展来看，你会怎样设计自己的职业生涯并激励自己不断前进？

二、职业生涯发展阶段

职业生涯是包含了个体从职业准备到职业终止的全过程，因此学者们从多种角度提出了不同的职业生涯发展阶段理论。

1. 金斯伯格职业理想

金斯伯格关注个体在职业准备期的职业偏好，因此其关注点放在职业前期。他在职业发展模型中将职业阶段划分为幻想阶段（儿童期）、尝试阶段（青少年期）、现实阶段（青年期）。幻想阶段发生于11岁之前，儿童会在游戏中进行各种喜爱的角色扮演，此时儿童的职业偏好仅仅出于兴趣爱好，不考虑自身条件、能力水平和社会需要，完全处于幻想之中；尝试阶段是少年期向青年期的过渡时期（11～17岁），此时儿童开始客观审视自己的能力，关注职业角色的社会地位与意义，关注职业的社会需要；现实阶段发生于17岁之后的青年时期，此时他们已经有了相对具体和现实的职业目标，并且目标设计也相对客观现实、讲求实际。

2. 萨帕自我职业概念

如果说金斯伯格的职业发展关注于个体不同阶段的职业理想，那么萨帕的自我概念调整模型则重视人的心理属性，他以自我概念为核心，突出职业价值观、能力和兴趣在职业发展中的作用，因此在职业选择中，将人的心理、生理、社会经济和文化等方面的作用综合考虑。萨帕认为，人们对职业的偏好和所具有的资格、生活与工作情境，以及自身的自我概念，都会随着时间和经验的改变而发生变化，“自我”是个体自身条件与外部环境交互作用的产物。所以说人的职业发展过程同时也是个体自我概念建立、完善、调和、重整的过程。

3. 施恩职业九个阶段

施恩的九阶段职业发展理论根据人们在不同年龄段面临的不同问题和主要工作任务，将职业生涯分为成长幻想与探索阶段（0～21岁）、进入工作世界（16～25岁）、基础培训阶段（16～25岁）、早期职业的正式成员资格（17～30岁）、职业中期（25岁以上）、职业中期危险阶段（35～45岁）、职业后期（40岁～退休）、衰退和离职阶段（40岁～退休）、离开组织或职业（退休阶段）等九个阶段。施恩对于职业周期阶段的划分主要依据职业状态、职业行为和职业发展过程进行，因此，他只给出了大致的年龄阶段，并且，在不同职业阶段上所示的年龄有所交叉，但这并不影响我们对职业发展阶段的理解。

4. 狭义职业阶段

从狭义的职业生涯过程来看，个体的职业发展过程大致都经历了职业生涯早期、中期和后期阶段。

职业生涯早期指个体由学校进入组织，并被组织逐渐接纳的过程，此阶段一般发生在20～30岁之间，是由学生变为社会人、由单身个体转向家庭生活的过程。此时个体心理特征表现为积极向上、进取心强、争强好胜，职业竞争力不断增强，并希望能干出一番轰轰烈烈的事业，同时开始组建家庭并逐步适应家庭关系、承担家庭责任。在此时期个体面临的主要任务是进入组织、学会工作，寻找职业锚并向成年过渡。

职业生涯中期的开始往往表现为两类形态：一是获得管理或技术职务的晋升；二是薪资福利提升，成为选定岗位的稳定贡献者。此阶段相对时间周期较长（一般从25～50岁）、富于变化，有获得职业生涯成功的可能，如个体职业能力稳步提高并渐趋成熟，创造力旺盛，工作业绩突出，职业发展轨迹呈倒“U”型。也有出现职业生涯危机的风险，如职业认同感受到冲击，对职业生涯产生焦虑甚至怀疑；家庭结构与内部关系改变，关系压力增加；出现存在焦虑，从而引发职业焦虑；等等。

大约50岁至退休之间则处于职业生涯后期阶段，此时个体的家庭状况已发生很大改变，自我意识上升，怀旧心理明显；职业进取心明显下降，开始安于现状人生淡泊，权力、责任与中心地位下降，角色发生明显变化；经验优势尚存，仍可发挥余热，尽职贡献。

三、职业生涯规划过程

职业生涯规划是将个体与组织目标相结合的过程，是在对个体职业生涯主观条件测定、分析总结研究的基础上，将个体自身的兴趣、爱好、能力、特长及经验不足等进行综合分析与目标权衡，并结合时代特点与自身的职业倾向，确定出最佳职业奋斗目标，并为目标的实现做出行之有效安排的过程。

1.职业生涯规划类型

按照时间长短，职业生涯规划可分为短期规划、中期规划、长期规划和人生规划四种类型。短期规划指三年内的规划，主要为了确定近期目标并制订近期阶段性任务；中期规划一般为3～5年，可以有相对具体目标，如读硕士博士等；长期规划一般为5～10年，目标比较粗泛，可随形势发生变化，主要是勾勒职业发展轮廓；人生规划则40年左右，是用来设计整个人生发展目标和阶梯的规划任务。人生目标的实现是以长期、中期和短期目标的实现为前提，短期目标是四类中最为具体且可操作的计划，只有实现一个个短期目标，人生目标才有达成的可能。

2. **职业生涯规划步骤**

一般的职业生涯规划需要经过职业自我评估与定位、职业生涯机会评估、职业生涯目标设定、职业生涯策略制定、职业生涯规划调整等五个步骤来完成。

职业自我评估与定位是一种基本职业生涯规划方法,指通过对自我、目标、环境等进行综合分析与鉴定,以选择职业道路,确定职业目标的过程。此过程强调将自我剖析作为职业规划的核心,使个体在充分认识自己的基础上,考虑个体责任,并从以往职业选择及后果中引导出未来职业定向,并鼓舞个体挑战更多机会。自我剖析是职业生涯规划的基础,直接关系着个体职业的成功与否。

职业生涯机会评估主要指内、外部环境因素对职业发展的影响。环境为人们提供了活动空间、发展条件和成功机遇,社会的快速变迁和科技的高速发展都有助于事业的成功,因此在职业生涯规划制订中,需要分析环境特点,根据环境变化情况、个体与环境的关系及在环境中的地位进行职业目标设计与路线选择,同时还要考虑环境对人的要求,考虑到环境中对人的有利或不利因素,这样才能使选择的职业目标更具可操作性。

职业发展需要有明确的目标与方向,因此目标的选择是职业发展的关键所在。目标的选择以自我的能力、性格、兴趣及有利环境为依据,因此需要:①通过自我分析,找出自己的特点优势;②在内外环境分析中,确定自我的位置;③选定职业路线,明确发展方向;④确定职业目标,制订实施计划。

确定了职业目标就需要有与实现职业目标相适应的职业策略作保证,这就需要完成职业生涯策略的制订。职业生涯策略是指为了争取职业目标的实现而采取的各种行动和措施。一般来说,参加职业教育、轮岗、培训,构建人际网络,参加业务学习,掌握相关技能等都是实现职业目标的具体策略,当然也包括了职业目标与其他目标(生活目标)平衡的努力。

俗话说“计划赶不上变化”。随着自身条件和外部环境的变化,职业生涯规划也需要随着时间推移而进行调整。职业生涯规划的调整一般发生在职业生涯过程中,是针对以往经验得失重新评估职业规划,包括修正自我认知、纠正或调整职业目标等,以保障职业生涯规划能行之有效,同时也可以通过评估与修整增强个体实现职业目标的信念。

3. **职业生涯规划匹配**

人职匹配理论强调对职业的定向选择要与人的先天特征相适应,因此职业选择的过程，也是职业定向中与个体自身特征进行磨合的过程。其中最具影响的人职匹配理论当属霍兰德职业倾向理论与施恩的职业锚理论。

霍兰德根据人的心理素质和职业倾向将人分为六种基本类型：现实型、研究型、艺术型、社会型、企业型和常规型，根据职业本身的内容及其对人的素质要求，将职业也分为相对应的六种类型。类型相同的人们之间能相互吸引，某种类型的个体只有从事相同类型的职业，才能发挥所长，更易成功。如图 11－1 所示，具有相似类型的人格在六边形中彼此相邻，而最不相似的人格在处于六边形中的相对位置。

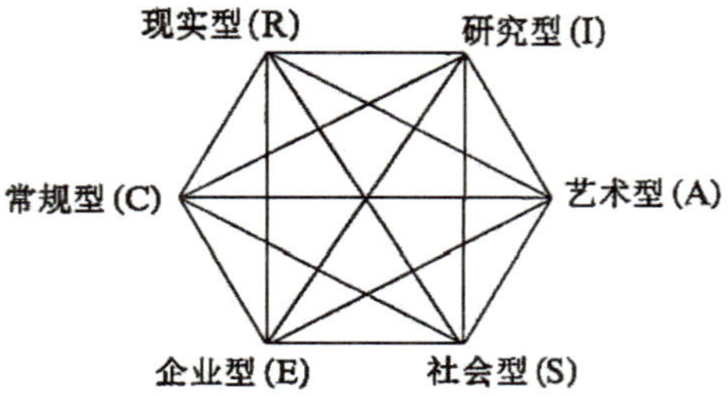

图 11－11　霍兰德职业倾向理论

具体讲，现实型人格是很实际的人，希望提出或接受解决问题的建议，看重金钱、权力与地位，不太注重人际关系，无法忍受抽象的理论说明。研究型人格喜欢挑战未被解答的问题，无论是否有回报，都喜欢解决困难或科学难题，他们不喜欢直接解决个人问题，而乐于设法分析或寻找解决问题的方案，不擅长指导他人。艺术型人格最大的特点就是创造性，他们喜欢公开个人表现，喜欢在艺术等领域创造性地表达个人观点，想法新颖而且在传统工作中表现随意。社会型人格往往具有理想、善良、慷慨和友好的人格特质，他们注重与他人的沟通和理解，强调人类共有价值观，喜欢通过教育或协助帮助他人，但不喜欢与机器打交道，他们喜欢在与人的交谈中解决复杂问题，尤其是具有道德和理想主义的问题。企业型人格喜欢通过语言技能销售、领导和说服他人，他们自信且受人爱戴，喜欢担任领导职位，提升职业生涯、赚钱、控制与说服他人都可能成为他们的工作目标，与人交往中他们喜欢处于强势地位，善于言辞，所以很自信。常规型人格擅长计划与组织，重视对原则和纪律的遵守，喜欢赚钱或处理财政，喜欢文书或数学方法解决问题，因此是表现最有条理的一类。

人职匹配理论中具有影响力的还有施恩的职业锚理论。他强调职业锚是自我意向中习得的部分，是由个体进入早期工作情境后，在实际工作经验中习得的。个体在职业经验中通过自省，与自我动机、需要、价值观和能力相符合，才能达成自我满足与补偿并形成长期稳定的职业定向，就此“抛锚”而选中一种职业，并以此安身立命。

第二节　职业生涯认知

一、认识自我与择业

认识自己就是对自我进行全面分析，了解自身特点，对自己进行准确职业定位的过程。人们只有通过对自我气质性格、兴趣爱好、价值观的了解，弄清楚自己的人格特征及真正希望从工作中获得的价值，才能找到与之相匹配的工作。所以，认识自己是职业生涯规划的基础，也是职业发展成功的前提。

1. 个性特征与职业选择

特性因素论指出，个体的个性差异普遍存在于心理行为之中，每个人都具有自己独特的能力与个性模式，某种能力与个性模式又与某些特定职业相关，如果个性适宜于某种职业，那么个体就能感到满足，并能创造出良好的工作绩效。这里的个性类似于心理学中人格的概念，指一个人的总体精神面貌，反映人与人之间稳定的特征差异。而气质与性格是其中最为重要的两个部分，并与能力一起决定了人生的成败。正如“性格决定命运”所表达的，能力助人获得机会，个性使人取得成功。

人的气质类型被分为胆汁质、多血质、黏液质和抑郁质，受个体生理机制所决定，具有极大的稳定性，也有一定的可塑性。每种气质类型的特点在第二章已有涉及，此处不再赘述。

性格与职业匹配可帮助个体在社会中获得最佳位置，最大限度地发挥自我的聪明才智，实现人生价值。性格类型与职业倾向的研究很早就受到学者们的关注，其中荣格、李波特和阿德勒的性格职业匹配理论最具有代表性。

荣格的性格分类方法在职业分析中最为流行，他根据个体内在的、本能的力量（力比多）将人的性格分为外倾型和内倾型两种。外倾型的人对外部事物表现出更多关心和兴趣，善于表露自我情感并乐于与人交往，而内倾型的个体对外部事物缺少必要的关心和兴趣，不善于情感和行为的表达，也不大喜欢与人交往。其适应的匹配职业类型，如表 11 - 1 所示。

表 11 - 1　荣格心理倾向与职业匹配

性格类型	性格特征	匹配职业
内倾型	沉静，孤僻，不善交际，思想与情绪不外露，处事谨慎，社会适应能力弱	适合有计划的、稳定的、无须过多人际交往的职业，如科学家、打字员、艺术家、会计、资料管理员、办公室职员等
外倾型	活泼开朗，好交际，不善掩饰自己的思想与情感，不拘小节，社会适应能力强	适合与外部广泛接触的职业，如管理员、律师、警察、教师、推销员、政治家等

李波特心理机能优势分类与职业倾向理论是根据人的理智、情感和意志三种心理机能在性格中所占的优势不同，将人的性格分为理智型、情绪型和意志型三类，并根据相应职业中对三类性格的特定要求进行职业匹配设计，如表 11 - 2所示。

表 11 - 2　李波特心理机能类型与职业匹配

性格类型	性格特征	匹配职业
理智型	言行理智，处事冷静，解决问题深思熟虑	适合管理型、教育型和研究型的职业，如律师、教师、医生等
情绪型	言谈举止容易受情绪支配，处理问题缺乏冷静，但情绪体验深刻	适合艺术型、服务型的职业，如演员、设计师等
意志型	目标明确，积极主动，处理问题果断而不畏困难，自制力强，善于控制自我言行与情绪	适合经营类或决策性工作，如管理者、公关人员、营销人员等

阿德勒则着眼于人际交互作用中的交往模式，根据人的独立与顺从的程度，将人格类型划分为独立型和顺从型，并指出其相应的匹配职业，如表 11 - 3 所示。

表 11－3　阿德勒个体独立性与职业匹配

性格类型	性格特征	匹配职业
独立型	心理活动独立性强，有主见，应激能力强，不易受到外界事物的干扰，具有独立判断事物、发现问题和解决问题的能力。	适合管理人员、律师、教师、侦查员等类型的工作
顺从型	心理活动独立性弱，愿意配合别人或按照别人指示办事，不善于独立做出决策，倾向于以外在参照物作为信息加工的依据，易受外部环境或附加物的干扰	适合办公室职员、秘书、翻译等类型的工作

需要注意的是，上述理论从不同层面对性格类型和相应的职业进行了粗略分析，但在现实生活中，性格与职业的相互对应关系并非绝对，而是有一定弹性的。另外，在实际生活中，单纯的某种性格类型人数并不多，绝大部分人都属于两种或多种类型的混合型，因为在职业匹配过程中，不可能适用于每个人，而应该根据个人性格与职业要求，具体情况具体分析。

2. 价值观念与职业匹配

价值观受社会意识、文化传统、教育程度、个人追求等多种因素影响，因此不同个体都有不同的职业价值观。心理学家马丁·凯茨通过研究，发现了十种与工作有关的职业价值观。

(1)高收入：职业平均收入高于其他职业，除生活费用之外还有可随意支配的钱。

(2)社会声望：工作能够得到人们的尊重，有较高的社会地位。

(3)独立性：职业中自我能够做出决策的自由，能充分发挥自我能力与特长。

(4)利他性：愿意将助人作为职业的重要部分，如帮助他人改善福利、健康、教育等。

(5)多样性：职业需要参与不同活动，解决不同问题，变换不同场所，经常结识新人。

(6)稳定性：一定时间内一直能够处于工作状态，不会轻易被解雇，收入稳定。

(7)领导力：工作中可以控制事态的发展，愿意影响他人、承担责任。

(8)兴趣:坚持所从事的职业是自我感兴趣的领域范畴。

(9)休闲:不愿意因工作影响休闲生活。

(10)尽早进入工作领域:涉及个体是否希望减少受教育时间和费用,以尽早进入职场。

学者们在职业价值观与职业倾向的调查基础上,从人们的理想、信念、价值观方面将职业价值观分为六类,并指出相应的职业类型,如表 11 -4 所示。

表 11 -4 职业价值观与匹配职业

职业价值观	特点	匹配职业
自由型(非工资生活者)	不受别人指使,凭自己能力开创自己的事业,不愿受人干涉,想充分施展自我本领	室内装饰专家、图书管理专家、摄影师、作家、演员、记者、诗人、音乐家、编剧、漫画艺术家等职业类型
小康型	追求虚荣,有较强的优越感,渴望有更高的社会地位和声誉,希望常常受人尊敬,欲望得不到满足时会出现强烈的自我意识,有时会自卑	会计、出纳、速记员、办公室职员、税务员、核算员、统计员、秘书等职业类型
支配型(独断专行型)	想当组织的一把手,自信霸道,很少顾及他人想法,有想法必践行,且从中获得乐趣	商品营销人员、企业经理、广告宣传经理、政治家、零售商、律师等职业类型
自我实现型	不关心平常的幸福,一心一意发挥个性,追求真理,不考虑收入、地位及他人对自己的看法,尽力挖掘自我潜能,施展自己的本领,并视此为人生意义所在	气象学家、生物学家、天文学家、药剂师、动物学者、化学家、学术杂志编辑、地质学者、科研人员、科技工作者等工作类型
志愿型	富有同情心,将他人痛苦视作自己的痛苦,不愿做表面上哗宠取宠之事,把帮助他人视为无比快乐的行为	社会学家、福利工作者、导游、咨询人员、社会工作者、教师、护士等工作类型
技术型	认为立足社会的根本在于有一技之长,因此热衷于钻研一门技术,认为靠本事吃饭是可靠的事情	工匠、农民、工程师、机械师、自动化技师、机械工、电工、司机、制图人员等工作类型

随着社会的发展，职业领域和类型也会因技术进步而发生变化，因此表中所列出的职业类型仍需要根据社会发展状况作出调整，但职业价值观基础上的职业选择取向从整体来说是基本稳定的。

3. 兴趣爱好与职业选择

兴趣对职业的影响主要表现为职业定向和职业选择时的偏好，能够增强人们的职业适应性，也有利于保障个体职业的稳定性和工作满意度。不同的人有不同兴趣，如有的人喜欢与数据打交道，有的人则喜欢操作技能。同样，不同的职业也需要不同的兴趣特征。《加拿大职业分类词典》中对兴趣类型和相宜职业做了匹配介绍，如表 11－5 所示。

表 11－5　兴趣类型与职业匹配

兴趣类型	概念与特点	匹配职业
愿意与事物打交道	喜欢同事物打交道，如工具、器具、数字等，平时不喜欢与人打交道	制图、勘测、工程技术、建筑、机器制造、出纳、会计等工作
愿与人打交道	喜欢与人交往，对销售、采访、传递信息一类活动感兴趣	记者、推销员、服务员、教师、行政管理员、外交联络等工作
喜欢有规律的工作	喜欢常规的、有规则的活动，习惯于在预先安排好的程序下做细致的工作	邮件分类、图书管理、档案管理、办公室工作、打字、统计等工作
喜欢从事社会福利与助人工作	乐于助人，试图改善他人的状况，帮助他人排忧解难，喜欢独自与人接触	律师、咨询人员、科技推广人员、医生、护士等工作
喜欢领导与组织工作	喜欢管理工作，喜欢掌管一些事情，希望受到众人尊敬和获得声望	心理学、政治学、人类学、人事管理、思想政治教育等研究工作以及教育、行政管理等工作
喜欢研究人的行为	对分析、推理、测试等活动感兴趣，善于理论分析，喜欢独立解决问题，也喜欢通过实验得到新发现	生物、化学、工程学、物理学、地质学等工作

续表

兴趣类型	概念与特点	匹配职业
喜欢从事科学技术工作	对运用一定技术、操作各种机械、制造新产品或完成其他任务感兴趣,喜欢使用工具,特别是喜欢大型的、马力强的、先进的机器,喜欢具体的东西	飞行员、驾驶员、机械制造、建筑、石油、煤炭开采等方面的工作
喜欢具体的工作	希望能很快看到自己的劳动成果,希望从事制作能看得见、摸得着的产品的工作,并从完成的产品中得到满足	室内装饰、园林、美容、理发、手工制作、机械维修、厨师等工作

二、认知职业与择业

1. 职业的概念及特征

职业认知是对面临的就业信息等方面的加工过程,指个体通过对客观环境的考察,了解职业分类、职业性质、组织情况,以获得对一个职业较全面了解的过程。影响大学生求职结果的因素主要有两个:职业认知和努力水平。大学生的职业认知能力越强,就越能准确、客观地确定自我就业期望,结合个体实际,找到适合自己的工作,完成顺利就业。不同的工作搜寻努力程度也对应着不同的求职结果,努力程度越高,求职结果越理想。

对职业认知首先需要从职业概念开始。职业一般指人们在社会生活中从事的、以获得物质报酬为自身生活来源并满足自己精神需求的、在社会分工中具有专门技能的工作。它是人类文明进步、经济发展以及社会劳动分工的结果。对于个体来说,职业活动几乎贯穿人的一生,它不仅是人们谋生的手段,也是个体存在意义与价值的证明。对于大学生来说,选择一个适合的职业,拥有一个成功的职业生涯,是每个人的追求和向往。

2. 职业的特点及分类

职业的基本特点表现为基础性、广泛性、时代性、同一性、差异性、层次性。职业是个体与社会存在与发展的基础,它为人们解决了生活的经济来源问题,人们的各种活动大多建立在职业基础上,如“仓廪实而知礼节,衣食足而知荣辱”。职业涉及社会中的大部分成员,也涉及社会、经济、技术、政治、伦理等诸多领域,因而具有广泛性。职业会随着时代发展而变化,每个社会也有自己的职业“时尚”,表现为社会中的人们更为热衷某些职业。在某类职业内部,其劳动条件、生产工具、操作内容、人际关系都相同或相近,这种情境的同一性也导致了统一的行为模式和共同语言,这是职业同一性所决定的。同一性发生在职业内部,而差异性发生于不同职业之间,所谓“三百六十行”就是对职业差异性的描述。众多的社会职业可被区分为不同的层次,表现为不同职业因体力、脑力付出不同和复杂程度不同,其工作条件、受教育程度、收入水平、社会声望、工作组织权力结构中的地位、工作自主权等方面都存在差别。

职业分类是横向的职业类别划分,而职业分层则是纵向的社会职业等级层次排位。从概念上来说,职业分层就是按照职业的社会地位和社会对职业的价值取向所做的职业等级排位,它以职业的社会地位和社会声望为标准,为社会公众所认可。理查德·塞特的职业地位分层将职业按社会地位由低到高分为七个层级:

(1)非熟练体力劳动者,指在技术和责任方面要求最低的体力劳动者,如清洁工、搬运工等。

(2)半熟练体力劳动者,以体力劳动为主,技术要求不高的劳动者,如售货员、服务员、司机等。

(3)熟练体力劳动者,具有一定技能的体力劳动者,包括印刷工、厨师、理发师等。

(4)白领工人,包括各类职员和技术工人,如图书管理员、推销员、制图员等管理工作者和非体力劳动者。

(5)小企业所有者和经营者,如修理业主、服务业主、零售商、承包商等及非农产所有者。

(6)专业人员,包括工程师、作家、艺术家、法官、教师、医生等。

(7)工商业者,如大产业主、大工商企业家等。

职业种类和层次会随着社会发展和技术进步而发生变化,未来的职业发展趋势应具有两个特点:①新的职业种类将层出不穷。信息化社会的来临已经使传统职业种类发生了重大变化,随着信息技术的进一步发展,新的职业类型仍将层出不穷,这些新兴行业的出现和兴起,将为社会提供更多的就业岗位。②终身依附一个组织的固定职业将不断削减,独立的、不依赖任何组织的自由职业将不断产生,传统的固定职业越来越可能会被更加灵活而非固定的职业所取代。

3.职业的选择及描述

假设选定一种你将来想要从事的职业,请你从以下六个方面对这个职业进行描述。

(1)简介,对职业做一个简要、基本的描述,如工作种类、典型的工作设置、典型的职业生涯路径。

(2)使用的技能,描述该职业对从业者的专业知识、技能及能力要求。

(3)工作条件,如物理环境、压力水平、管理类型、消费者/来访者关系、工作时间。

(4)教育/培训/资格证书,如工作有关的学习专业或领域,要求的执照或证书等。

(5)前景/薪水,这个领域目前和未来的工作机会和薪水,地域性影响及行业变化。

(6)结论,为你的发现写一个简短的摘要或回顾,以作为你的研究结果。

第三节 职业测评设计

职业测评是心理测量技术在职业管理领域的应用,它以心理测量为基础,对人的素质进行科学、标准和客观的评价,从而为职业管理提供参考依据。职业测评中的素质专指与职业活动有关的感知、技能、气质、性格、动机、兴趣等特征,是以一定的质量和速度完成职业活动的必要基础。

一、职业兴趣测试

许多研究指出,单独依靠能力并不能解释和预测职业生涯的成功与失败,人的兴趣、动机、价值观等感性因素对职业生涯都有影响,因此同样需要加以考虑。正如丁肇中所说,这些因素中,兴趣的作用最大。

1. 职业兴趣测验发展

20 世纪 20 年代开始,霍兰德职业倾向问卷开始将职业兴趣分为六个方面,并将与之相应的职业分成六个平行的领域,根据被试对 160 个职业反应的得分高低,在职业分类中查找职业,便可以获得相适应的职业领域和具体职业。这也是目前为止,职业兴趣测量中最为普遍的量表。

2. 测测你的职业兴趣

(1)这个测验分为三个部分,各有十二道选择题。请在每个问题的四项选择中选出最适合的一个答案。

(2)完成所有问题之后,请将每一部分的分数填在下方的表格内,然后再将三部分的各自得分,填写在后页的“计分表”内。总分最高的一个组别便是你的职业兴趣所在。

第一部分

以下是一些学生经常进行的课内或课余活动,你喜欢这些活动吗?请圈选相应的数字。

表 11－6

活动	很不喜欢	不喜欢	喜欢	很喜欢
1. 上科学课	1	2	3	4
2. 听音乐	1	2	3	4
3. 结识新朋友	1	2	3	4
4. 学习安装及修理计算机	1	2	3	4
5. 唱歌	1	2	3	4
6. 调解同学间冲突	1	2	3	4
7. 带领同学筹办班会活动	1	2	3	4
8. 饲养小动物	1	2	3	4
9. 砌模型	1	2	3	4
10. 做科学实验	1	2	3	4
11. 收集模型或硬币	1	2	3	4
12. 为课外活动设计或实行宣传计划	1	2	3	4

计分方法:六个英文字母代表不同的工作种类,要计算每个类别在这个部分的得分,请先将个别题目的分数填在指定空格,然后将分数加起来。

R	
题号	分数
4	
9	
总分	

A	
题号	分数
2	
5	
总分	

E	
题号	分数
7	
12	
总分	

I	
题号	分数
1	
10	
总分	

S	
题号	分数
3	
6	
总分	

C	
题号	分数
8	
11	
总分	

第二部分

如果你一定要从事这些活动，与你的同学比较，你认为你会比他们做得差还是出色呢？（请圈选相应的数字）

表 11－7

活动	很不喜欢	不喜欢	喜欢	很喜欢
1. 聆听朋友的烦恼并安慰他们	1	2	3	4
2. 学习修理电器，如电视、洗衣机	1	2	3	4
3. 演奏一种乐器，如弹钢琴、弹吉他	1	2	3	4
4. 修理及绘画统计图表	1	2	3	4
5. 理解关于科学知识的电视节目	1	2	3	4
6. 画画（包括漫画）	1	2	3	4
7. 和别人倾谈，以增进对别人的了解	1	2	3	4
8. 为一个学会招收新会员	1	2	3	4
9. 打格斗游戏	1	2	3	4
10. 研究天文学的资料	1	2	3	4
11. 宣传一个新成立的学会	1	2	3	4
12. 计算班会活动所需要的食物、饮料或其他物资	1	2	3	4

计分方法：六个英文字母代表不同的工作种类，要计算每个类别在这个部分的得分，请先将个别题目的分数填在指定空格，然后将分数加起来。

R	
题号	分数
2	
9	
总分	

A	
题号	分数
3	
6	
总分	

E	
题号	分数
8	
11	
总分	

I	
题号	分数
5	
10	
总分	

S	
题号	分数
1	
7	
总分	

C	
题号	分数
4	
12	
总分	

第三部分

对常见工作的兴趣——以下是不同类型的工作，你有多喜欢这些工作呢？（假设所有的工作的薪酬福利都是一样的）

表 11－8

活动	很不喜欢	不喜欢	喜欢	很喜欢
1. 公交车司机	1	2	3	4
2. 作曲家	1	2	3	4
3. 银行职员	1	2	3	4
4. 古迹遗址的考古工作	1	2	3	4
5. 四星级酒店经理	1	2	3	4
6. 会计文员	1	2	3	4
7. 修理飞机的技术员	1	2	3	4
8. 话剧作家	1	2	3	4
9. 学校社工	1	2	3	4
10. 幼儿园园长	1	2	3	4
11. 天文台的气象分析员	1	2	3	4
12. 连锁快餐店经理	1	2	3	4

计分方法：六个英文字母代表不同的工作种类，要计算每个类别在这个部分的得分，请先将个别题目的分数填在指定空格，然后将分数加起来。

R	
题号	分数
1	
7	
总分	

A	
题号	分数
2	
8	
总分	

E	
题号	分数
5	
12	
总分	

I	
题号	分数
4	
11	
总分	

S	
题号	分数
9	
10	
总分	

C	
题号	分数
3	
6	
总分	

计分表：

表 11－9

工作类别	第一部分	第二部分	第三部分	总分
现实型(R)				
研究型(I)				
艺术型(A)				
社会型(S)				
企业型(E)				
常规型(C)				

兴趣测验结果:获得最高分数的组别是(　　　)。

第四部分　了解工作世界

社会上有很多不同的工作,我们不可能全面认识。根据工作的共通性质,我们可以把工作归纳为六个类型。你可以先选择适合自己的工作类别,然后仔细挑选你的职业并筹划未来。

现实型工作:包括使用机器、工具及其他设备,担任制造、操作、检验和修理等工作;也包括一些服务行业的技术性工作,如厨师、裁缝等。这类工作可通过学徒训练计划或其他院校训练获得相关技能。

研究型工作:与研究及应用科学有关,研究的对象可以是自然或社会经济现象,主要透过实验或调查,观察、分析和归纳问题。这类工作更多是将科技应用于现实生活中。

艺术型工作:包括音乐、美术及设计类工作。这类工作需要充分发挥自己的艺术天分、创作意念和想象力。

社会型工作:包括医疗、教育、传播及社会福利相关的工作。这类工作需要经常与人打交道,为社会和人民大众提供各类服务,从业者需要乐观开朗,处事成熟稳重,并且具备服务他人的热情。

企业型工作:包括策划、管理、行政及商务专业工作,如人事经理、金融分析员等。这类工作需要具备领导才能,有决断力,并能在压力下独立工作。

常规型工作:包括一般服务与文书工作。一般服务从业人员需要经常与客人接触,如收银员、酒店招待、银行柜员等;文书工作主要包括维持办公室的日常运作,为行政人员提供辅助服务,日常工作包括储存和处理文件等。

二、职业能力测试

人各有所长,要了解自己的能力去发展。看到他人名利双收,便想要依样画葫芦,是得不偿失的。看他人经营贸易赚钱,便无视自己的个性和专业不适合,结果失败接踵而来。

1. 职业选择能力要求

在选择一项职业时,不仅要考虑自己喜欢什么、适合什么,还需要考虑自己是否具备从事这项职业的潜能和素质,这就是职业能力。能力是保证活动取得成功的基本条件,但不是唯一的条件,活动能否顺利进行,往往还与人的个性特点、知识技能、工作态度、物质条件、健康状况、人际关系有关,但在条件相同的前提下,能力高的人比能力弱的人更能使活动顺利进行,更容易取得成功。

职业能力是一种潜在的、特殊的能力，是一种对于职业成功在不同程度上有所贡献的心理因素。从内容上看，与职业活动效率有关的能力包括言语理解与运用、数理能力、逻辑推理、空间关系、知觉速度、手指关节灵活度、人际协调、影响力、判断力、决策力等。

一般来说，能力可分为一般能力与特殊能力。一般能力是在许多基本活动中都表现出来的从事某活动都必须具备的能力，如观察力、思维力、想象力、记忆力。任何活动的完成都离不开这些能力，因此一般能力的总和也称为智力。特殊能力是在某专业活动中表现出来的能力，如数学能力、音乐能力、绘画能力、机械操作能力等，这些能力对于完成相应的活动是必备的。每种特殊能力都由相互制约的几种基本能力构成，如构成音乐能力的基本成分就有曲调感、听觉表象、音乐节奏感等。

从能力差异角度来看，在职业选择时应当遵循三个原则：

(1)注意能力类型与职业相吻合。人的能力类型是有差异的，职业也是根据工作的性质、内容和环境划分为不同类型的，因此对人的能力有不同的要求，因此应注意能力类型与职业类型相吻合。对一种职业或职业类型来说，由于承担的责任不同，又可分为不同的层次，从而对人的能力要求也不同。因此，在根据能力类型确定职业类型之后，还应根据自己所能达到的能力水平确定相适应的职业层次，这样才能使能力与职业的吻合具体化。

(2)注意一般能力与职业相吻合。一般能力包括注意力、记忆力、观察力、思维力、想象力等，不同职业对人的一般能力要求不同，有些职业对从业者智力水平有绝对的要求，如律师、工程师、科研人员等都要求较高的智商，智力在相当大程度上决定着其所从事的职业类型。

(3)注意特殊能力与职业相吻合。特殊能力指从事某项专业活动的能力，也称特长，如音乐能力、语言表达能力、空间判断能力、形态知觉能力等。要顺利完成某项活动，除需具备一般能力之外，还需要该工作所要求的特殊能力，如教育工作对阅读能力和表达能力的要求较高。因此，在职业定向中仍需要了解该职业所需的特殊能力类型和水平，使自我特长能够在职业发展中有效发挥。

2. 测测你的职业能力

表 11－10

1. 一般学习能力倾向(G)	强	较强	一般	较弱	弱
(1)快而容易地学习新的内容	1	2	3	4	5
(2)快而正确地解决数学题目	1	2	3	4	5

续表

1. 一般学习能力倾向(G)	强	较强	一般	较弱	弱
(3)你的学习成绩总的来说属于	1	2	3	4	5
(4)对课文字、词、段落、篇章理解、分析、综合能力	1	2	3	4	5
(5)对学习过程的材料的记忆能力	1	2	3	4	5

各等级次数累积 ( ) ( ) ( ) ( ) ( )

×1 ×2 ×3 ×4 ×5

总计分数( ) = ( ) + ( ) + ( ) + ( ) + ( )

自评等级( ) = 总计分数 ÷5

2. 言语能力倾向(V)	强	较强	一般	较弱	弱
(1)善于表达自己的观点	1	2	3	4	5
(2)阅读速度快,并能抓住中心内容	1	2	3	4	5
(3)掌握词汇量的程度	1	2	3	4	5
(4)向别人解释难懂的概念	1	2	3	4	5
(5)你的语文成绩	1	2	3	4	5

各等级次数累积 ( ) ( ) ( ) ( ) ( )

×1 ×2 ×3 ×4 ×5

总计分数( ) = ( ) + ( ) + ( ) + ( ) + ( )

自评等级( ) = 总计分数 ÷5

3. 算术能力倾向(N)	强	较强	一般	较弱	弱
(1)作出精确的测量(如测量长、宽、高等)	1	2	3	4	5
(2)笔算能力	1	2	3	4	5
(3)口算能力	1	2	3	4	5
(4)打算盘	1	2	3	4	5
(5)你的数学成绩	1	2	3	4	5

各等级次数累积 ( ) ( ) ( ) ( ) ( )

×1 ×2 ×3 ×4 ×5

总计分数( ) = ( ) + ( ) + ( ) + ( ) + ( )

自评等级( ) = 总计分数 ÷5

4. 空间判断能力倾向(S)	强	较强	一般	较弱	弱
(1)解决立体几何方面的习题	1	2	3	4	5
(2)画三维立体图形	1	2	3	4	5

续表

4. 空间判断能力倾向(S)	强	较强	一般	较弱	弱
(3)看几何图形的立体感	1	2	3	4	5
(4)想象盒子展开后的平面形状	1	2	3	4	5
(5)想象三维物体	1	2	3	4	5

各等级次数累积 ( ) ( ) ( ) ( ) ( )

×1 ×2 ×3 ×4 ×5

总计分数( ) = ( ) + ( ) + ( ) + ( ) + ( )

自评等级( ) = 总计分数 ÷5

5. 形态知觉(P)	强	较强	一般	较弱	弱
(1)发现相似图形中的细微差异	1	2	3	4	5
(2)识别物体的形状差异	1	2	3	4	5
(3)注意到多数人所忽视的物体的细节部分	1	2	3	4	5
(4)检查物体的细节	1	2	3	4	5
(5)观察图案是否正确	1	2	3	4	5

各等级次数累积 ( ) ( ) ( ) ( ) ( )

×1 ×2 ×3 ×4 ×5

总计分数( ) = ( ) + ( ) + ( ) + ( ) + ( )

自评等级( ) = 总计分数 ÷5

6. 职员能力倾向(Q)	强	较强	一般	较弱	弱
(1)快而准确地抄写资料(如姓名、日期、电话等)	1	2	3	4	5
(2)发现错别字	1	2	3	4	5
(3)发现计算错误	1	2	3	4	5
(4)在图书馆很快地查找编码卡片	1	2	3	4	5
(5)自我控制能力(如长时间地操作工具)	1	2	3	4	5

各等级次数累积 ( ) ( ) ( ) ( ) ( )

×1 ×2 ×3 ×4 ×5

总计分数( ) = ( ) + ( ) + ( ) + ( ) + ( )

自评等级( ) = 总计分数 ÷5

7. 眼—手运动协调(K)	强	较强	一般	较弱	弱
(1)玩电子游戏	1	2	3	4	5
(2)打篮球或排球一类的活动	1	2	3	4	5

续表

7. 眼—手运动协调(K)	强	较强	一般	较弱	弱
(3)打乒乓球或羽毛球	1	2	3	4	5
(4)打算盘	1	2	3	4	5
(5)打字	1	2	3	4	5

各等级次数累积 ( ) ( ) ( ) ( ) ( )

×1 ×2 ×3 ×4 ×5

总计分数( ) = ( ) + ( ) + ( ) + ( ) + ( )

自评等级( ) = 总计分数 ÷5

8. 手指灵巧(F)	强	较强	一般	较弱	弱
(1)灵巧地使用很小的工具(如镊子等)	1	2	3	4	5
(2)穿针眼、编织等使用手指的活动	1	2	3	4	5
(3)用手指做一件小工艺品	1	2	3	4	5
(4)使用计算器的灵巧程度	1	2	3	4	5
(5)弹琴	1	2	3	4	5

各等级次数累积 ( ) ( ) ( ) ( ) ( )

×1 ×2 ×3 ×4 ×5

总计分数( ) = ( ) + ( ) + ( ) + ( ) + ( )

自评等级( ) = 总计分数 ÷5

9. 手的灵巧(M)	强	较强	一般	较弱	弱
(1)用手把东西分类(如将一堆苹果分为大中小三类)	1	2	3	4	5
(2)在推和拉东西时手的灵活度	1	2	3	4	5
(3)很快地削苹果	1	2	3	4	5
(4)灵活地使用手工工具(如榔头等)	1	2	3	4	5
(5)在绘画、雕刻等手工活动中手的灵活性	1	2	3	4	5

各等级次数累积 ( ) ( ) ( ) ( ) ( )

×1 ×2 ×3 ×4 ×5

总计分数( ) = ( ) + ( ) + ( ) + ( ) + ( )

自评等级( ) = 总计分数 ÷5

3. 评估你的职业倾向

统计:在下列括号中填写你的每一职业能力倾向的自我评定等级

职业能力倾向	自我评定等级
一般学习能力(G)	( )
言语能力倾向(V)	( )
算术能力倾向(N)	( )
空间判断能力倾向(S)	( )
形态知觉(P)	( )
职员能力倾向(Q)	( )
眼—手运动协调(K)	( )
手指灵巧(F)	( )
手的灵巧(M)	( )

三、职业目标设计

大学生应该如何确定自己的职业目标呢?我们知道,目标越具体,实现它的可能性就越大,但对于一个长远的目标来说,无法做到非常具体。这就要求在目标的确定中注重目标明确性、可测量性、时限性、集中性和可实现性。要求目标的制订要合理同时要具有挑战性,且有明确的测量标准,这样的目标既有助于个体潜能的发挥,同时又具有可操作性。

1. 职业目标的分解

职业目标按时间可分为短期目标、中期目标和长期目标。短期目标是一些具体的、操作层面的、为实现中长期目标而采取的步骤。短期目标的设计要切合实际,要有明确具体的完成时间,短期目标越具体就越具有可操作性。中期目标是许多短期目标完成的结果,又为实现长期目标打下基础。中期目标有比较具体的完成时间,也可做适当的调整。长期目标是自己认真选择的,符合自己的价值观,与自己的未来发展相结合的愿望。长期目标有实现的可能性,同时又具有挑战性,如图 11 -2 所示。

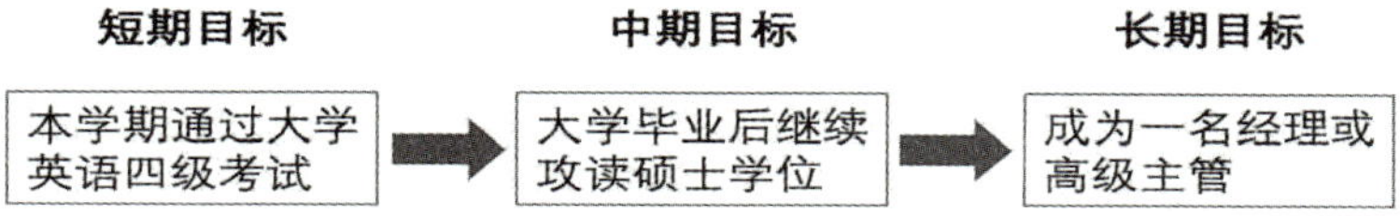

图 11 -2　长中短期目标之间的关系

职业生涯目标按照性质可分解为内生涯目标和外生涯目标。内生涯目标侧重于职业过程中知识、经验的积累，能力、观念的提高和内心感受，包含观念目标、工作能力、心理素质、新知识、工作成果、处理人际关系等六种因素；外生涯目标侧重于工作内容、工作地点、工作环境、职位、收入等五种因素。

外职业生涯的构成因素通常是别人给予的，也易被他人收回；内职业生涯各因素是需要依靠自身努力才能实现的，是别人无法掠夺的财富。内职业生涯是外职业生涯的前提，二者之间具有紧密的关系。例如，个体通过工作能力的提高可获得职务的提升，进而带来收入的增加。同时也可因为观念更新，掌握新知识，从而提高自身工作能力，这些内职业生涯因素的改变可带来职务的晋升，进而获得更高的收入。

2. 职业目标的组合

职业目标的组合是处理不同目标相互关系的有效措施。目标结合一般有三种方法：时间组合、功能组合或全方位组合。

时间组合有并进和连续两种方式。并进是指在职业目标的设计中同时实现两个以上的目标，如上大学时参加社会实践，教学的同时搞好科研，这都是目标的并进方式。而读硕士之后继续攻读博士学位则是目标的连续，是指实现一个目标之后再进行下一个目标。

职业生涯目标在功能上存在因果关系或互补关系。一般说来，获得工商管理硕士学位和成为一名经理就存在一定的因果关系，获得工商管理硕士学位是因，而成为一名经理是果。从事企业管理和读 MBA 则存在互补关系，从事企业管理工作为管理积累了经验，有助于 MBA 理论课程的学习，反过来，学习 MBA 课程又提高了管理学的理论水平，促进了企业管理工作。

全方位结合是指个体的职业生涯目标与家庭生活、个人事务能均衡发展、相互促进，它涵盖了人生中的全部活动。如有人一边工作一边照顾家庭，同时攻读博士学位，这种设计是具有长远发展眼光的，有助于个体未来的发展。但如果处理不当则会发生冲突，因为对于大多数成年人来说，工作和照顾家庭都是必不可少的。职业目标的全方位结合要求个体在处理工作、家庭和其他事务时不仅需要眼光长远，还需要有全局意识。

3. 职业目标的设计

设计自己的职业生涯并非易事，大多数人都需要经过一番努力之后才能找到自己的目标。大学生在职业生涯目标设计时，可以通过对下面问题的回答，来帮助自我在多重迷茫中发现适合的方向。

Q1:我的梦想是什么? 我最喜欢干什么? 我的兴趣爱好是什么?

Q2:我最适合做什么?

Q3:我能做什么?

丁肇中说,兴趣比天才更重要。兴趣爱好会直接影响个体的职业生涯,你对某种职业感兴趣,就会对这种职业表现出肯定的态度,并积极地思考、探究和追求。

你也可以通过心理测试发现你的兴趣与梦想,更重要的是,测试能帮你理清兴趣与职业生涯目标之间的关系,比如霍兰德职业兴趣测验。

总之,职业生涯的设计本身既是一个科学发现的过程,又是一个不断自我探索的活动,希望大学生们都能根据自身特点,设计出最适合自己的生涯规划,收获成功的人生。

四、生涯设计实操

1. 职业规划第一步

先开始编织美梦,包括你想拥有的,你想做的,你想成为的,你想体验的。请坐下来,拿一张纸和一支笔,动手写下你的心愿。在你写的时候,不必管那些目标该用什么方式去达成。直到你觉得没有什么可以写的时候,你可以看看下面几个问题并回答它们,这些问题会引导你去了解自己内心深处的渴求,这会花上一些时间,但你现在的努力,将为下一步丰厚的收获打下基础。

(1)在你生活中,你认为哪五件事情最有价值?

(2)在你的生活中,有哪三个最重要的目标?

(3)假如你只剩下六个月的生命,你会如何运用这六个月?

(4)假如你现在是百万富翁,在哪些事情上,你的做法会和今天不一样?

(5)有哪些事是你一直想做,但却不敢尝试去做的?

(6)在生活中,有哪些活动,你觉得最重要?

(7)假如你确定自己不会失败(拥有充实的时间、资源、能力等),你会敢于做哪一件事情?

回答完这些问题后,把你所列出的所有目标分成六个类—— 健康、修养/知识、爱情/家庭、事业/财富、朋友、社会。

2. 职业规划第二步

审视你所写的,预期希望达成的时限。你希望何时达成呢? 有实现时限的才可能叫目标,没时限的只能叫梦想。

3. 职业规划第三步

选出在这一年里对你最重要的四个目标。从你所列出的目标里选择你最愿意投入的、最令你雀跃欲试的、最能令你满足的四件事，并把他们写下来。建议明确地、扼要地、肯定地写下你实现它们的真正理由，告诉你自己能实现目标对你的重要性。如果你做事时，知道如何找出充分的理由，那你就无所不能，因为追求目标的动机比目标本身更能激励我们。

4. 职业规划第四步

核对你所列的四个目标是否与形成结果的五大规则相符。

(1)用肯定的语气来预期你的结果，说出你希望的而非不希望的。

(2)结果要尽可能具体，还要明确定出完成的期限与项目。

(3)事情完成时你要能知道完成了。

(4)要能抓住主动权，而非任人左右。

(5)是否对社会有利。

5. 职业规划第五步

列出你已经拥有的各种重要的资源。当你执行一个计划，就得知道该使用哪些工具。列出一张你所拥有资源的清单，里面包括自己的个性、朋友、财物、教育背景、时限、能力以及其他。这份清单越详尽越好。

6. 职业规划第六步

当你做完这一切，请你回顾过去，有哪些你所列的资源会运用得很娴熟。回顾过去，找出你认为最成功的两三次经验，仔细想想是做了什么特别的事，才造成事业、健康、财务、人际关系方面的成功，请记下这个特别的原因。

7. 职业规划第七步

当你做完前面的职业规划方法后，请你写下要达成目标本身所具有的条件。

8. 职业规划第八步

写下你不能马上达成目标的原因。首先你得从剖析自己的个性开始，是什么原因妨碍你的前进？要达成目标，你得采取什么做法呢？如果你不确定，可以想想有哪位成功者值得你去学习。你得从最终的成就倒算，往你的地位一步步列出所需的做法。将你在第七条中找出的资料作为你设计未来计划的参考。

9. 职业规划第九步

请你针对自己那四个重要目标，确定实现它们的每一职业规划方法。别忘了，依据你的目标制订职业规划方法，并且自问，我第一步该如何做，才会成功？

是什么妨碍了我,我该如何改变自己呢?一定要记得你的计划得包含今天你可以做的,千万不要好高骛远。

10. 职业规划第十步

为自己找一些值得效仿的模范。从你周围或从名人当中找出三五位在你目标领域中有杰出成就的人,简单地写下他们成功的特质和事迹。做完这件事后,请你闭上眼睛想一想,仿佛他们每一个人都会提供你一些能达成目标的建议,记下他们每一位建议的方法,如同他们与你私谈一样,在每个重点下面记上他的名字。

列一张表,写下过去曾是你的目标而今天已实现的一些事。你要从其中看看自己学到了些什么,这期间有哪些值得感谢的人,你有哪些特别的成就。有许多人常常只看到未来,却不知珍惜和善用已经拥有的。所以我要告诉你,成功的要素之一就是要存一颗感恩的心,时时对自己的现状心存感激。

思考主题:探索你的职业生涯

1. 你了解自己的价值取向、兴趣爱好和兴趣特征吗?
2. 按照职业生涯规划的步骤,梳理一下你的职业生涯规划。
3. 思考你的职业目标,包括短期目标、中期目标、长期目标。

心理测验:大学生职业倾向测试

测验说明:请仔细阅读下面每一道题,根据自己实际情况进行作答(A. 是 B. 否),在作答过程中不得漏题,同时在同一题上不要考虑太多时间,请根据看完题后的第一反应回答。有些题目可能与你不符或你从未思考过,如有这种情况请选出一个你个人倾向性的答案。整个测试过程建议测试时间为5分钟。

题号	题目	是 否
1	当你正在看一本有关谋杀案的小说时，你是否常常能在作者未交代结果之前就知道作品中哪个人物是罪犯？	□ □
2	你是否很少写错别字？	□ □
3	你是否宁可参加音乐会也不愿待在家里闲聊？	□ □
4	墙上的画挂歪了，你是否想去扶正？	□ □
5	你是否常论及自己看过或听过的事物？	□ □
6	你宁可读一些散文和小品文也不愿看小说？	□ □
7	你是否愿少做几件事但一定要做好，而不想多做几件事而马马虎虎？	□ □
8	你是否喜欢打牌或下棋？	□ □
9	你是否对自己的消费预算均有控制？	□ □
10	是否喜欢学习钟、开关、马达等的工作原理？	□ □
11	你是否很想改变一下日常生活中的一些惯例，使自己有一些充裕时间？	□ □
12	闲暇时，是否更喜欢参加一些运动，而不愿意看书？	□ □
13	你是否认为数学不难？	□ □
14	你是否喜欢与比你年轻的人在一起？	□ □
15	你能否列出五个你自己认为够朋友的人？	□ □
16	你是否乐于助人不怕麻烦？	□ □
17	你是否不喜欢太细碎的工作？	□ □
18	你看书是否很快？	□ □
19	你是否相信“小心谨慎，稳扎稳打”是至理名言？	□ □
20	你是否喜欢新朋友、新地方和新东西？	□ □

参考文献

[1] 卡伦·达菲，伊斯特伍德·阿特沃特. 心理学改变生活:8 版[M]. 张莹，丁云峰，杨洋,译. 北京:世界图书出版公司,2006.

[2] David G. Myers. 社会心理学[M]. 侯玉波,乐国安,张智勇,等译. 北京:人民邮电出版社,2006.

[3] 王淑兰. 大学生心理健康教育教程[M]. 北京:世界图书出版公司,2008.

[4] 童辉杰. 常见心理障碍评价与治疗手册[M]. 上海:上海教育出版,2007.

[5] 彭贤. 人际关系心理学[M]. 北京:清华大学出版社, 2008.

[6] 周家华,王金凤. 大学生心理健康教育[M]. 北京:清华大学出版社,2010.

[7] 张大均,吴明霞. 大学生心理健康[M]. 北京:清华大学出版社,2007.

[8] 贺淑曼,聂振伟,金树湘. 人际交往与人才发展[M]. 北京:世界图书出版公司,2000.

[9] 吉家文. 新编大学生心理健康教育:健康的心理为你添上飞翔的翅膀[M]. 南京:南开大学出版社, 2012.

[10] 樊富珉,王建中. 当代大学生心理健康教程[M]. 武汉:武汉大学出版社,2009.

[11] 饶淑园,赖美琴. 大学生心理健康[M]. 广州:暨南大学出版社,2011.

[12] 马建青. 大学生心理健康[M]. 北京:人民出版社,2011.

[13] 姚本先. 大学生心理健康教育[M]. 合肥:安徽大学出版社,2012.

[14] 弗洛姆. 爱的艺术[M]. 北京:国际文化出版公司,2004.

[15] 苏霍姆林斯基. 爱情的教育[M]. 北京:教育科学出版社,2005.

[16] 斯滕伯格. 爱情心理学[M]. 北京:世界图书出版公司,2010.

［17］郭念峰. 心理咨询师:基础知识［M］. 北京:民族出版社,2005.

［18］张旭东,车文博. 挫折应对与大学生心理健康［M］. 北京:科学出版社,2005.

［19］郑日昌. 大学生心理卫生:大学生心理健康丛书之一［M］. 济南:山东教育出版社,2001.

［20］汪向东,等. 心理卫生评定量表手册［M］. 北京:中国心理卫生杂志社,1999.

［21］周莉. 大学生心理健康教育:2 版［M］. 北京:中国人民大学出版社,2015.

［22］俞国良. 大学生心理健康［M］. 北京:北京师范大学出版集团,2018.

［23］樊富珉,何瑾. 团体心理辅导［M］. 上海:华东师范大学出版社,2010.

［24］刘勇. 团体心理辅导与训练［M］. 广州:中山大学出版社,2018.